入学生社会主义核心价值认同研究

胡宇南◎著

中国农业出版社

北京

前　言

　　要进行具有许多新历史特点的伟大斗争，当下及未来，在高校思想政治教育领域，其主要任务是树立大学生正确的理想信念，坚定大学生对马克思主义、社会主义和共产主义的信仰，增强大学生对中国特色社会主义的道路自信、理论自信、制度自信和文化自信，建设社会主义核心价值体系，培育和践行社会主义核心价值观。与此相应，价值教育也就成为大学生思想政治教育领域的重要任务，而在价值教育中，价值认同具有根本和关键作用。

　　本书认为，尽管社会主义核心价值体系已经建立起来，社会主义核心价值观也得到"最大公约数"概括，但我国价值教育实践之所以出现认同困境，一个重要原因在于，迄今为止，我们在理论上并没有完全搞清楚什么是社会主义核心价值，或者说对揭示和界定社会主义核心价值意蕴与内涵的重要性认识还不够。如果长期、持续对社会主义核心价值在理论上定位不明、揭示不清，那么基于社会主义核心价值的社会主义核心价值体系和社会主义核心价值观，则可能遭到质疑，它们的建设与培育工作可能处于理论前提模糊、逻辑基础不牢的尴尬境地。

本书聚焦大学生社会主义核心价值认同，首先力图揭示社会主义核心价值的概念内涵。通过对社会主义作为一种道路、理论、制度和文化，以及作为一种过程和目的的分析，提出社会主义核心价值在于"为人民服务"。并认为，大学生如有对社会主义核心价值的认同，那么对社会主义核心价值体系与社会主义核心价值观的认同就容易达成与实现。因此，本书中的研究既可深化对社会主义的本质与特征、作用与功能等的理论认识，也可助益于大学生价值教育实践，意义重大。

在此基础上，本书的基本研究思路和框架是：第一，界定和辨析一些基本概念。通过对社会主义核心价值等基本概念的揭示和梳理，为全书奠定文本基础。第二，分析理论和现实依据以及思想资源。主要以马克思主义基本原理作为理论前提，政治学、社会学、心理学作为学理支撑；同时，本书既吸收我国传统文化中核心价值认同的思想精髓，也借鉴西方价值教育的有益做法。现实依据既来自对现状的问卷调查，也有对国际国内机遇和现实挑战的分析。第三，明确基本要素、建构原则及关系处理。大学生社会主义核心价值认同的基本要素，主要涉及其基本特征、基本类型、基本条件和基本机制。建构原则主要包括主导性和多样性、理想性和现实性、自生性与引导性、网上与网下、传播与接受等几方面的统一与结合。关系处理涉及社会主义核心价值与社会主义外围价值、与中国优秀传统价值、与资本主义核心价值以及与人类社会共同价值的关系。

大学生社会主义核心价值认同实现机制和策略体系的建构，是本书重点。

本书以全球化、多极化、多元化和信息化为背景，从社会本位转向以人为本，凸显大学生主体性，以大学生社会主义核心价值认同的现状、基础为逻辑起点，以认同规律为主线，以厘清路径为重点，通过对古今中外成功社会核心价值认同的理论和现实的借鉴，突出教育诸要素系统性关联，关注并深入大学生群体和个体的中观、微观心理因素与过程，最后提出宏观与中观、微观两个系统，自上而下与自下而上两条路径，网上与网下两个环境，内生与外推两个作用的认同实现机制和策略体系。也就是在坚持宏观与微观协同、上下路径互动的框架下，主要从网上导引与网下建构、内生机理与外推举措两方面提出"如何认同"的解决方案。

作为大学生社会主义核心价值认同实现机制和策略体系的第一大部分，本书提出大学生社会主义核心价值认同的网上导引体系与网下建构路径。网上导引强调从占领网络新场域、营造绿色网络生态两个方面着手。具体落实则需要形成"两个主渠道、两个主阵地"新认知、强化校园网引领功能、发挥网络名人正面作用、关注大学生网民群体、提升大学生媒介素养、关注网络舆论等。网下建构则要依托各类大学课程教育、日常生活学习、校园文化建设、志愿者活动等，让大学生得到核心价值灌输、教育管理养成、文化浸润与熏陶、活动对接和印证。

作为大学生社会主义核心价值认同实现机制和策略体系的第二大部分，本书提出大学生社会主义核心价值认同实现的内生机理与外推举措。就内生机理而言，按照知、情、意、信、行这一人类认识发展一般过程，大学生社会主义核心价值认同通常要经历从感性认识到理性认识、从粗浅理解到深入思考、从被动接受到主动探索等动态推进环节。即由认同的起点到重点、拐点到焦点、最后到达落点的主观与客观互动往复、认知体验由表及里、内外矛盾渐次展开等过程。亦即要经过注意到理解，转化到生成，最后外化的理性认知、情感共鸣、意志培养、信念积淀和实际践行的前后相继、交叉叠加这些阶段。就外推举措来说，包括依托课堂系统学习、课外学术沙龙、国家重大事件、大学生先进典型、校园网络文化，以及经由实施挫折教育、化解心理危机、培养价值品质、担当社会责任、实现成才愿景等多种途径和渠道，大学生社会主义核心价值认同才会具有一种实践基础上，由价值认知到价值实践、从价值应然到价值实然的可靠协同与对接保障，也才能促使大学生把社会主义核心价值纳入自身价值图式之中，实现对"为人民服务"的社会主义核心价值的认同。

目 录

CONTENTS

第 1 章

导　　论

在当前大学生存在的理论和现实问题中，价值观念问题是核心问题。党的十八大报告号召广大青年要"树立正确的世界观、人生观、价值观，永远热爱我们伟大的祖国，永远热爱我们伟大的人民，永远热爱我们伟大的中华民族"。党的十八大以后，党的一些重要文件和习近平总书记的系列重要讲话，都对加强高校思想政治教育以及高校意识形态建设提出了明确要求。在全国高校思想政治工作会议上，习近平总书记强调："高校思想政治工作关系到高校培养什么样的人、如何培养人以及为谁培养人的根本问题。要坚持把立德树人作为中心环节，把思想政治工作贯穿教育教学全过程，实现全程育人、全方位育人，努力开创我国高等教育事业发展新局面。"他还强调："教育强则国家强，高等教育要为人民服务，为中国共产党治国理政服务，为巩固和发展中国特色社会主义制度服务，为改革开放和社会主义现代化建设服务。"以大学生社会主义核心价值认同作为研究选题，是对思想政治教育理论和实践的一种积极回应，也是开展价值教育研究的一种初步尝试。

1.1　选题及其研究意义

当下及未来，在思想政治教育领域的主要任务是下功夫研究和解决大学生深层次的价值观念问题，把理想信念放在第一位，坚定大学生对马克思主义的信仰，对社会主义和共产主义的信念，增强学生对中国特色社会主义的道路自信、理论自信、制度自信和文化自信（以下简称"中国特色社会主义四个自信"），建设社会主义核心价值体系，培育和践行社会主义核心价值观，为学生一生成长奠定和提供科学的思想基础与精神动力。与此相应，价值教育也就成为大学生思想政治教育的重要任务。建设、培育是践行的前提和基础，践行是建设、培育的落点、归宿和目的；贯穿其中的实质和主线，则都是价值教育。在价值教育中，价值认同具有根本和关键意义。

而目前，大学生价值教育、价值认同存在一些困境是不争的事实。究其缘由，部分是我们在理论上一直都没有深究和明确社会主义核心价值到底是什么。当初邓小平同志反复提醒大家要思考和回答"什么是社会主义"，他认为只有搞清楚了社会主义的本质，才能更好地解决"如何建设社会主义"这个问题。如今，社会主义价值教育在全社会蓬勃开展，如果没有搞清楚社会主义核心价值是什么的话，在不完全清醒状态下进行的教育工作就会首先遇到理论前提是否坚实、甚至是否具备的问题，人们就有可能会产生思想上的困惑与不解，继而陷入行动上的犹豫和迟疑。按照马克思主义的观点，人们的实践和认识活动，一般是沿着"是什么"到"为什么"再到"怎么做"的环节与步骤依次展开、循序而进的。也就是说，从经验和常识出发，只有先明确了什么是社会主义核心价值，在此基础上才有可能丰富发展社会主义核心价值体系、概括提炼出社会主义核心价值观。也就是要先明确"实然"——社会主义核心价值是什么，再谈得上"应然"——应该建设什么样的社会主义核心价值体系，应该培育什么样的社会主义核心价值观，因为社会主义核心价值体系和社会主义核心价值观（当二者连在一起表述时，本书在以后简称为"社会主义核心价值之'体系'和'观'"）从根本上说，都是对社会主义的丰富内涵和实践要求的反映。同时，一般的实践、认识的发展顺序和逻辑推导并不排斥和否定，在现实工作中，我们先试着概括和提炼出社会主义核心价值之"体系"和"观",再进入到对社会主义核心价值概念与内涵的明晰把握,这体现了社会主义价值建设的实践维度和实践主题——即以问题为导向,为了凝聚全社会共识以形成改革开放和社会主义现代化建设的思想动力与精神合力,在实践中先凸显其语用或实用内涵,先针对现实存在的突出和紧迫问题,提出解决问题的目标任务与行动方案,并着力在全社会推进实施。这应该是党和国家提出社会主义核心价值之"体系"和"观"的建设、培育任务的基本考量之一。

但社会主义核心价值,并不是一个不证自明、不言而喻的范畴和存在。它本身需要一种适合价值思考的理论和方法来揭示其语义内涵,需要从理论上加以关注和重视、明晰和确认。如果社会主义核心价值的语义内涵欠缺,或者以不自觉的状态长期持续下去,迟迟得不到明确彰显和揭示,那我们的价值建设、价值教育、价值认同难免会出现一些尴尬局面。正如通常所说的那样,要形成坚定正确的理想信念,就离不开政治上的清醒和理论上的成熟。因此,在社会主义核心价值之"体系"和"观"的建设与培育工作,已在整个社会全面展开并逐步深入、进而形成实践"倒逼"的境况下,是时候、有必要从理论上界定社会主义核心价值到底是什么了。并在此基础上,推动包括大学生在内的人民群众对它的认同。在一定程度上,实现社会主义核心价值认同的意义,可能并不亚于实现社会主义核心价值之"体系"和"观"认同的意义;它可能甚至更具前提性和基础性作用。

总得来说,抓住社会主义核心价值认同问题,就能有利于推动其他相关社会主义价值教育问题的解决,有利于推动社会主义价值建设的深入和高效开展。在大学生思想政治教育意义上,能够更好地推动大学生认同社会主义核心价值之"体系"和"观",巩固马克思主义在意识形态领域的指导地位,增强大学生中国特色社会主义"四个自信",提升社会主义国家的文化软实力,培养更多更好期待视野中的社会主义合格建设者和可靠接班人。

1.1.1 理论意义

本书研究的理论意义，主要体现在概念的揭示和可以助推高校价值教育上。

（1）初步界定"社会主义核心价值"

在大学生思想政治教育领域内，从 2006 年党的十六届六中全会到 2012 年党的十八大，学界重点研究大学生社会主义核心价值体系建设；十八大以后，学界重点研究大学生社会主义核心价值观的培育和践行。根据已掌握的文献资料，现有的价值教育研究多集中在这两方面，相关成果也较为丰硕。因为前述理论研究的滞后与缺乏，大学生社会主义核心价值认同的成果很少。本书试图在理论上搞清楚，社会主义核心价值究竟是什么？应该如何定位它？社会主义核心价值为什么是"这样"而不是"那样"？大学生对社会主义核心价值的认同，现状如何？为何可能？如何可能？等等。这些问题，都摆在高校思想政治教育工作者面前，也是中国价值建设、价值教育发展到今天，必须要面对和解决的重要理论问题和实践课题。

本书的研究将在价值、核心价值、认同、价值认同等概念基础上，试着从理论上探索并明确"社会主义核心价值"等鲜有人涉及的重要概念，厘清大学生社会主义核心价值认同所涉及的一些基本关系，分析其基本特征、基本类型、基本条件和基本机制，为建构大学生社会主义核心价值认同的实现机制和策略体系提供理论前提。在国内价值哲学研究、价值教育理论和价值教育实践上，对"社会主义核心价值"等范畴的界定和揭示，具有独特的新颖性和原创性。

（2）进一步助推高校价值教育

改革开放 40 余年来，我国在高校价值教育上，经过了阶段性的变化。

20 世纪 80—90 年代，我国大学生价值教育大多是综合且笼统的。党的十六届六中全会召开以后，价值研究与教育进入快速发展阶段。自此，高校思想政治教育的重点与热点、焦点和难点，便是着力于社会主义核心价值之"体系"和"观"的建设、培育和践行。近年来，很多专家、学者的研究聚焦于大学生价值认同，价值研究和价值教育如火如荼开展，相关论著如雨后春笋层出不穷。但对社会主义核心价值本身以及大学生社会主义核心价值的认同研究还是没有引起学界足够和广泛的关注，鲜有这方面的文章与著作。

本书的研究将有助于拓展大学生价值教育相关领域，进一步丰富和发展、提高和深化大学生价值教育，提升研究的质量和水平，积累理论研究和实践探索资料，为后续研究提供参考与借鉴。

1.1.2 实际意义

主要体现在对现状的把握和利于化解价值冲突两个方面。

(1) 有利于把握现状

大学生社会主义核心价值认同既在理论研究范畴之列，也与教育实践密切相关。理论研究要为实践服务。本书聚焦"大学生社会主义核心价值认同"，更具有现实性、针对性和时代感。

党的十八大是在学界研究基础上，第一次明确提出了以"三个倡导"为主要内容的社会主义核心价值观。在2013年8月召开的全国宣传思想工作上，习近平总书记强调指出，意识形态工作是党的一项极端重要的工作。在2016年全国高校思想政治工作会议上，习近平总书记强调，高校思想政治工作要"因事而化、因时而进、因势而新"。要完成党中央提出的"牢牢掌握意识形态工作领导权和主导权，坚持正确导向，提高引导能力，壮大主流思想舆论"以及习近平总书记提出"取得'接力赛'中我们这一棒的优异成绩"的重大任务，掌握大学生对社会主义核心价值认同的真实状况，探析现状背后的多种原因，是开展价值教育的必要前提。本研究将有助于客观、正确认识和把握大学生社会主义核心价值认同的现状，这对于探寻和建构大学生社会主义核心价值认同的实现机制和策略体系，具有重要作用。

（2）有利于化解冲突

经济全球化、政治多极化、文化多元化、社会信息化时代，在具有"时空压缩"特点环境中成长并长大的大学生，他们多向度、多样化、网络化的生存方式，导致价值认同困境和价值选择冲突在大学生中成为一种较为普遍的客观事实。他们常感到无所适从，深陷苦闷和失望之中，无法进行选择和决断，不能理解自己和民族、国家、社会以及世界的价值关系，缺乏承担时代所赋予使命的足够勇气与底气……如果任由这些情况持续发展，可能导致大学生价值认同越来越偏离社会主义的正确方向。

本书尝试初步构建大学生社会主义核心价值认同的实现机制和策略体系，即宏观与微观两个系统、自上而下与自下而上两条路径、网上与现实两个环境、内生与外推两个作用。本书在坚持宏观与微观协同、上下路径互动的总体框架下，主要从网上导引与现实建构、内生机理外推举措两大方面提出"如何认同"的解决方案。以此把社会主义价值教育融入高校思想政治教育全过程，充分发挥高校思想政治教育在化解大学生价值冲突中的作用，有力提升大学生价值教育的科学化，增强大学生价值教育的实效性，增强大学生奋发向上的精神力量，最终确立起正确的人生价值观，建立起强大的精神动力系统，把实现和践行社会主义核心价值转化为他们毕生的自觉追求。

1.2　已有研究述评

从价值、价值观的高度认识和建设社会主义，是社会主义研究的一个重要视角。

自党的十六届六中全会以来的 10 余年时间里，我国的价值研究与价值建设进入一个新的发展时期。在此大背景下，国内学界对社会主义核心价值之"体系"和"观"的内涵、特征、内容、意义、作用、功能，二者关系以及建设与培育的渠道、路径、方法与机制等进行了大量研究，可以说是硕果累累，成就斐然。党的十八大以后，社会主义核心价值观相关研究更是持续成为重点、热点与焦点。迄今为止，进行大学生社会主义核心价值体系、社会主义核心价值观认同研究的论著数量不少，有待进一步提升质量；而在学术界和理论界，对究竟什么是"社会主义核心价值"仍没能达成一致意见。总体看来，对大学生社会主义核心价值认同的思考和探索才刚刚起步。

1.2.1 研究现状

本书对研究现状的描述，主要体现在研究的数量和角度上。

（1）研究数量上的现状

一般性的社会主义价值认同（包括社会主义核心价值之"体系"和"观"的认同），以及大学生社会主义价值认同教育，目前在研究数量上的大致情况是：

以 2000 年为起点，在"硕博士论文库"中检索，标题含"社会主义核心价值体系认同"的研究论文有 460 余篇，其中博士论文 35 篇。标题含"社会主义核心价值观认同"的研究有 82 篇，其中博士论文 4 篇。在"硕博士论文库"高级检索中，以"社会主义核心体系"并含"认同"精确匹配，共检得 43 篇论文，其中博士论文 3 篇。以"社会主义核心价值观"并含"认同"精确匹配，共检得 38 篇论文，其中博士论文 1 篇。以"大学生社会主义核心价值体系认同研究"为题名进行精确检索，检得论文 7 篇，全是硕士论文，并无博士论文；在"硕博士论文库"以"大学生社会主义核心价值体系认同研究"为题名进行一般检索，检得论文 468 篇，其中博士论文 28 篇。在"硕博士论文库"中，以一般方式检索"大学生社会主义核心价值观认同研究"，检得论文 293 篇，其中博士论文 7 篇。以"大学生社会主

义核心价值观认同研究"为题精确检索，检得论文 4 篇，无博士
论文。

从检得论文的时间分布看，关于社会主义核心价值之"体
系"和"观"认同方面的研究文章，自 2006 年以后，数量上呈
逐年上升趋势。

同样是在 CNKI"硕博士论文库"，以"社会主义核心价值"
并含"认同"，以模糊和精确匹配两种检索方式，分别检得 45 和
44 篇论文。但进行逐篇浏览的真实情况是，其中并无准确的或
者近似的以"社会主义核心价值认同"或"大学生社会主义核心
价值认同"为题的研究论文。也就是说，迄今为止，还不能检索
到以"大学生社会主义核心价值认同"为题的硕博论文。

（2）研究角度上的现状

20 世纪 80 年代开始，国内学界主要从哲学的角度研究
价值。

20 世纪 80 年代到 2000 年，据不完全统计，我国在价值观
方面的著作出版达 30 多种，论文发表超过 500 篇。2000—2006
年，国内对价值问题的研究，主要是从构建和谐社会的角度，研
究中国需要主导价值观或者说中国特色社会主义的核心价值观。

2006 年 10 月，党的十六届六中全会首次提出"社会主义核
心价值体系"这一重大命题。命题一经提出，学界便开始进行多
维度研究与探讨。2012 年 11 月，党的十八大报告明确提出十二
个词、二十四个字的社会主义核心价值观基本内容。在国内政策
关注、价值诉求与应对国外价值观挑战等因素作用下，最近几
年，如何在社会层面尤其是在青年大学生中开展培育工作，促进
对它们的认同与践行，也逐渐成为研究的热点和焦点。实际上，
价值观、价值观念的认同及其践行一直以来就是价值研究工作的
难点和重点，而践行的前提和基础是认同。在中国知网，以高级
检索方式，以 2006—2020 年为时间段，用"社会主义核心价值"
和"认同"模糊匹配，检得的论文数量逐年递增。

①关于大学生社会主义核心价值体系、社会主义核心价值观认同

这两方面的理论研究、宣传推广、培育弘扬成果，主要表现在以下几个方面。

第一，关于大学生社会主义核心价值体系的认同。林春生认为，影响因素主要有家庭教育、情感认同、理性判断、舆论影响等十个方面。认同是内在因素和外在因素相互作用、相互影响的结果。朱晨静以"日常生活"为研究视域和思维框架，通过实践基础、现实课题、实现条件与机制运行等的多维分析，为提高社会主义核心价值体系的认同度进行了尝试性探究。韦冬雪认为，要动静结合地进行考察。动态过程是一个认知认同——情感认同——行为实践的过程；静态即认同结果。策略上，一是要充分发挥高校思想政治理论课的主渠道作用，提高大学生的认知认同；二是开展丰富的校园文化活动，培养大学生的情感认同；三是加强社会实践活动，强化大学生的行为实践；四是优化社会环境，固化大学生的价值认同。彭国胜通过福建、湖南和贵州三省高校的调查认为，要从理性认知、情感认同与行为践行三个维度提升大学生认知度、认同度和践行度。尹长云认为，社会主义核心价值体系内化发生的动因表现为他律性需要与自律性需要。他律性需要是内化发生的外在动因，自律性需要是其内在动因。社会主义核心价值体系内化过程是一个分层递进的动态过程，从认识层面进行分析，它需经过感受、理解、接受、观念四个环节；从情感层面来分析，它需经过服从、认同、信奉三个阶段。

第二，关于大学生社会主义核心价值观认同。比如，潘清认为，要遵循教育规律，实现先进文化主导与尊重多元取向之间的并行。强调贴近现实生活、尊重成长需求和个人发展；实现主客观相结合、内外因相统一。刘心一提出，在核心层面，必须树立主体性与交互主体性、人格塑造与日常生活建构以及典型树立与普通认知等相结合的以"学生为本"的原则；在教育层面，必须

树立整体性与层次性、灌输式教育与启发式教育、课堂教学与科研实践等相结合的立体交互原则；在组织保障层面，必须树立高校学生教育部门与学生自治、教学科研与后勤保障等相结合的多要素协同原则。李小玲认为要抓好价值认知与共识、价值认同和实践等环节，以实现个人价值认同与社会价值要求的统一。

②关于大学生社会主义核心价值体系、社会主义核心价值观网络认同

比如，陈宏建、周建华认为，网络文化是一种新型的文化形态，潜移默化地影响着大学生的思维方式、价值观念、行为习惯。面对网络文化语境下的新特点、新机遇和新挑战，要树立正确的网络文化意识。汤文隽、金晶认为，基于价值本体论的认知认同是基础，基于价值评价论的情感认同是保障，基于价值实践论的行为认同是目标，三者相辅相成、由浅入深、循序渐进，保证了认同实现。曾盛聪认为，要把握网络文化的规律与趋势，以"网语"开发与运用等方式建构认同的支撑与保障机制。王岩认为，网络的碎片化、匿名化、多元化给大学生主导价值认同教育带来了新的挑战。为此，要通过多种路径等来解决网络境遇下我国大学生主导价值认同的困境。张琼认为，在网络文化背景下，促进大学生对社会主义核心价值观的认同，是促进大学生全面发展的现实需要，也是建设文化强国与和谐社会的必然要求。当代大学生较为普遍地认同社会主义核心价值观，但受网络文化的影响，还存在不同程度的认同困境。认为应该通过思想理论教育、实践活动养成等来开展价值教育。

③关于社会主义核心价值

尽管，国内大多数学者都把研究的关注点放在了社会主义核心价值之"体系"和"观"的建设、培育和践行上，近几年来，对社会主义核心价值的理论研究和实践探索也在式微境况下持续不断地推进。笔者对近年一些代表性的研究进行了收集和梳理。

2014年12月，韩震教授在《中国特色社会主义研究》发表

《公正是社会主义核心价值追求》一文，把"公正"界定为社会主义的核心价值追求。2015年4月，李德顺教授发表在《中国特色社会主义研究》中的《论社会主义核心价值"公正"》一文，也明确界定社会主义核心价值是"公正"。这两位知名专家的观点和结论完全一致，只是论述与分析的视角不尽相同。

其他代表性观点，比如宋世杰提出"法治是社会主义核心价值追求的体现"。王烨、阳叶青认为"实事求是是社会主义核心价值的精髓"。赵秀龙经过分析，认为社会主义核心价值的真谛在于"富强"。何云峰认为社会主义核心价值包括"尊重劳动、缩小差别、关爱底层和人类联合一致行动"，认为社会主义社会在本质上是一个最尊重劳动价值的社会。徐俊峰认为，社会主义围绕的是"公平正义"这一核心价值追求。顾肃把社会主义核心价值界定为"自由"，认为重新审视自由的思想意义和社会价值，有助于民族的思想解放和复兴。张国宏认为，富强是社会主义的核心价值，社会主义最核心、最根本的价值追求是实现富强。付克新则从整体性的角度，对社会主义核心价值进行了语义的深入分析。

值得一提的是，武汉大学骆郁廷教授，2014年在《马克思主义研究》上刊发了《论社会主义核心价值》一文。文章指出，社会主义核心价值观是社会主义核心价值体系中的核心的观念群，社会主义核心价值是社会主义核心价值观中最根本、最核心的价值。我们不仅要在构建社会主义核心价值体系的基础上凝练出社会主义核心价值观，还要在凝练社会主义核心价值观的基础上凝练出社会主义的核心价值。这是在价值认知与践行上逐步深化的过程。论文明确提出"只有深刻揭示社会主义核心价值的根源，把握社会主义核心价值的实质，大力弘扬社会主义核心价值，才能不断深化社会主义核心价值体系建设，有效培育和弘扬社会主义核心价值观，奠定全国人民团结奋斗的共同思想基础。"在揭示社会主义核心价值内涵重要性和必要性的基础上，骆郁廷教授认为社会主义核心价值是"集体主义"。

1.2.2　研究述评

综上所述，近十多年来，理论界和学术界也越来越重视社会主义价值教育尤其是社会主义价值认同问题的研究。这些研究在研究对象上，包括一般社会组织以及社会公众的社会主义价值认同，但更多指向了大学生这一特殊群体的社会主义价值认同。在研究方法上，理论研究与实证研究并用，而理论研究多于实证研究。在研究内容上，综合研究与单项研究都有，但前者明显多于后者，大多数研究侧重对价值认同做系统全面分析。在研究角度上，研究内容广泛多样，除了社会主义的价值认同，还延伸和扩展到了社会主义的国家认同、政治认同、社会认同、文化认同等认同类型。

虽然绝大多数是着眼于社会主义核心价值之"体系"和"观"的价值认同研究，对"社会主义核心价值"这个范畴本身的研究还不多见，直接研究大学生社会主义核心价值认同的则几乎没有。这些前期研究为社会主义价值建设和价值教育奠定了坚实基础，搭建了广阔平台，对大学生价值教育的后续研究提供了丰富而珍贵的学术资料和方法借鉴，有利于大学生社会主义核心价值认同研究的进一步拓展和深化。

1.3　研究基本思路与方法

本节简要介绍本书研究的内在逻辑思路，以及所使用的基本方法。

1.3.1　基本思路

本书的研究以马克思主义为指导，将大学生社会主义核心价值认同作为社会主义价值教育重要组成部分并进行系统研究，综合运用马克思主义理论、思想政治教育学、政治学、心理学、社会学等多学科理论，通过历史研究、文献研究、理论分析、问卷调查等方法，把定量和定性、借鉴与对照等结合起来，从不同视角和层面，对大学生社会主义核心价值认同进行理论分析和实证研究，初步建构大学生社会主义核心价值认同的实现机制和策略体系。

基于以上研究思路，本书的章节内容主要是以下几个方面：

第1章，导论，主要阐述本书的选题意义、研究现状、重点难点以及创新点和论文涉及的基本概念。简要介绍本书基本思路和基本方法。

第2章，大学生社会主义核心价值认同的理论依据和思想资源。主要包括作为理论前提的马克思主义基本理论，作为学理支撑的政治学、社会学、心理学，以及我国传统文化中核心价值认同的思想精髓、西方价值教育的理论与现实借鉴。

第3章，大学生社会主义核心价值认同的基本特征、类型、条件和机制。

第4章，大学生社会主义核心价值认同的现状、挑战与机遇。

第5章，大学生社会主义核心价值认同的建构原则及关系处理。本书提出的建构原则是，主导性和多样性、理想性和现实性、自生性和引导性、网上与网下、传播与接受等几对要素的统一与结合。同时，处理好社会主义核心价值与社会主义外围价值、中国优秀传统价值、资本主义核心价值、人类社会共同价值等之间的关系。

第6章，大学生社会主义核心价值认同的线上导引与线下建构。主要观点是，第一，占领价值认同的网络新场域。具体要形成"两个主渠道、两个主阵地"的新认知、强化校园网引领功能、发挥网络名人正面作用。第二，营造绿色网络生态。具体要关注网络舆论、关注大学生网民群体、提升大学生媒介素养。第三，建构网下多种路径。要在各类大学课程教育中进行教育灌输、在日常生活学习中进行培育养成、在校园文化建设中进行浸润熏陶、在志愿者活动和社会环境中进行对接融合。

第 7 章，大学生社会主义核心价值认同的内生机理与外推举措。主要观点是在认同的起点，即注意——理性认知阶段，要通过课堂系统学习、课外学术沙龙、激发心理需要得以实现。在认同的重点，即理解——情感共鸣阶段，要以国家重大事件、大学生先进典型、网络文化传播等来激活、增进和巩固情感认同。在认同的拐点，即转化——意志培养阶段，要通过实施挫折教育培育阳光心态、通过化解心理危机不断增进心理健康、通过实施自我教育不断增加心理动力。在认同的焦点，即生成——信仰积淀阶段，通过价值品质培养、社会思潮碰撞、显隐结合教育实现逐渐协同、理性趋同与主动认同。在认同的落点，即外化——实际践行阶段，在理论与实际的对接转换中逐渐稳定，在社会责任的主动担当中沉淀与深化在成才愿景的渐近实现中坚定和弘扬。

从上述的研究基本思路及内容可以看出，前 3 章是本书的研究起点和立论基础。其中，第 1 章第 5 节"基本概念辨析"，尤其是对"社会主义核心价值"的揭示和界定，是本书研究的难点，也是全文能否立得起、展得开的关键，是后面所有内容的理论前提和逻辑基础，也是本书的创新点之一。第 4 章，是在前面理论分析的基础上进行实证研究。第 5 章，提出大学生社会主义核心价值认同的建构原则及关系处理。第 6 章和第 7 章，建构大学生社会主义核心价值认同的总体框架，提出大学生社会主义核心价值认同的实现机制和策略体系。这两章既是本书研究的落点，也是本书研究的重点，更是本书研究创新点的重要组成部分。

1.3.2　基本方法

具体而言，将通过以下研究方法达到研究目的。

第一，文献法和实证法相结合。关于社会主义核心价值之"体系"和"观"认同的文献资料已很多。对这些资料的挖掘、整理、学习，将为大学生社会主义核心价值认同的理论基础。同时，本项目还立足实践，在省内高校进行实证调查，了解和掌握当代大学生社会主义核心价值认同的现状，分析影响因素，为研究提供丰富的第一手资料。

第二，宏观研究和中微观研究相结合。一方面，从国际、国内两个层面，考察价值认同的理论与现实依据、历史经验与教训；另一方面，从学校教育层面提出价值认同实现的实施举措与方法路径；此外，还从学生个体层面深入研究价值认同形成的微观心理机制，以及内外影响因素。社会层面的宏大叙事，有利于把握今昔时代环境与背景；学校层面的中观探索，让价值认同与大学生的受教过程联系更加扎实有效；个体层面的深层次探究，可以使价值认同方案的实施更符合大学生的心理发展规律。

第三，静态和动态相结合。价值认同既是一种状态，也是一种过程。状态反映的是大学生对社会主义核心价值认可、接收、肯定、赞同、尊崇等的结果与程度。而作为过程，既有思想政治理论课教学、日常思想政治教育、大学校园文化等多要素、多载体与多路径的互动与联动，又有大学生个体对社会主义核心价值的内化和接受。因此，研究既进行静态分析，也进行动态考察。

第四，系统分析和综合研究相结合。认同涉及宏观和中微观系统。国际、国内的政治、经济、文化、社会等多种因素构成了宏观大系统，家庭、学校、性格、心理、态度等多种因素构成了中微观系统。这些系统之间，以及系统内部各因素之间，都相互联系、相互影响和相互作用。此外，认同还涉及思想政治教育学、政治学、社会学、传播学、心理学等多学科、多专业的理论知识。所以，大学生社会主义核心价值认同研究坚持整体性和相关性原则，采用系统方法，进行综合研究和分析。

1.4 重点、难点、创新点

本书研究的重点、难点和创新点分别体现如下。

1.4.1 重点

一切研究的最终落点，应该在于为实际工作的推进和优化提供可资借鉴、易于操作的方法论参考。因此，作为面向大学生思想政治教育的一种理论探索，本书希冀通过粗浅地研究，能有助于大学生思想政治工作的改变或改善。在此意义上，本书的重点，即在大学生社会主义核心价值认同的实现机制和策略体系的建构上。围绕"如何认同"这一关键问题，探索、寻求并规划大学生社会主义核心价值认同的解决方案。本书提出大学生社会主义核心价值认同的新型实现机制和策略体系建议，即宏观与微观两个系统、自上而下与自下而上两条路径、网上与现实两个环境、内生与外推两个作用的认同解决方案。也就是在坚持宏观与微观协同、上下路径互动的前提下，重点通过网上导引与网下建构、内生机理与外推举措实现大学生对社会主义核心价值的认同。

1.4.2 难点

如何科学界定社会主义核心价值是本书研究上的一个难点。

理论界对社会主义核心价值观的概括和凝练已取得共识；而由于社会主义核心价值的研究才刚起步，只是部分专家、学者意识到了研究的重要性，并开始提出一些见解、观点和结论。因此，对社会主义核心价值内涵的揭示和界定，目前还没能达成共识。本书从价值概念入手，紧紧围绕价值从根本上说是体现一种主客体关系范畴这一基本特点，通过将社会主义作为一种先进的道路选择、制度安排、理论体系和文化形态，以及对社会主义所要达到和实现的根本目的的分析，界定出社会主义核心价值在于"为人民服务"。

这种界定体现出"为人民服务"的社会主义核心价值，既有作为一般社会价值所具有的与它所面向的价值客体关系的一致性、协调性与普遍性，即任何价值都意味着价值客体对价值主体来说的"效用""效益""效应""有用性""意义"等关系；又体现了社会主义特有的制度本性，在其发展的不同时期和阶段，都要致力于满足人民群众日益增长的物质文化需要和对美好生活的关切、期待与向往，都要躬身践行"为民"的宗旨与取向。这种对价值关系客体利益和需要的满足，是通过"为人民服务"的价值承诺和价值实现加以表达和担当的。

本书认为，建立在生产资料公有制基础上的社会主义的核心价值与建立在生产资料私有制基础上的资本主义核心价值是截然不同的。

资本主义重在突出和强调"资本"，是以个人主义为价值取向的，其核心价值体现在为资本服务。

社会主义重在突出和强调"社会"，是以集体主义为价值取向的，其核心价值体现在为人民服务。

1.4.3 创新点

长期以来，不管是在研究层面还是在实践层面，都缺乏一个更为内在和深刻问题的追问，即社会主义核心价值到底是什么？在大学生思想政治教育意义上，大学生需要认同什么样的社会主义核心价值？又要如何有效实现和增进大学生对这种社会主义核心价值的认同？这两个问题是本书试图有所突破和创新的。因此，本书的创新点也就体现在对这两个问题的解答。

第一，概念揭示。在系统地梳理价值、核心价值、认同、价值认同等有关价值理论基本概念的前提下，重点对"社会主义核心价值"这个鲜有人涉及的概念进行深入分析和探讨。在此基础上，界定社会主义核心价值认同、大学生社会主义核心价值认同等概念。并且指出，对社会主义核心价值与对社会主义核心价值之"体系"和"观"的认同，都统一于社会主义意识形态建设，都有助于国家文化软实力的提升，都有助于实现和增强中国特色社会主义"四个自信"。但社会主义核心价值与社会主义核心价值之"体系"和"观"，在内涵和外延上是有差异的。把社会主义核心价值的内涵界定和揭示为"为人民服务"，这在社会主义价值理论研究上具有创新性和唯一性。

第二，结构创新。以全球化、多极化、多元化和网络化为背景，从社会本位转向以人为本，以大学生社会主义核心价值认同的现状、基础为逻辑起点，以价值认同的规律性为主线，以实现理论为重点，通过对国内社会核心价值认同的理论和实践借鉴，最后提出"如何认同"的实现机制和策略体系，建构起切实可行的新型框架结构。即宏观与中微观两个系统、自上而下与自下而上两条路径、网上与现实两个环境、内生与外推两个作用；也就是在宏观与中微观协同、上下路路径互动的前提下，重点从网上导引与网下建构、内生机理与外推举措等几大方面，初步科学地规划并探求大学生社会主义核心价值认同的实现机制和策略体系。这样的探究，着力于促进和实现社会主义核心价值进校园、进课堂，突出大学生自身主体性，有利在实现价值教育过程中，各种教育要素的辩证互动、系统关联和协同对接，更加深入大学生群体的中观学习环境和微观心理过程与机制，使得大学生社会主义核心价值认同研究更加扎实有效和切实可行。

1.5 基本概念辨析

作为研究的起点和基础，大学生社会主义核心价值认同研究首先要界定一些基本概念，厘清一些基本关系。

1.5.1 价值、核心价值

价值与核心价值，无疑是本书中最基本的两个概念。

(1) 价值

价值一词，我们常在学科里使用。作为社会主义核心价值一词里的价值，显然不属于经济学、伦理学、美学范畴。马克思说过："'价值'这个普遍的概念是从人们对待满足他们需要的外界物的关系中产生的。"作为哲学范畴，一般来说，价值表示客体对于主体所具有的意义。这种意义是蕴涵于主体人的存在中、映现在客体事物上的美好性质。作为事物的"美好性质"，价值不是事物本身的事实属性或固有性质，而是因为人的存在、并向人的存在显现出来的"合意性"。从价值的根源及其表现来看，价值就是以人的存在为根源、以事物的事实为载体显现的美好性质。因此，价值离不开客体，但也不能归结为客体。价值的本质是从人们对待满足他们需要的外界物的关系中产生的，也就是说，它是从客体对主体需要的满足中产生的。因此，价值是主体和客体之间的一种基本关系，它是一种社会关系而不是某种实体；它是关系范畴而不是实体范畴。价值以价值关系作为载体或者说存在形态；价值和价值关系都是客观存在，价值具有客观性。价值关系渗透于主客体之间的实践、认识关系之中，是人类实践、认识活动的能动性、创造性的重要根源。

(2) 核心价值

按照马克思主义的观点，社会是由人组成的。人的本质在于其社会性。任何社会，在由主体的人推动其产生和发展的过程中，都会向作为社会主体的人体现和展示出其存在的独特意义与"功用"，形成具有一定倾向性的社会价值。任何社会的社会价值，都不是单一而扁平的，都会牵涉不同层级与不同群体的利益和需求，进而由不同的社会价值单元与要素构成社会价值体系或者价值群。在这个由诸多价值单元、价值要素构成的社会价值体系或价值群中，必然会有一个核心价值。

所谓"核心价值"，是指在一个社会中，处于中心地位、起着主导作用、引领社会思潮、体现意识形态本质并且影响人们价值取向的价值规范或价值目标。核心价值来源于一般价值，但又区别于一般价值，是一般价值的"中心"，是对一般价值的高度集中、概括、凝练与彰显。核心价值反映了在具体的社会历史条件下，什么样的价值理念才是最为突出和最为重要的。核心价值在一个社会的价值体系或价值群中，处于最基础、最稳定和最核心的位置。在现代人类社会都会形成和具有自己的核心价值；并且，这个社会的统治者与领导者，也都会竭尽所能地对社会的核心价值加以昭示、宣传和弘扬，千方百计、竭尽所能地教育引导人们接受它、尊崇它、认同它，以统一人们的思想和行为，继而维护和巩固自己的统治地位。

社会主义社会也会有属于自己的核心价值；并且，这个核心价值也需要包括大学生在内的社会公众对社会主义核心价值予以认可、同意、肯定和践行。

1.5.2 社会主义价值、社会主义核心价值

在明确了价值与核心价值范畴的基础上，对社会主义价值和社会主义核心价值的界定，便构成研究的文本起点和概念基础。

（1）社会主义价值

社会主义价值是指，社会主义作为一种发展道路选择、科学理论体系、根本制度设计和文化表达形式，它对社会发展积极意义和肯定作用。在此，这种界定把社会主义视为了价值客体，而把人民当作了价值主体，二者构成一对价值关系。在这个价值关系里，作为客体的社会主义，对于作为主体的人民来说是有价值的；如果没有价值，它也就失去了存在的依据与意义。但在现实社会里，在这个价值关系里，价值内容究竟是什么呢？所谓价值内容，实质上是指社会主义的目标。更确切地说，是我们正在

"建设"的社会主义社会应该是什么样的？或者说，应该把社会主义"建成"一个什么样的社会？这其实涉及社会主义的"价值原点"与"价值落点"。社会主义从空想到科学，由理论到实践，从过去到现在，经历了从无到有、由弱到强的曲折历程；如今，社会主义在中国蓬勃发展，引起世界广泛而深入的关注和研究，这里面一定是有着什么内在的、"神秘"的和深刻的一些原因。

要找到这个原因，就不得不进入到对社会主义自身所具有的价值"秉性"的分析和探寻。社会主义之所以能存在和发展，应是因为这样一个社会，它能满足构成这个社会主体的人民，对它的某些利益需求、期待与愿望，或者说它对那些利益需求、期待与愿望，能做到积极回应、支持与实现；在此意义上，我们才认为，社会主义是有其独特价值的。

社会主义价值应该是丰富多样的，也应该是与社会主义本质、社会主义基本特征相统一的，理论上应该体现马克思主义经典作家们对未来人类社会美好前景的设想和憧憬，制度上具有优越性，实践上能够体现社会主义社会里不同阶层与群体对美好生活的向往和追求。

（2）社会主义核心价值的三个定位

在丰富多样的社会主义价值里（社会主义价值都有哪些？这其实也是一个值得探讨和分析的话题，但并不是本书所述重点，因此略过），它的核心价值是什么呢？也就是说，什么才是社会主义最基本、最关键的价值？什么价值在社会主义的价值体系或价值群中处于支配和统摄地位？

从字义上理解，所谓社会主义核心价值，就是指社会主义社会以自己特有的道路、理论、制度、文化，以及体制、结构和功能，对人们最根本的、最重要的利益、偏好与需要的积极意义和肯定作用。因此对社会主义核心价值的找寻，我们应当明确主体定位、客体定位、内容定位这几个理论维度。

首先是主体定位。任何价值都是相对于主体而言的。在谈论价值时，一定要明白它是"谁的"。是谁的价值，就要用谁的社会存在和社会实践来说明，而不可以用个人的主观意愿来代替。社会主义核心价值是对谁的价值？在回答此问题之前，我们应该清楚，所谓社会主义核心价值是特指中国特色社会主义核心价值，是"中国自己"的核心价值。它不同于资本主义社会和中国传统封建社会的特有价值。要认识和回答世界范围内的一般的社会主义的核心价值，我们得考量社会主义核心价值是否具备充分资格和必要条件。当然，社会主义核心价值本质上是马克思主义核心价值（马克思主义核心价值，应该是追求全人类的解放，以及追求每个人的全面而自由的发展）的当代中国形态和具体体现。立足于中国特色社会主义，社会主义不管作为一种道路选择，亦或一种理论体系，还是一种社会制度，或者一种文化形态与现实运动，其价值主体都是人民。马克思主义唯物史观有一个基本观点，即认为人民是历史的创造者。勤劳勇敢的中国人民，创造了并且继续创造着中国的历史和现实。正如习近平总书记所言："我们的人民是伟大的人民。在漫长的历史进程中，中国人民依靠自己的勤劳、勇敢、智慧，开创了民族和睦共处的美好家园，培育了历久弥新的优秀文化。"人民，是社会主义中国的社会主体，是国家的主人；社会主义是人民当家作主、以人民为主体的社会。简言之，人民既然是社会主义社会的主体，当然也就是社会主义价值包括社会主义核心价值的享用主体。

社会主义核心价值是以人民的需要和利益为根据的。表现为人民对自己生存和发展的客观条件的需要；而人民一旦对自己的客观需要有了认识，就会把它变成个人、阶级和社会的利益；利益的出现，就是诱发人民行动的动因，引起旨在满足人民需要的决策、态度和行动。因此，人民所追求的社会主义的价值目标，不仅仅是一种目的，一种意向，而且是人民积极从事各种活动的动因。正如恩格斯指出的那样："……需要曾经是，而且越来越是对自然界的认识不断进展的主要动力。"在社会主义核心价值中，占主导地位的是人民的需要、动机、意图和愿望；正如尼采所说："由于评价才产生价值。"正确地坚持主体需要和利益的立足点，有助于提醒我们坚定地站在人民的立场上，去发现、去运用社会主义核心价值，有助于我们把握社会主义核心价值的适用范围及其实现所必需的条件，避免"左""右"之倾。在社会主义的建设、改革和发展实践中，不管是顶层的制度设计，还是具体的政策实施，都应以人为本，要以人民喜欢不喜欢、高兴不高兴、答应不答应、赞成不赞成、满意不满意作为基本衡量尺度，也应把实现好、发展好、维护好人民的根本利益作为所有现实理论和实际工作的出发点与落脚点。

其次是客体定位。作为哲学范畴的价值，它表示的是客体对于主体所具有的意义，是现实的人同满足其某种需要的客体属性之间的一种关系。在价值哲学上，更侧重于对客体的考察和分析。"社会主义核心价值"概念中，主体是人民，客体是社会主义。

以前我们在论述社会主义的时候，更多说它是一种历史的必然，是社会发展规律的体现。这当然是对的。因为，价值尺度不是某个人的欲望，某个阶级的需要，而是社会发展的客观需要。就是说，社会主义反映了人类社会的客观规律及发展趋势，经过实践检验，证明其能够正确指导人类社会实践，对发展社会生产力有用，对人类社会发展有用。除此之外，在中国特色社会主义意义上，它是人民的选择。社会主义之所以能为人民所选择，是因为社会主义具有更进步、更科学、更优越的性质，它可以更好地满足人民的物质和精神需要，对人民的生存和发展更有利。"从根本上说，是因为只有社会主义才能救中国、发展中国，社会主义思想理论体系更科学，社会主义道路更光明，社会主义制度更优越，具有推动社会发展的强大功能。"社会主义核心价值的产生和存在，既与其与生俱来的代表人类未来发展方向的制度性"DNA"优势相关，也与其在现实社会主义运动中所展现出的旺盛生命力、巨大发展潜力和美好前景有关。根本上说，社会主义体现了科学性和价值性的统一，它既可以解释存在，预见未来，还可以指导实践，动员人民、组织人民和鼓舞人民为着共同的目标而团结奋斗。我们可以看到，在中国特色社会主义事业的历史和经验、尤其是在改革开放以来理论和实践上的卓越成果中，社会主义一步步地展示和表现着其对于社会主义主体的人民来说所具有的意义。以上两方面，分别从主体和客体的角度分析了社会主义核心价值。

再次是内容定位。所谓社会主义核心价值的内容定位，就是要搞清楚，通过主客体价值关系表现出来的社会主义具体的核心价值内容是什么？以人民为主体的社会主义究竟要追求什么样的核心价值？社会主义究竟可以为人民提供什么样的核心价值？也就是社会主义可以满足人民什么样的核心利益愿望和核心理想诉求？这也就是要解决"社会主义核心价值"是什么的问题。这个问题的解决有助于社会主义核心价值"体系"和"观"的建设、培育和践行。要提炼概括出具有广泛共识性的"社会主义核心价值"，离不开学界同仁过去和未来的共同努力，也可能还需要一段比较长的理论探索时间。现在，人们对社会主义核心价值的认识和理解依然存在标准多元、层次不一、取舍失度的问题，仍然莫衷一是、难以决断。我们进一步分析，还可以发现，以往对价值哲学的研究，人们是不加区分地使用了价值、价值观、价值观念、价值理念，在前面冠以"社会主义"从而在此基础上进行结合研究。难免失之偏颇和严谨。

马克思主义价值哲学认为在对价值与价值观这一对范畴进行比较分析的意义上，价值是对价值事实的"是"的认识，价值观则对价值的认识与看法、理解和追求；在一定意义上，我们又可以把价值观理解为"应当"。由"是"到"应当"的实际意思应该是人们掌握了客体的有关知识，认识到客体是什么，由此得出主体应当怎样行动的结论。"三个倡导"的社会主义核心价值观，体现的就是"主体应当怎样行动"。从一般历史与逻辑过程看，人们是沿着事实判断——价值判断——规范判断的顺序认识与改造社会的。但这并不妨碍我们在实践的基础上，在现实生活中，基于对社会主义的理论认识和实践探索，先提出社会主义的"应当"；然后进入"是"的认识序列。也就是由"社会主义对人民应当怎样"进入"社会主义对人民是怎样的"。

著名哲学家李德顺教授提出，对社会主义核心价值的概括和阐述原则应该是：主体宜显不宜隐，理论层次宜高不宜低，思想内容宜实不宜虚，形式宜简不宜繁，用语宜熟不宜生。具体到对社会主义核心价值的概括，除了上述一些专家和学者提出的观点与见解外，目前，在我国学术界、理论界关于社会主义核心价值代表性观点还有十几种。比如，李忠杰提出"发展、富裕、民主、文明"；包心鉴提出"以人为本，民主公正"；高国希提出"人的自由全面发展、社会公正"；葛洪泽提出"以人为本、科学发展、社会和谐、共建共享"；李银安提出"人民民主，勤劳共富，真善美健，公正和谐"；沈江平提出"人民至上，集体优先，富裕公平，幸福和谐"；李青提出"人本、平等、互助、和谐"；王中汝提出"人的彻底解放与全面自由发展"。

也许，相当长一段时期内，对社会主义核心价值内涵的揭示与界定，这种仁者见仁、智者见智的局面恐怕还将继续存在。而有些作者认为属于社会主义核心价值的表述，其实已作为社会主义核心价值观进入党的规范文件之中。

随着党中央相关意见和方案的出台，关于社会主义核心价值观语词表述"百花齐放"的争鸣已经暂告一段落，社会主义核心价值观已进入全面培育和践行新阶段。那么，对社会主义核心价值，我们又可以提出什么样的认知、判断和规范？

(3) 为人民服务是社会主义的核心价值

根据前面的分析，社会主义核心价值可以概括为"为人民服务"。

对于"为人民服务"这个动宾结构词组,《现代汉语词典》对"为"字的第二条解释是"表示行为的对象";由其组成的"为了"一词"表明行为的目的。""人民"释义为"以劳动群众为主体的社会基本成员。""服务"释义为"为集体(别人)的利益或为某种事业而工作"。综合而言,不考虑其他因素,可得到的字面意义是"为人民服务"这五个字表明,社会主义是以劳动群众为主体的社会基本成员这个集体的利益为目的;或者说,社会主义事业的目的是谋求以劳动群众为主体的社会基本成员的利益。

由此看来,"为人民服务"最为集中地体现了社会主义对于人民的实际效益与终极意义,是社会主义客体属性和人民群众主体需要之间的契合点与共鸣点,渗透和贯穿在社会主义核心价值之"体系"和"观"之中,是"体系"和"观""核心"之核心,是对国家、社会、个人三个不同层面的价值目标、价值取向和价值准则丰富意蕴与内涵的高度凝练与集中表达,是社会主义合规律性与合目的性之真、善、美的结合与统一,具有相当程度的价值崇高性。

作为一个集合概念,"人民"体现的是集体性;"为人民服务"的价值取向是集体主义的。因此,"为人民服务"不但突出了人民主体地位,也鲜明地体现了集体主义;因为以人民主体和集体主义为关照,它的终极目标就是为了国家富强、民族振兴和人民幸福。因此,我们可以得出这样一个认识:"为人民服务"是对社会主义作为一种先进的道路选择、理论体系、社会制度、文化形态和现实运动基本价值面向的体现。这样的的价值面向是一种主动而为,是在正确处理人与自然、人与人、人与社会相互关系中得到统一,与人民的诉求、心意和愿望相向而行,是对社会主义意识形态本质要求,以及社会主义制度本质规定、根本属性和核心利益的彰显,是社会主义先进文化的精髓,是中国特色社会主义道路、理论、制度和文化的价值表达,是实现中华民族伟大复兴的价值引领。因而，"为人民服务"的社会主义核心价值，便成为社会主义最本质、最核心的价值宣示。只有立足于社会主义制度本质，以及社会主义制度下人民的核心利益，社会主义核心价值才能产生、存在和实现。"为人民服务"有着明确而清醒的价值理性，又带有深厚浓郁的情感因子，有助于增强人们的价值判断力和道德责任感，有利于弘扬共同理想、凝聚精神力量、建设道德风尚，有益于营造"人人为我，我为人人"社会氛围，强化价值导向，从而激发人民参与探求社会主义现代化建设规律和改革开放的极大热情，让人民对社会主义社会的价值彰显。

把社会主义核心价值凝练为"为人民服务"可以容纳各类不一、如前文所述的社会主义核心价值提法。社会主义核心价值体系的马克思主义指导思想、中国特色社会主义共同理想、以爱国主义为核心的民族精神和以改革创新为核心的时代精神、社会主义核心价值荣辱观等基本内容，本质上都是以"为人民服务"为根本价值目标的。同样，社会主义核心价值观三个层面的基本内容，本质上也是以"为人民服务"为根本价值目标的。因此，我们可以认为，融会、贯穿在社会主义核心价值之"体系"和"观"中的一条"红线"，本质上都是"为人民服务"的核心价值。或者说，社会主义核心价值之"体系"和"观"，是社会主义核心价值的展开与体现、补充与完善，价值体系的核心、价值观的核心、价值的核心其实都是"为人民服务"。这样的社会主义核心价值是对处于不同层级价值主体的核心利益、价值旨趣的最大化表述，是人民至善追求、美好生存状态的最大公约数，既突出了民族特色，又紧扣了时代需求，还彰显了社会属性。因此，"为人民服务"的社会主义核心价值集中体现中国特色社会主义的本质属性，反映了社会主义社会发展进步的要求。

需要说明的是，把社会主义核心价值概括为"为人民服务"，不是对党"全心全意为人民服务"根本宗旨的断章取义，不是简单地截用、移用或借用，而是理论认识深入发展到一定阶段后的必然提升，是对社会主义之于人民意义的最为直接的反映。社会主义核心价值与中国共产党宗旨本就是高度一致的。1942 年，毛泽东的《在延安文艺座谈会上的讲话》第一次使用了"为人民服务"这一科学概念；1945 年党的七大召开，修改后的党章第一次提出"全心全意为人民服务"的党的宗旨。追根溯源，或许有人会认为，当年的文化自觉与政治自觉可能会有些许价值"直觉"的意味。但谁又能否认，那不是出于对社会主义核心价值的深刻体察与睿智把握？只是因为时代条件与历史使命不同，理论和实践的关注点各有侧重。在全党全国人民万众一心、齐心协力实现两个百年目标的征途上，人民切实可感地知道，中国共产党各级组织与部门正担负起全心全意为人民服务的历史性承诺与伟大使命。

在全社会大力开展社会主义价值建设、同心共筑中国梦的今天，从历史与逻辑、理论与现实相统一中，把社会主义核心价值简洁地定位和概括为"为人民服务"，既比较集中地反映了社会主义制度本质、人民地位变化和核心利益的价值规范，又便于记忆和表述、传播与认同。

社会主义核心价值不同于一般价值的是，社会主义社会应该是个体与社会的统一，而这个社会从本质上讲也是由无数个体构成的统一体。所以说，从价值关系看，一方面社会主义社会是客体，人民是主体；另一方面，由无数人构成的社会主义社会是主体，人民是客体。因此，社会主义核心价值既要讲求社会主义社会对人民的意义，也要讲求人民对社会主义社会的意义，即个体或人民对社会主义社会这个独特群体的意义。如果任何一方，只是单纯主张和讲求自己的利益和需要，二者双方的利益和需要最终都不可能得到很好的实现和保障。

只有立足于超越而务实的"为人民服务"，社会主义才能持续发展，在担负建设改革发展伟大历史任务的征程中，不断满足人民群众日益增长的物质和文化需要，不断增进和提高人民群众的"获得感",从而使人民具有源源不断的前行动力,得到人民群众的衷心拥护和支持;社会主义社会里的每个个体或人民,也只有把社会主义这个特殊群体当作自己的"服务"对象,才会使得个体的或集体的活动,都自觉服从于社会主义的统一目标和任务,服从于社会主义社会生产力水平和生产关系的性质,服从于社会主义社会的使命,从而才能根本上保障与增进自身利益,在双方共赢"互惠"中,同向实现个人利益与集体利益、眼前利益与长远的有机统一和结合。如此,社会主义自身发展壮大和人民群众需求实现,便能各得其所。

1.5.3 认同、价值认同、社会主义核心价值认同

研究大学生社会主义核心价值认同,还要对认同、价值认同、社会主义核心价值认同等基本概念做出界定和揭示。

(1) 认同

认同是一个人们熟知而又复杂的概念。认同问题是当代社会科学普遍关注的重要问题之一,是许多学科的重要研究内容。

在西方,认同概念源于心理学,最早由西格蒙德·弗洛伊德(Sigmund Freud)在1897年提出来,指"个体或群体在感情上、心理上趋同的过程","是建立在一个重要的情绪共同性质之上的",是个体对群体的归属感。尤尔根·哈贝马斯(Jurgen Habermas)认为"认同归于相互理解、共享知识、彼此信任、两相符合的主体之间的相互依存。认同以对可理解性、真理性、正当性、真诚性这些相对应的有效性要求的认可为基础。"曼纽尔·卡斯特(Manuel Castells)对认同的解释:"当它指涉的是社会行动者时,我认为它是在文化特质或相关的整体的文化特质的基础上建构意义的过程,而这些文化特质是在诸意义的来源中占有着优先位置的";"虽然认同也可以由支配的制度产生,但是只有在社会行动者将之内化,且将他们的意义环绕着这内化过程建构时,它才会成为认同。"埃里克森(Erik H. Erikson)首创

自我认同概念，并用自我与他者的关系来界定认同。亨廷顿认为"任何层面上的认同（个人的、部族的、种族的和文明的）只能在与'其他'——与其他的人、部落、种族或文明——的关系中来界定。"

总得来说，关于认同的定义现在还不统一。相同、同一性与身份、特性体现其基本含义。相同与同一性，体现的是人的前后一致性，或者指群体成员间的相似性。身份与特性，体现的是与他者的差异性。由此可知，认同的两个方面分别是同一和差别。认同存在的根本原因就在于人与人、人与物，乃至人与自己之间存在不同性、差异性和不一致性。为了更好地生存与发展，不管是个体还是社会，都需要协调这些不同和差异，从而达到一致性或同一性。通过个体认同，人们可以确认自己的社会身份或社会角色，从而获得内在而持久的动力与能量，开展个人社会行为。通过社会认同，可以形成社会内在凝聚力，实现社会成员对价值、国家、民族、政党、宗教、政治、文化等的拥护、支持与分享，维系社会共同体。

20世纪60年代，西方将认同理论与其他众多社会学科相结合，进行交叉研究，获得了丰富成果。其中泰勒、吉斯登、曼纽尔·卡斯特、亨廷顿、哈贝马斯等人的著作与理论在我国影响颇大。相较来说，我国对认同理论的研究要滞后一些。20世纪80年代中后期开始，才有一些词典及工具书介绍认同和认同理论；继之有相关论著问世。

在我国，就认同本身这一概念，《现代汉语词典》的解释有两个方面，其一是"认为跟自己有相似之处而感到亲切"，其二是"承认，认可。"第一项指因共同性或相似性而产生的归属感，其结果是增强群体内部的凝聚力，并得以明确区分群体之间的"他者"。因此，第一项强调的是心理归属，第二项指因内心认可和赞同而产生的肯定性心理反应，这会促使权威与合法性的产生。因此，第二项重在强调情感倾向，也就是对外界刺激的肯定

或否定反应。就国内研究来说，20 世纪 80 年代中后期开始出现
的一些文章，主要涉及心理、角色、身份、民族、族群等方面的
认同。而对文化、国家与价值认同的研究，是 20 世纪 90 年代以
后才逐渐展开。20 世纪 90 年代后期，有关政治认同以及政治认
同危机方面的论著开始慢慢出现。

本书认为，认同是主体出于自觉自愿，对于客观事物对人而
言所具有的意义和价值，所具有的认可、接受、趋同、赞同、同
意乃至尊崇的心理现象。认同既表现为一种心理过程，也表现为
一种认知结果。认知针对事实而言，以事实为对象，是对客观对
象的观念把握；认同以事物的意义和价值为对象，其内容不是对
象本身，而是事物对人的意义与价值。对于跟自己的利益、需
要、情感和信仰相一致或相近似的他者，更易于产生认同。主体
认同的对象就是认同的客体。认同他者，也就意味着接受一套价
值模式，并将其内化为个人的价值观念，外化到学习、生活和工
作等实践过程中。因此，认同主要描述的是一种联系状况，主要
解释个体与个体之间、个体与群体之间，以及群体与群体之间的
归属与依赖、肯定与接受。自我认同和社会认同，是认同的两种
基本类型；而社会认同的核心、实质是价值认同。

（2）价值认同

全球化条件下，价值冲突有目共睹。"当代认同问题归根到
底是一个价值认同问题。同样，当代认同危机的核心也必然内聚
到一个价值认同的危机问题，对认同危机的思考和解决必须与价
值认同的建构联系起来看。"20 世纪 90 年代以后，国内对价值
认同的研究相对较多；不同的学者从各个角度进行了解读和分
析。中国社会科学院哲学研究所的贾英健教授对这些研究进行了
归纳："一种观点认为，价值认同是指个体或社会共同体通过相
互交往而在观念上对某类价值的认可和共享，是人们对自身在社
会中的价值定位和定向，并表现为共同价值观念的形成。另一种
观点认为，价值认同即是指价值主体不断改变自身价值结构以顺

应社会价值规范的过程，它体现出社会成员对社会价值规范的一种自觉接受、自觉遵循的态度。还有一种观点认为，价值认同主要有两个层面的含义：一指人类共同的追求，二指在世界范围内的主导价值……"

笔者认为，价值认同是一种高级的认同类型，指主体基于对对象意义的肯定，为了适应相应社会价值规范，不断调整已有价值结构，认可、接受、信赖、遵从、忠诚和践行某种价值理想、价值观念和价值标准，表现为人们在价值取向与价值追求上的某种一致性、统一性和可接受性。较之于事实性认同、被动认同、利益认同等，价值认同具有更强的深刻性、持久性和稳定性。

(3) 社会主义核心价值认同

就社会主义核心价值的内在逻辑、功能或意义来说，社会主义核心价值认同，其内在本质必定是一种价值认同；同时，它也是一种意识形态认同。对社会主义核心价值的认同，实际上可以理解为对马克思主义意识形态的认同。

在前述相关概念界定的基础上，本书认为，所谓社会主义核心价值认同，就是社会主义国家内的个体或群体，对于社会主义基于一种道路、理论、制度和文化而具有的"为人民服务"核心价值的接受与认可、共享与尊重、信赖与忠诚、趋从与践行。社会主义核心价值认同，体现出社会主义国家内的人民，在长期实践活动中，经过理性认知、情感体验、心理调适、信念引领、行为选择等环节而形成的一种主体自觉状态。社会主义核心价值认同意味着，作为个体或群体的人民，把社会主义核心价值作为他们的内在需求、精神追求和价值目标。这样一种状态还包含着"承认关于这种价值的某种思想理论即某种价值观之真理性"的内涵。也就是说，如果认同了社会主义核心价值之真理性，也就意味着承认关于社会主义核心价值的"思想理论"即社会主义核心价值之"体系"和"观"的真理性。换言之，如果认同社会主义核心价值，也就会认同社会主义核心价值之"体系"和"观"；

或者说，对社会主义核心价值之"体系"和"观"的认同也就容易达成和实现。

社会主义核心价值认同的可能性主要在于以下几点：

第一，生活、心理与文化结构上的相同和相近是形成社会主义核心价值认同的"自然基础"。作为价值认同主体，作为现实的人，社会主义国家内的人们，是个体存在与群体存在的统一；根本上说是一种群体性的社会存在。人与人之间，各种不同的思想和观念之间之所以能够交流与沟通，其物质和自然前提就在于人们有着共同的山川故土、生活条件、文化家园和思维特征，人们因此能够实现归属感、尊严感与荣誉感的统一。同时，为了生存与发展，人们需要进行生产和生活实践。在此过程中，社会性和合群性是两个典型特征；由这两个特征决定，人与人之间、人与群体之间，相互必然会产生一定的联系、影响与作用。由此，彼此间精神上的交流与沟通乃至共享与认同也便成为一种现实需要。就人的一般心理机制、心理常态和心理需要而言，人们必然会接受、赞同、肯定某一种价值或者说价值观念。与此同时，也希望别人认同、尊重并且维护自己提出和主张的某种价值或价值观念。

第二，共同的利益是社会主义核心价值认同得以可能的利益基础。目前，人类面临百年未有之大变局。尽管如此，各个民族国家处于历史发展的洪流之中，彼此之间的共同利益客观存在。与此同时，每个国家也都清楚地意识到，本国人民必须团结一致、齐心协力，才能在看似越来越同质化的"地球村"中更好地生存与发展。现实的社会主义社会中，不同阶层和人群，在利益和需求等方面，其多样多元、分散分层等异质性特征较为明显和突出。但总体而言，社会主义国家内的人民，利益需求大同小异，有着共同利益的底线，即人与人间具有利益共生性或相关性。这与相关的利益底线，为社会主义核心价值认同提供了最低限度的现实可能。利益底线在社会主义社会的建设改革与创新中，处于不断地变化与发展之中。中国作为统一的多民族国家，爱国主义既是一种利益底线，也是价值认同得以实现的重要精神纽带。爱国主义是调节这种关系的道德要求、政治原则和法律规范。国家是小家的寄托，更是个人的寄托；国家是物质利益的寄托，更是精神家园的寄托。

第三，网络社会的崛起，为社会主义核心价值认同提供了技术支撑。信息技术日新月异，大大提高了人们获取信息、了解事物、发现并分析和解决问题的速度与效率。各种快速高效的数字模型和模拟仿真实验，以及各种统计分析工具与手段，为人们做出价值判断提供了有力参考，大大缩短了人们的判断时间和周期。尽管过去、当下及未来的社会主义社会，都存在不少问题和矛盾，以及不足和缺憾，但不管是纵向的历史比较还是横向的同期比较，中国特色社会主义在不长的建设和发展时间里，取得的骄人硕果与非凡成就。而且，在中国特色社会主义伟大旗帜的引领之下，通过不断全面深化改革与创新，国家与社会各方面的制度、体制与机制，正在变得更加成熟和完善，正在走向中华民族新的强盛和复兴。这些，对于促进和增强包括大学生在内的人民群众认同社会主义核心价值，具有很强的理论证明力和现实说服力。

第 2 章
大学生社会主义核心价值认同的
理论依据和思想资源

作为社会主义价值教育的一种体现，大学生社会主义核心价值认同，不仅需要以马克思主义基本理论作为理论前提，还需要政治学、社会学、心理学、传播学等相关学科的理论支撑；与此同时，我国传统文化中核心价值认同的思想精髓、西方价值认同的积极经验等，也能为大学生价值认同教育提供借鉴。

2.1 马克思主义基本原理提供的理论前提

马克思主义理论体系博大精深，内涵丰富，包括了自然界和人类社会的各个领域，其最基本、最核心的内容便是马克思主义基本原理。马克思主义基本原理是对马克思主义的立场、观点和方法的集中概括，体现了马克思主义的根本性质和整体特征，体现了马克思主义科学性和革命性相统一的本质属性。恩格斯曾指出："马克思的整个世界观不是教义，而是方法。它提供的不是现成的教条，而是进一步研究的出发点和供这种研究使用的方法。"习近平总书记指出："坚持不忘初心、继续前进，就要坚持马克思主义的指导地位，坚持把马克思主义基本原理同当代中国实际和时代特点紧密结合起来，推进理论创新、实践创新，不断把马克思主义中国化推向前进。"研究大学生社会主义核心价值认同，必须把马克思主义基本原理作为根本理论前提和行动指南。

2.1.1 马克思主义哲学本体论提供的主体依据

马克思主义哲学的出发点是"现实的个人"。"现实的个人"是马克思主义哲学本体论的核心概念。马克思主义哲学的本体论体现为从人出发、以实践为目。它的基本观点主要是，作为社会实践主体的个人，在既定的时空环境中，从事实践活动的目的在于促进自身以及社会的全面发展与进步。马克思主义哲学本体论为研究大学生社会主义核心价值认同提供了主体依据。

（1）马克思主义哲学本体论的内涵

在对马克思主义哲学本体论的研究和分析中，著名哲学家俞吾金教授的观点具有较强的代表性。他认为，物质本体论、实践本体论和社会存在本体论是当代中国理论界三种比较常见的本体论观点。根据俞吾金教授在对这三种观点进行分析、评论基础上提出的"实践——社会生产关系本体论"观点，人们生活的最基本前提是实践，而实践的基本形式是生产劳动；生产劳动要得以开展，又必须要结成一定的社会生产关系。因而，马克思主义哲学的本体论诠释，有着从可感觉的、现象领域的实践、生产劳动到更深刻的、超感觉的本质领域即社会生产关系的理论形象。通常情况下，社会生产关系是无法选择也无可回避的既定事实。人们都必须要在一定的社会生产关系下从事实践活动、进行思维活动。这样一个马克思主义唯物史观的基本观点也告诉我们，如果我们想要对人类从事实践的动因、结果和界限做出说明，只能从社会生产关系入手，并且只有进入其中深刻把握，才可能令人信服。此外，强调人、实践、社会和历史四位一体的完整性和统一性，也是马克思主义哲学的本体论的一个明显特征。人也就是"现实的个人"，是人的意识观念、利益需要、能力个性等各方面要素的综合统一体；实践，是人的意识观念形成并得以彰显、人的利益需要得以获得和满足、人的能力个性得以发展与发挥等的前提和基础；社会和历史则分别表现着人之实践的空间和时间。

"现实的个人"对自己的现实生存境况的不断超越，以及其"自由个性"的历史生成过程，体现了人、实践、社会、历史四位一体的相互统一。

马克思主义哲学本体论把"现实的个人"看成具体的人，它直接面对人的现实生活，认为通过实践活动，可以发挥人的主观能动性和积极性，从而更好地服务社会，为人和社会自身的全面发展做出贡献。

（2）马克思主义哲学本体论的指导意义

马克思主义哲学本体论给予大学生社会主义核心价值认同的指导意义，主要体现在以下几个方面。

第一，作为教育者需要思考一个问题，即作为认同主体的大学生，他们面对着什么样的既定的社会生产关系？马克思主义哲学本体论告诉我们，作为社会生活主体的人是社会性的存在物。大学生成长、生活在社会主义社会，社会主义社会的一个标志性特征就是生产资料公有制。社会主义社会生产关系的基本特征是对生产资料的公共性占有。基于这样一种对生产资料的公共性占有，社会主义社会人与人之间的基本关系就必然是集体主义取向而不是个人主义取向，社会主义核心价值也就体现为对社会主义社会的绝大多数主体服务；这个包括大学生在内的所谓"绝大多数社会主体"，也就是我们话语体系中的"人民"。因此，"为人民服务"社会主义核心价值，有着理论上的科学性和正确性；大学生也有着较为自然的承认、接受这种核心价值的认知基础和预设前提。

第二，本体论意义上的大学生，既是社会实践的产物，他也在实践中不断发展和完善自我。大学生的生存、生活、生命实践是什么样的？这种实践有着什么样的特殊性？在此基础上，他们的价值实践又是一种什么样的状态？作为社会实践的一种形式，不管自觉还是不自觉，大学生总是在生活中，在某种核心价值观的导引下践行着某种社会核心价值。研究大学生社会主义核心价值认同，我们需要了解和掌握大学生群体价值实践的基本状态。

第三，作为社会主义核心价值认同主体的大学生，是知情合一的"现实个人"。作为教育者，要关注大学生的现实生活。正如列宁所指出的："这就是马克思主义者必须考虑的实际生活，必须考虑现实的确切事实，而不应当抱住昨天的理论不放，因为这种理论和任何理论一样，至多只能指出基本的、一般的东西，只能大体上概括实际生活中的复杂情况。"开展大学生社会主义核心价值认同教育，要从大学生所生活的时代大背景、所处的宏观社会生产关系，以及他们的自身的现象世界出发，从大学生独有的生活、学习、工作实践状态出发，从他们群体和个人的具体生存、发展条件去着手，全面、深刻而真实地去了解、认识和理解他们，从而开展相应的价值认同教育。

2.1.2　马克思主义价值理论提供的判断参考

大学生社会主义核心价值认同是价值认同的一种表现形式，马克思主义价值理论为其提供了基本的判断和参考依据。

（1）马克思主义价值理论的内涵

简单来说，马克思主义价值理论就是马克思主义对价值问题的基本立场、观点和看法，它是马克思主义哲学的一个领域、一个部分，内容十分丰富。它的基本原则既包括理论与实践相统一的原则，也包括真理与价值相统一的原则，还包括个人主体与人民主体相统一的原则。马克思主义价值理论丰富而系统，既有作为其出发点的"现实的人与人的现实活动""需要是人的现实活动的原驱力""实践是一切价值的根本源泉""价值的奥秘源于人的既定性和超越性的矛盾"等观点，也有其对"主客体分析方法的合理性""主体需要——能力与主客体关系的生成""主体需要——能力结构的复杂性""主客体相互作用、主体间性"等基本方法的分析，还有对价值与事实、价值复杂多样的形态、价值意识的产生及其本质、价值观念的结构和历史变迁、价值评价及其基本形态、价值的创造与实现等众多基本理论观点的全面深入阐释。

（2）马克思主义价值理论的指导意义

马克思主义价值理论给予大学生社会主义核心价值认同的指导意义，主要体现在：

第一，马克思主义价值理论为科学界定、正确揭示社会主义核心价值的内涵与概念提供了根本理论基础。社会主义核心价值体系的四个方面基本内容早已明晰，社会主义核心价值观的三个层次、已基本形成共识。在此基础上，我们要如何揭示和界定社会主义核心价值？社会主义核心价值究竟是什么？要想正确回答这些问题，离不开科学的理论；科学的理论，必然要有正确的根本指导原则和方法论前提。只有以马克思主义价值理论作为指导，才有可能通过对社会主义核心价值体系、社会主义核心价值观以及社会主义本质特征等各方面的分析、梳理和研究，由外而内、"抽丝剥茧"地深入到对社会主义核心价值的内在把握，从而尝试在以前研究的基础上，揭示和概括出社会主义核心价值。

第二，马克思主义价值理论是开展大学生社会主义核心价值认同的理论前提。没有革命的理论，就没有革命的实践。任何一种教育实践，都离不开科学系统的理论指导；否则，便可能陷入盲目、无序和混乱状态。马克思主义价值理论的内容体系中，蕴含着许多开展价值教育的基本立场、观点、原则和方法。这些丰富而深刻的基本立场、观点、原则和方法，构成大学生社会主义核心价值认同教育实践的根本理论遵循，也为大学生社会主义核心价值认同提供了方向性的实现机制和策略体系导引与选择。

第三，马克思主义价值理论是价值教育效果的评判指南。大学生社会主义核心价值认同教育，作为大学教育之重要任务和使命，其最终的落脚点，在于要践行社会主义核心价值和社会主义核心价值之"体系"和"观"，将社会主义核心价值和社会主义核心价值之"体系"和"观"作为大学生生活、学习和工作的价值标准和行为指南。如何衡量大学生社会主义核心价值的认同效果？衡量和测评的维度可以多样，但一定要有一个关键性指南。基于社会主义的本质属性、根本制度和基本特征，衡量和测评的根本理论杠杆，应该并且只能是马克思主义价值理论。只有基于马克思主义价值理论，大学生的价值认同才是社会主义性质的价值认同；只有以马克思主义价值理论作为指导，大学生社会主义核心价值认同才能有正确的政治立场，进而导向正确政治行为。

2.1.3　马克思主义实践论指明的基础路径

大学生社会主义核心价值认同是一种教育实践。即价值认同既在教育实践中形成和发展，也在教育实践中落实和落地。马克思曾指出："批判的武器当然不能代替武器的批判，物质力量只能用物质力量来摧毁；理论一经掌握群众，也会变成物质力量。"马克思主义实践论为大学生社会主义核心价值认同指明了基础路径。

（1）马克思主义实践论的内涵

马克思主义首要和基本的观点是实践的观点，实践论是马克思主义基本原理中又一基本内容和重要理论。马克思主义实践论认为，实践是人类生存和发展最基本的客观物质活动。正如马克思曾经指出的那样，人类社会的历史"不过是追求自己目的的人的活动而已"。人的活动就是带有主观能动性和行为目的性的人的实践。在马克思主义看来，人的本质是一切社会关系的总和，而社会生活在本质上是实践的。实践是人的存在方式，是人的本质力量的展现。两个关键要素支撑着实践活动的顺利展开：第一是各种既定的前提条件。这些条件包括物质条件、社会条件以及人的相关因素。它们是实践活动的根据、基础和出发点。第二是实践目的。实践目的体现了人的目标追求，它既是实践活动的价值，也是实践活动的落脚点。实践活动的展开，就是从实践条件到实践目的实际转化的环节。在既定的条件和所追求的目的之间，需要人们付出相当的行动努力，寻找到合适正确的实现路径，也就是规律。规律，也就是从实践条件到实践目的之间的逻辑必然性。遵循规律，沿着正确的实践路径，才能引导实践活动不断曲折前进与上升。

（2）马克思主义实践论的指导意义

马克思主义实践论对大学生社会主义核心价值认同的指导意义，主要体现在两个方面。

第一，我们要从大学生社会主义核心价值认同所具备的前提条件去开展价值教育活动。马克思主义实践论告诉我们，任何实践活动都要从既定的现有条件出发。实现大学生对社会主义核心价值的认同，需要从宏观层面了解和关注、分析和把握大学生所处的国内外时代大背景与大环境；在此条件下，价值教育实践所面临的机遇和挑战。了解这些机遇和挑战，有怎样的积极促进或消极阻碍作用？此外，我们还需要关注中观层面的社会、学校和家庭所提供和具备的条件；以及了解作为微观层面的大学生群体，他们既有的价值认知是一个什么样的状态？这三个层面，都是我们开展大学生社会主义核心价值认同教育实践之前，需要加以充分考量和把握的。

第二，我们要在过程中，以各种价值教育实践活动促进和实现大学生社会主义核心价值认同。大学生社会主义核心价值认同，就是"思想力求成为现实"和"现实本身应当力求趋向思想"的过程，也就是社会主义核心价值"力求成为"大学生的认同现实和大学生"本身应当力求趋向"社会主义核心价值的过程。社会主义核心价值力求成为大学生认同的现实，能够引领大学生的生活、工作和学习实践，其实也就是要通过一系列的教育实践活动，通过各种各样的教育过程，实现大学生从既有、实有、原有的价值认同状态向应有理想状态的价值认同转变。转变的实现，依赖于一系列的价值教育实践活动的展开、运行和发展，是教育者和大学生共同参与、相互作用的过程，也是教育者有目的、有计划、有组织地引导、教育大学生，与大学生能动的认识、体验和践行社会主义核心价值的双向互动过程。

2.1.4 思想政治教育学提供的学科基础

在《论联合政府》一文中，毛泽东同志曾指出："掌握思想教育，是团结全党进行伟大政治斗争的中心环节。如果这个任务不完成，党的一切政治任务是不能完成的。"在我党我国的优良传统中，其中之一便是对思想政治教育的重视，给予思想政治教育相当高的地位，充分发挥其独特的教育作用。思想政治教育学自 20 世纪 80 年代以来，经历了时间的考验并不断发展与成熟，是党的理论建设的一项重大成果。大学生社会主义核心价值认同作为大学生思想政治教育的一个重要内容，要以思想政治教育学作为学科基础。

（1）思想政治教育学的内涵

思想政治教育学，是研究人们思想品德形成、发展规律和对人们进行思想政治教育规律的科学，也是一门指导人们形成正确思想和行为的科学。作为"以人们的思想品德形成发展规律和对人们进行思想政治教育的规律为研究对象"的学科，思想政治教育学的内容非常丰富，其基本理论主要包括发展论、本质论、目的论、价值论、主导论、结构论、主体论、环境论、过程论、方法论、载体论、管理论等。思想政治教育则是思想政治教育学的实践应用，是指社会或社会群体用一定的思想观念、政治观点、道德规范，对其成员施加有目的、有计划、有组织的影响，使他们形成符合一定社会或一定阶级所需要的思想品德的社会实践活动。思想政治教育的主要任务和功能之一，便是促进和实现包括价值认同在内的一系列认同。

（2）思想政治教育学的指导意义

传播、弘扬本阶级和本社会的思想观念、政治观点和道德规范，并把人们"现有"的、实际的思想政治品德转化成"应有"

的思想政治品德，是思想政治教育的全部工作。实现"现有"向"应有"的转变，是思想政治教育的直接目的和专门任务。大学生社会主义核心价值认同，也就是要把社会主义社会的核心价值要求变成大学生的价值认同对象，而这个要求与大学生实有、现有认同的核心价值之间，有可能是一致的，也有可能是不一致的。从现实的大学生思想观念、政治观点、道德规范状况来看，不一致的可能性还更大。因此，大学生价值认同教育，重在解决好"现有"价值状态与"应有"价值目标之间的矛盾。

思想政治教育学对大学生社会主义核心价值认同所起的学科基础作用主要体现在以下几个方面。

第一，思想政治教育学有利于研究和掌握价值认同的形成发展规律。大学生作为受教育者接受价值教育，他们认同什么样的核心价值，可以在教育者施加的价值教育影响下形成发展，也可以在社会自发因素影响下形成发展。从大学生现实的价值观念和价值认同状态分析，我们很清楚地看到，在大学生价值观念体系中，有一些价值观念是在社会自发因素影响下形成和发展的。同时，具体到每个大学生，他们各自的成长过程、人生经历、家庭环境、知识储备、生理心理等各方面都不尽相同，因此，他们对价值教育影响和其他社会影响的选择、吸纳、反映也不相同。研究并且掌握大学生价值认同形成发展内在的、本质的、必然的联系——也就是规律，能有针对性地开展大学生社会主义核心价值认同教育实践活动。

第二，思想政治教育学有利于研究和掌握对大学生进行社会主义核心价值认同教育的规律。从教育者角度来说，对大学生进行社会主义核心价值认同教育，如果不遵循大学生价值认同的形成发展规律，便不可能使大学生顺利实现"现有"向"应有"状态的转变。而要实现这个转变，教育者需要从大学生的实有状态出发，控制并减少不利影响，扩大并增加有利影响。大学生社会主义核心价值认同是作为教育主体的教育者，在对作为教育客体的大学生的社会主义核心价值认同的形成、发展及转变机制全方位、全过程了解的基础上，选择适宜而科学的价值认同策略，促进大学生社会主义核心价值认同的实现和达成。在这个过程中思想政治教育学基本概念与范畴都会涉及并贯穿其中，其基本特征和功能也都会得以体现和彰显，其基本原则和规律也会得以贯彻和遵循。思想政治教育学全面而系统、深入且具体地为大学生价值教育实践提供了理论资源和行动指南，对于大学生价值认同的理论研究和实践开展都有着直接而重要的前提和基础作用。

上述"两个规律"，既相互区别又紧密联系，其实是一个问题的两个方面。二者具有因果关系，辩证统一于大学生价值教育过程之中，都影响着大学生社会主义核心价值认同的实现。

2.2 政治学、社会学、心理学提供的学理支撑

马克思主义本体论、价值论、实践论等马克思主义基本理论，为大学生社会主义核心价值认同研究提供了理论基础。此外，政治学、社会学、心理学等相关学科，也对大学生社会主义核心价值认同研究起着学理支撑作用，共同推动着大学生社会主义核心价值认同教育实践的展开与推进。

2.2.1 政治认同理论及支撑作用

政治认同作为认同的一种表现形式，它的相关理论与我们想要达成的价值认同之间，存在很多的共通之处，可以成为有益借鉴。

（1）政治认同理论的内涵

对政治认同理论及政治认同的研究，西方早于中国。1976年，美国政治学者罗森邦（Rosenbaum Walter A.）出版了《政治文化》一书。书中认为"政治认同——指一个人感觉他属于什么政治单位（国家、民族、城镇、区域）、地理区域和团体，在

某些重要的主观意识上，此是他自己的社会认同的一部分；特别地，这些认同也包括那些他感觉到要强烈效忠、尽义务或责任的单位和团体。"这样的界定，强调从"心理归属"的角度理解政治认同，在西方学界最具代表性。罗森邦认为，作为人类社会存在的一种客观现象，政治认同对社会秩序的维系和政治行为的规范具有积极作用。美国学者阿尔蒙德（Gabriel A. Almond）和维巴（Sidney Verba）分析认为，通过认知、感情和评价三种取向，政治认同可以反映忠诚、冷漠、离异三种态度。

《中国大百科全书·政治学》对"政治认同"的界定是："人们在社会政治生活中产生一种感情和意识上的归属感。它与人们的心理活动有密切的关系。人们在一定社会中生活，总要在一定的社会联系中确定自己的身份——如把自己看作某一政党的党员、某一阶级的成员、某一政治过程的参与者或某一政治信念的追求者等等，并自觉地以组织及过程的规范来规范自己的政治行为。这种现象就是政治认同。"如此看来，国内学界也主要是把政治认同理解为一种政治上的心理归属感，国内学者也大多是在这一意义上使用"政治认同"概念的。

总得来说，就其内涵而言，政治认同大体包含"情感倾向"和"心理归属"两个方面。其中，又更侧重于"情感倾向"方面的含义，这在本质上蕴含着社会成员对政治权力的认可、肯定、接纳和同意。就其认识对象而言，政治认同包含了政策认同、执政党和政府认同、国家认同、制度认同和价值认同五个层次。这五个认同类型构成了一个有序结构，体现了认同由低层到高层、由具体到抽象的演进与梯次。作为一种思想和情感上的亲近与承认态度，政治认同体现的是执政者的话语权，与政治服从、政治合法性和政治稳定密切相关，可以为执政者提供思想基础和精神动力，是政治权威与服从关系的政治心理基础。在任何时期与任何类型的国家发展中，政治认同都可以把人的力量集中起来、凝聚起来、发挥出来。要推进政治认同建设，利益认同是起点，制度认同是重点，意识形态认同是核心。

（2）政治认同理论的支撑作用

开展大学生社会主义核心价值认同教育，可以从政治认同理论中得到的思想借鉴主要体现在：

第一，政治认同的困境其实也是价值认同的问题。如今，社会正在加速转型，人们的生活与组织方式、思维状况与价值观念等都在发生急剧变化，由各种利益问题导致的矛盾和冲突让政治认同问题日益显现。作为政治认同核心和最高层次的价值认同，同样遇到了严峻的挑战。作为具体的、现实的、成长中的人，大学生社会主义核心价值认同实现同样也会受到各种各样内外因素的影响。这些因素，既有积极作用也有消极作用。我们可以通过借鉴政治认同理论的经验来实现大学生社会主义核心价值认同，也可以通过吸取政治认同教训来避免或减少一些问题，少走一些弯路。

第二，政治认同理论有利于引导大学生的情感倾向和心理归属。实现政治认同的关键，是引导主体认可、肯定国家政治体系和政治权力。其中，引导主体对国家政治体系和政治权力的情感倾向、增进其心理归属是核心。受各种因素的影响，大学生对一些政治理论问题的背景来源、原因分析和解决路径，以及对社会主义的前世今生和来龙去脉的认识不够准确、全面和深刻，从而形成一些模糊不清的政治态度、错位偏离的价值判断。部分大学生因其家庭、亲友或自身的一些矛盾和问题，可能对国家政治体系和政治权力不信任，对政府权力的有效性、合法性产生怀疑，质疑社会主义的优越性，批评中国的政治体制，乃至否定中国历史性形成的理论、道路、制度与文化，从而导致社会主义核心价值遭遇政治认同危机。对此，教育者要客观看待，并基于理解给予大学生帮助引导。由于身心处在特殊年龄段，不少大学生既敏锐又敏感，心理起伏明显，情绪波动较大，对他们的价值教育尤其要注重情感和心理因素。要通过恰当适宜的引导策略，促进大学生的情感和心理趋向成熟，逐步转变他们的政治情感、政治态度与政治行为倾向，进而促进社会主义核心价值的认同实现。

第三，政治认同理论注重大学生社会主义核心价值认同实现的体制建构。没有认同的实现机制，也就谈不上所谓的政治认同和价值认同。认同的实现，必须建立在相应的保障机制基础之上。追求利益是人的"本能"，利益关系是最首要的政治关系，人们对政治生活的满足感，来源于人们的利益追求能够得到保证。开展大学生社会主义核心价值认同教育，既要从大学生群体的利益视角、需求视角出发，又从党和国家对建设者和接班人的期待视野出发，建构符合双方目的达成的认同实现体制机制，增强"为人民服务"社会主义核心价值的凝聚力和吸引力。这个机制是否科学有效，是认同能否实现的重要支点。

2.2.2　社会化理论及支撑作用

大学生社会主义核心价值认同与社会化理论之间有一种内在的联系。人的社会化，其核心的目标是要形成自我，在于使人成为"有目的的行动者"，成为自觉的社会人。大学生社会主义核心价值认同的核心目标，也是要培养社会主义的"社会人"，使大学生成为"有目的的行动者"。因此，二者目标几乎是一致的，相互交叉又相互包含。大学生社会主义核心价值认同可以借鉴人的社会化理论实现其自身目标。

（1）社会化理论内涵

社会化理论认为，在一定社会环境中，社会化过程就是个体通过与社会的接触和互动，逐渐形成和认识自我、养成独特人格与个性，并转化成适应一定社会文化、参与社会生活、履行角色行为、拥有健康人格的合格社会成员的过程。这个过程，既是一个从"生物人"转变为"有目的的行动者"即自觉"社会人"的过程，也是一个内化社会价值标准、转换个人身份角色、学习生存发展技能、适应社会生活的过程。通过人的社会化过程，社会文化得以积累和延续，社会结构得以维持和发展，人的个性得以形成和完善。社会化贯穿人生始终，是一个漫长的过程。政治社会化是社会化的核心内容。而达成政治认同，则构成了政治社会化的核心目标与关键旨归。政治社会化的目标，主要是借助于政治知识的获得、内化和外化"三位一体"的统一过程而得以实现。

（2）社会化理论的支撑作用

大学阶段是人的社会化的关键时期，也是大学生思想品德社会化的关键时期。大学生社会主义核心价值认同，就是要坚持全面发展观，促进大学生自由和全面发展，从而使他们不但拥有生存与发展的物质条件和社会关系，还拥有健全和完善的个体人格、丰富充实的精神生活，成为符合社会主义价值要求和标准的社会成员。社会化理论有利于社会主义社会文化的传承和延续，有利于社会主义社会结构的维系和发展，有利于整个社会主义社会的良性运行和协调发展。这种支撑作用主要体现以下几个方面。

第一，途径方面。社会化理论认为，政治知识的获得过程，就是成为政治人的过程，也就是实现政治社会化的过程。获得政治知识，一个途径是社会成员以个体自身的方式进行政治学习；另一个途径是接受社会性的教育。大学生社会主义核心价值认同也要注意发挥两个途径的作用。一方面，"政治社会化是正式负责教育的机构有目的地对政治意识、政治价值和政治习惯的灌输"，也就是要有教育机构和教育者从外部有计划、有目的、有步骤地对大学生进行社会主义核心价值的"灌输"。以便大学生获得与社会主义政治体系所要求、相适应的思想观念、政治观点、价值准则和行为规范等相关内容。另一方面，教育机构和教育者引导和鼓励大学生自主地、主动地、积极地开展参与式、体验式学习，进行自我教育和自我建构，促进大学生对社会主义核心价值的认同，而不能单方面地强调外部"灌输"与"填鸭"。

第二，内化和外化方面。社会化理论强调社会成员以一定标准对政治知识进行筛选后，内化政治知识，进而形成一定的政治认同。政治认同形成后，这些成员就会有较稳定的政治态度、政治行为、政治信念和政治人格。他们会因此具备一定的政治技能，并且不断地加以自我发展；他们会积极参与政治，继续完善自身的政治行为。在大学生价值认同教育过程中，通过外部教育和自身学习，大学生会逐渐内化社会主义核心价值，形成稳定倾向；在此基础上，大学生以社会主义核心价值作为行为指南，在生活、学习和工作等诸方面加以外化，践行社会主义核心价值基本要求，从而实现期待中的转变，也就是从观念的认同（即内化）转向行为（即实践）的认同（即外化）。

第三，大环境建构方面。实现人的社会化，各种正式和非正式的不同机构，需要通过多元化、多样性、多方面途径和渠道，协同配合努力发挥作用。这些机构或者教育主体主要是指家庭、学校、社会、同辈群体。社会化理论认为，家庭、学校、社会、同辈群体等主体，要注重营造良好的家庭、学校、大众传媒、社交环境，共同促进人的社会化。这其实告诉我们，要想实现大学生社会主义核心价值认同，高校系统规范的价值教育活动固然最为重要，并且也是不可替代的主渠道，高校必须得下大力气做好大学生教育。但高校的价值教育不是万能的，它不能承载和取代其他外部客观因素的教育功能。高校以外的其他机构也要承担起相应的价值教育责任。作为教育大环境的一个组成部分，高校要与大学生的家庭、社会相关机构和组织主动保持紧密联系和沟通，充分发挥环境对大学生价值教育的正向强化、导向、感染作用、齐心协力、齐头并进为大学生形成正确的价值认知、价值判断、价值选择营造优良的外部环境和条件。

2.2.3 心理认同理论及支撑作用

认同是一种心理活动和过程，在大学生社会主义核心价值认同中，心理认同具有独特而重要的作用。心理认同理论可以为大学生社会主义核心价值认同提供有力的理论支撑和帮助。

（1）心理认同理论内涵

心理认同理论认为，心理认同是一种复杂的主观体验和感悟过程，也是一种社会心理现象或者说心理状态。它是个体在心理成长中，对于社会规范和组织目标，在渐进与动态过程中逐步形成的认识与情感的统一、思想与行为的一致、动机与选择的趋同。这样一些状态，一方面可以促使个体对社会规范和组织目标产生肯定性、支持性、赞同性的情感倾向，另一方面还会驱动个体以实际行动去维护、支持和巩固相应的社会规范和组织目标。就整个社会而言，有效的心理认同可以凸显社会核心价值，对于巩固主流意识形态和弘扬时代精神具有重大作用。大量的心理学研究表明，心理认同机制对于心理认同的实现不可或缺。正是一系列相互衔接的心理认同机制，支撑并保证着心理认同的实现。这些心理认同机制主要体现为认知认同机制、情感认同机制、信念引导机制和行为强化机制。

（2）心理认同理论的支撑作用

就心理发展过程而言，大学生正处于从不成熟到成熟的过渡期。作为高校教育者，要充分把握新时代大学生的心理发展特点和思想实际特征，尊重、遵循并重视他们在知、情、意、信、行等方面表现出的特点、年龄特征的心理认知规律，依托认知、情感、意志、信念和行为等各种心理因素的相互联系、相互作用和相互影响，促进大学生对社会主义核心价值的理性感悟、情感认同、意志强化、信念坚定和自觉践行，有针对性地实施价值教育。借鉴心理认同理论，我们可以探索并建构起完整的心理认同机制，主要体现在认知认同、情感认同、信念引导和践行强化等四个方面机制的协同与并进。

第一，认知认同机制。认知是作为人的心理结构的核心，认知能力是人认识事物、获取知识的最基本和最主要的能力。

马克思说过："批判的武器当然不能代替武器的批判，物质力量只能用物质力量来摧毁；但是理论一经掌握群众，也会变成物质力量。理论只要说服人，就能掌握群众；而理论只要彻底，就能说服人。"教育者要通过系统完整而无片面性的理论讲授和分析，让大学生认识和理解社会主义核心价值的基本维度。它从何而来？它是什么？为什么是？它有什么用？大学生对它应该有怎样的认识和判断？这个过程就是"理论掌握群众"即社会主义核心价值"进教材、进课堂、进学生头脑"的过程，要尽量实现理论的彻底和完备。而理论的彻底性要以严密的逻辑推理和理论论证作为基础。这种理论能深深吸引大学生，产生强大的凝聚力和支配力，促使他们逐步建构正确的思维框架，积极探索分析和解决问题的思维方法，引导大学生首先从知识和事实层面，正确理解并接受"为人民服务"的社会主义核心价值，达成理性认知。

第二，情感认同机制。心理认同不但是一种理性认知的过程，还是一种情感、态度的移入过程，相伴着态度变化。在以理服人的基础上，情感因素的参与和介入，能使价值教育的社会导向更有说服力、更具明显效果。因此，在进行价值教育时，要把社会主义核心价值与社会现实、大学生实际相结合；在思想上、学习上、生活中，乃至情感上的诉求和需要，对大学生加以真心实意地关注和重视，帮助他们解决各种问题和矛盾。要让大学生切实感受到，不同于其他社会核心价值，"为人民服务"的社会主义核心价值并非纯粹的理论演绎，而是他们可知可感的、实实在在的现实具体。情感认同机制如果建构得好、引导得好，就能较理想地转化大学生的态度取向和情感倾向，从而亲近、认可与接受社会主义核心价值。

第三，信念引导机制。中国改革开放总设计师邓小平同志曾深刻指出："教育全国人民做到有理想、有道德、有文化、有纪律。这四条里面，理想和纪律特别重要。我们一定要经常教育我们的人民,尤其是我们的青年,要有理想。"作为指向未来的向往与追求、设计和规划,理想信念是每个大学生在一定程度上都具有的主观现象。但对于大部分的大学生来说,大学时期的理想信念没有定型,一旦遇到挫折或困难,就容易动摇和改变。此时,如果教育策略运用得当并且及时,由教育者对大学生进行意志行为训练,则可以巩固和强化大学生的理想信念。作为一种独特的心理现象,意志可以对大学生的理想信念起到支撑和稳定作用,但其发展的不平衡性较为明显。构建信念引导机制,要以科学而先进的、理智而高尚的理想信念、思想观念和道德情操武装大学生的头脑,使得他们学会自我调节,克服干扰和障碍,在磨砺和锤炼中坚持自己的初心与梦想,逐渐养成以"为人民服务"为基本取向的价值思维方式和行为选择方式。

第四,践行强化机制。价值认同既包括观念认同也包括行为认同。在经过认知、情感、意志、信念等前期诸环节基础上,价值认同的落点是把观念性的认同转化为现实行为认同,转化为大学生对社会主义核心价值的实践。如果不能实现这种转化,价值认同便失去了根本要义。大学生是敏于思、敏于言、敏于行的统一体。在一定的实践过程中,大学生能够体验、领悟自己原有的价值观念是否与时代同步,是否合理并可行。这可以促使他们进行自我反省和剖析,从而在新的实践中不断调整,形成并巩固对社会主义核心价值的认同,逐步拥有、调整和提高自身正确认识世界和改造世界的素养与能力。大学生在现实的生活、工作和学习中,积极而主动地践行"为人民服务"的社会主义核心价值,这对于价值认同过程中,价值认识的巩固与深化、价值情感的丰富与升华、价值意志的锻炼与坚定、价值信念的形成与巩固,都起着正面强化的作用。通过这样的循环往复和实践深化,大学生的价值认同便会稳定地形诸于心而外化于行。

2.3 我国传统文化中核心价值认同的精髓

中国的文化巨匠鲁迅先生曾经说过："唯有民魂是值得宝贵的，唯有他发扬起来，中国才有真进步。"中国传统文化源远流长，以儒学为代表的中国传统文化，在古代社会被广泛而持久地认同。在当代推进大学生社会主义核心价值认同的价值教育实践中，我们探讨其中缘由，必将会得到不菲的启示和借鉴。

2.3.1 先秦儒学的形成和发展

儒学在统治者的大力推崇和弘扬下，而最终成为社会的主流意识形态或者说核心价值。儒学成为我国封建社会主流意识形态或者说核心价值，是一个形成和发展的过程。

孔子所处时代，正值春秋末期。这个时期，旧的等级名分被破坏，宗法秩序被搅乱，天子失政，诸侯相伐，大夫争国，私门斗公室，礼崩乐坏。孔子的思想一方面继承了先前社会以血缘、家族、崇祖为重的传统；另一方面，针对当时的社会状况，提出了一系列人伦道德关系准则，把国、家与人有序联系起来；提出了国家实行德治、民众实行德教的理论与方法，把治国与育民结合起来；并把个人修养与治国平天下统一起来。

儒家思想的核心是宗法伦理。如果把儒家学说喻作一个理论的大厦，则"礼、仁、天"就"像三根柱梁一样"，对这个大厦起着不可或缺的支撑作用。其中，"天"构成了儒学的哲学基础和思想前提，"礼"和"仁"是其核心。只讲"礼"不讲"仁"，"礼"就会遭到反对，就不会被社会成员普遍认同；只讲"仁"不讲"礼"，社会成员就不受伦理、道德约束，社会就会处于无序状态。金观涛先生指出，孔子的"礼""仁""天"，相互联系，彼此呼应，构成一个完整的思想体系。经过孟子、荀子的丰富和发展，在以后漫长的封建社会中不断光大和发扬，最终成为大一统社会的核心价值形态。

2.3.2 我国传统文化中核心价值认同的发展

儒学自春秋时期诞生，到战国时期，便成为显学之一；直到汉武帝独尊儒术，儒学成为当时社会的核心价值，此间经历了数百年的时间。此后，虽经魏晋玄学、隋唐佛学的冲击，两千多年的时间里。为了适应社会的发展变化而做出适当调整，得到社会广泛认同，而最终成为封建宗法社会的思想根基。其形成和持续发展，简单来说，先后经历了从"世之显学"到"焚书坑儒"之劫、从"百家争鸣"到"独尊儒术"、援道入儒与儒佛道融合、哲理化的儒学——宋明理学等过程。

在此过程中，我们可以看到一条清晰发展脉络，儒学的产生，基于宗法社会结构；在其发展、巩固的过程与封建君主政治制度息息相关。儒学经由程朱理学的发展，成为既富有思辨性又极精密的思想体系。它极大提高了对人们思想和行为的约束力，从而有利于加强中央集权的统治与控制，并且最终服务于巩固君主专制制度。"程朱理学上升为官方哲学意味着统治者接受了它，士人（知识分子）为了踏上仕途也接受了它；广大民众在统治者和士人的思想灌输下，也被迫接受了它。"作为当时封建社会的主流意识形态或者说社会核心价值，儒学便最终得到了社会上大多数人的认可、接受、赞同与肯定。

2.3.3 我国传统文化中核心价值认同的启示

儒学经过漫长的发展，在历朝历代帝王将相的支持、推崇下，成为官方主导价值。但是，儒学成为官方主导价值显然不是目的和归宿。儒学之所以能由官方主导价值而成为社会认同的主流价值或核心价值，更为深刻的原因有两点，即外在的社会生产方式、社会结构和政治条件，以及儒学自身的特点。我们分析和探究在我国渊源深厚的传统文化中，儒学受到社会认同的原因及理由，对于我们今天开展大学生价值教育、实现大学生社会主义核心价值认同具有重要现实借鉴意义。

（1）从官方主导价值到社会认同转变

通过考察和梳理，我们得出一个结论，即在我国传统文化中，儒学由官方主导价值转变为社会认同的核心价值，有着清楚明晰的演进脉络。第一阶段，是统治者认可儒学，并把它上升为官方主导价值。第二阶段，是士阶层对它的认同、传播与弘扬。众所周知，士阶层在封建社会是一个特殊的群体，扮演着特殊的角色，有着特殊地位与功能。一方面，士阶层是统治者实施社会教化与治理的基本依靠力量；另一方面，士阶层也为封建社会核心价值认同奠定并提供了最深厚、最广泛、最稳固的社会基础，正是他们促进和实现了儒学的大众化。当统治者、士阶层、民众都对儒学表示认同，儒学达到和实现了第三阶段的最终目的，即民众对儒学的认同。

第一阶段，统治者对儒学的认同。"理论的意识形态从来都离不开权力对理论的强化。"一般来说，一种学说要成为官方主导价值或者社会核心价值，最根本的原因，在于它契合并适应当时的政治经济、道德文化等各方面社会状况，但也离不开统治者意志对它的强化。儒学成为官方主导价值，统治者意志和权力的作用主要表现为：一是"罢黜百家，独尊儒术"。由统治者宣布儒学为官学，确立其核心地位，力图统一思想。二是编书修史，规范纲纪。在此过程中，儒家以"经""义"等形式把统治者思想融注其中，颁诏、通告天下，以儒学为正统。三是对儒学本身进行"编辑"和"重组"。统治者删减、消除甚至销毁那些异于自己口味和取向的内容，推出所谓的"正统儒学"，并强制传播与宣扬。四是建立内法外儒的制度体系。内法外儒制度体系的核心是"春秋决狱"（即在判案时，如无法条规定或与儒家冲突，则以儒家《春秋》教义为司法指导思想和依据）。以这样一个制度体系为依托，一方面，统治者借助司法强制力把儒家的政治主张、道德观念和伦理要求确立为主要法律规范；另一方面，用司法强制力让儒家思想获得法律解释权，以儒为主、以法为辅，赋予其极高的思想地位，儒学由此渗透到社会的各个方面。

第二阶段，士阶层对儒学的认同。汉武帝刘彻通过"罢黜百家，独尊儒术"，从而使儒学成为官方主导价值。不同于秦始皇让人们尤其是士阶层统于法家而强制人们放弃各自学说，汉武帝主要是以儒取士，使士阶层通过学习而倾向儒学，继而认同儒学。汉武帝采纳董仲舒"所由异术，所闻异方"而致乱象的分析，听取董仲舒"愿陛下兴太学以养士""立大（太）学以教于国，设庠序以化于邑，渐民以仁，摩民以谊（义），节民以礼"的建议，改革私学教学，施行由统治者掌控教育大权，制定人才目标和方案，进行儒学的教化。这样一种教育"路线方针政策"的改革，保证受教育者在其接受教育和培养的过程中，在教育内容上基本只能接触儒学，其信奉和认同对象也只能是儒学。如此一来，受教育者就会成为儒学的认同者、拥戴者与践行者。自汉以后，学校教育大抵有中央官学即太学、地方官学、乡学和私塾三个层次。这样，上士、中士和下士，分别作为上层、地方、基层不同层级的社会管理者，知识分子和有识之士便都统归于儒。

第三阶段，民众对儒学的认同。汉武帝也采纳董仲舒"治天下""莫不以教化为大务""教化不立而万民不正""民为邦本，本固邦宁"等建议，大力推动儒学的大众化和群众化。从稳固社会基础、维护长久统治的目的出发，又考虑基层广大民众忙于生计、文化低下等现实，统治者往往将孔子圣人化、将儒家伦理道德教条化，以这两种非理性的信仰方式对民众进行儒家思想的灌输。自汉儒家独尊开始，孔子便不再仅是儒家，也是所有中国人的圣人乃至"至圣"。此后，历代帝王都把孔子圣人化，皆尊孔子为先师、先圣、玄圣、至圣，为民众树立起道德偶像和价值标杆，孔子的学说和思想也因此广泛普及，实现了大众化，深入人心，变成生活与行为准则。另一方面，统治者把利于维护君主专制和宗法秩序的儒学道德要求、伦理规范取舍后，将之教条化和简约化。董仲舒在天人感应、阴阳五行哲学基础上，确立了易于宣传、记忆和推广的"三纲五常"这一基本规范，以简单明了的方式灌输给民众，要求民众遵循和实施。广大民众的认同和践行，是儒学主导价值成为当时社会核心价值或者说主流意识形态的最为深厚、宽广的社会基础。

总得来说，儒学分别成为了一统天下的工具、进仕的阶梯或者社会理想、日常准则和行动规约。无疑，从实际效果来看，儒学实现和达成了自己的目标，完成了自己肩负的特殊"历史使命"。

（2）儒学主导价值的特点

儒学之所以成为自汉以后整个封建社会的主导社会价值，并为统治者、士阶层和广大民众普遍认同，与其自身理论的特点是分不开的。

第一，系统性。儒学的一个显著特点就是它的系统性。儒家构建了一个道统论，认为自古以来就有一个代代相传的道统，不管儒学怎样发展，其文化和思想主干始终没有改变，儒家各派、孔子后人对孔孟都推崇备至，对"四书""五经"等儒家经典都崇奉有加，都是在先秦儒学的基础上，通过注经、释经或者解经来发挥其思想，从而使儒学一脉相承，代代相传，保持了超强的连续性和系统性，保证了儒学主导价值的连续性和稳定性。

第二，伦理性。儒学以仁、礼为核心，从现世的生活出发，以父子、夫妻的关系为起点，推及社会生活、国家治理，建构了一整套社会道德规范体系和行为模式，为人们提供了一条由内圣到外王的人生路径——修身、齐家、治国、平天下。儒学以日常伦理为基础，通过协调人伦关系，以求"老者安之，朋友信之，少者怀之""学而时习之，不亦乐乎？有朋自远方来，不亦乐乎？人不知而不愠，不亦君子乎？"从而达到人伦和谐、精神满足和社会和谐。儒学一方面将社会生活伦理化，以适应我国古代宗法社会结构的需要；另一方面将伦理政治化，为统治者所认同，适应统治阶级需要，成为阶级统治工具，成为社会生活的规范。自汉代独尊儒术后，儒家伦理更是与政治结合，"三纲五常"被神圣化，表现出政治一体化的特点，如书中所言"以明明德于天下者，先治其国；欲治其国者，先齐其家；欲齐其家者，先修其身。"

第三，世俗性。世俗性即此岸性，与宗教的彼岸性相对。儒学始终把人作为中心，强调人的重要性。它重视现实的传统对后世影响极大。佛道两教在魏晋隋唐时虽有很大发展，基督教、天主教在封建社会末期，也随着西方国家坚船利炮而传入我国，但都没能取代儒学的统治地位。儒学的世俗性突出表现在它的实践性。孔子认为高尚的道德并非遥不可及，关键是要笃实躬行。儒家的道德追求、向上超越依托日常实践，是从日常实践中发展或升华起来的价值或意义。儒学的实践性不仅体现在道德行为上，而且体现在入世的态度上，体现在丰富的仁政思想和对政治的积极参与上。这一特点是生活在现实社会中的人们及统治者易于认同、接受儒学的重要原因。

第四，包容性。儒家强调天人合一，把人与自然、人与人、主体与客体视为不可分割的统一整体，强调人与自然、人与人之间的和谐统一，具有朴素的系统论观念和辩证法思想。如在天人关系上，儒家认为人受命于天，但人又不完全被动地遵循天道；在人与生物的关系上，儒家认为人在某些方面还不如生物，但人能役使、利用生物，同时又珍惜、爱护生物；在人人关系上，儒家既强调君君、臣臣、父父、子子的宗法伦理、上下有别的社会秩序，又大力提倡博爱、和为贵、协和万邦等大爱、和谐思想，憧憬建立一种天下大同的理想社会。

儒学的包容性格，对其他文化采取了相对宽容的态度，为维护社会秩序和稳定，维护封建君主统治发挥了重要作用，也为儒佛道三教融合发展奠定了基础，从而形成了隋唐以后中华文化以儒为主干、儒佛道并存的格局，延续了儒学的核心地位。

(3) 我国传统文化中核心价值认同原因分析

"理论在一个国家实现的程度，总是决定于理论满足这个国家的需要的程度。"儒学作为我国封建社会的社会核心价值，得到长期而广泛地认同，但从根本上说，社会核心价值是由我国古代社会的社会结构、生产方式、政治条件决定的。换句话说，儒学之所以得到认同，是因为儒学与我国古代社会的社会结构、生产方式、政治条件相适应。

第一，儒学契合了宗族制的社会结构。我国古代社会可以称作宗法社会。其基本特征表现为血缘性、等级性、聚居性、礼节性、农耕性、自给自足性、封闭性、稳定性或凝滞性。这样的社会家国是同构的。"儒家学说从本质上是宗法血缘社会品质的理论反映和提炼，或者说宗法伦理是其理论品性的核心。"这是儒学能够成为我国古代社会核心价值并能被广泛认同的根本原因之一。

第二，儒学契合了小农经济的生产生活方式。我国古代社会最基本的经济形态是小农经济，与其相适应的生产方式是以家族为基本生产单位的农耕生产，生活方式则是自给自足的。儒学极重视农业，历代帝王也极重视农业，认为"国以民为本，民以食为天"。在自给自足生活方式下，人们对农业和对土地的依赖、对家庭宗族的依赖、对男性家长的依赖是必然和自然的。在此基础上，就形成中国传统社会条件下相应的土地依附和人身依附心理。儒学只不过是以理论化的方式，把人们生活方式的基本原则和内在精神，进行了反映和抽象。"以宗法血缘关系为核心的伦理性的社会心理，正是儒家学说的本质内涵"。

第三，儒学契合了专制王权的政治需要。儒家不但积极倡导仁政，而且积极参与政治。儒学获得政治思想领域核心价值的地位，就是董仲舒向汉武帝提出了诸多成体系的治国理政主张和建议，并得到了统治者的认可。"儒学的尊君、礼制等级和忠孝思想有助于维护君主的权威；儒家的德治教化则是束缚人们思想的重要手段；儒家的德治仁政学说又能为君主政治进行某种修饰和补充；儒家的各种仪制典章则将专制主义的暴力统治装点得温情脉脉。"正是因为儒学的政治主张契合了封建君主专制的根本需要，它才能够长期稳居核心地位，从而为统治者服务。

2.4　西方价值教育的资源借鉴

张岱年先生曾提出，社会主义新文化的建设，既要继承和发扬我们社会主义自己的优良文化传统，同时也要汲取西方的先进文化。20 世纪 50—60 年代以来，包括美国和欧洲在内的西方世界，大力推行以道德教育为主要内容的价值教育，并取得了较为显著的成效。现在，以个人主义为核心内容的资本主义核心价值，在西方社会价值体系中，长期占据着主流地位。我们现在开展大学生社会主义核心价值认同教育，应对历史和现实中西方价值教育的理论成果和实际举措、路径、方法与渠道等，进行批判性借鉴，以此推进我国的价值教育。

2.4.1　价值澄清理论的启示

当代西方的价值教育理论中，价值澄清理论是最典型、最具有现实价值并且最具有可操作性的价值教育理论。虽然它产生于20 世纪 60 年代的美国，是在价值多元化背景下形成的，并且作为道德教育理论出现；但作为针对西方传统道德教育方法的种种弊端提出的一种价值教育形式，价值澄清理论具有世界性影响。它的许多观点对于我们当今推进大学生社会主义核心价值认同具有现实意义。

（1）价值澄清理论的主要思想

价值澄清理论的核心思想认为，在主体价值观形成过程中，为了帮助人们减少价值混乱，可以适当采用学习、分析、讨论、评价和反思等手段，以有效促进主体价值判断、价值选择和价值评价等能力的培养和提升。这有利于主体形成适合自己的价值观体系、生活方式和行为方式。价值澄清理论强调，相较于"获得什么样的价值观念"而言，"如何获得价值观念"更重要。该理论认为，获得价值观念的过程比获得价值观念的结果更有意义。之所以要进行价值澄清，其主要任务和目的就在于帮助主体澄清其自身价值观，以获得社会环境适应性最好的新的价值观。价值澄清理论强调要更多发挥主体的主动性，积极关注主体获得价值的过程，强调教育要回归生活世界，注重教育要直面主体的现实生活、指向主体的现实生活。

（2）价值澄清理论的现实价值

除去价值澄清理论的价值相对主义，比如无导向和教师中立、对传统道德教育采取简单否定、忽视甚至完全否定道德教育的内容等不足之处，基于我国高校价值观教育与价值澄清理论相似的社会背景，如果我们能较好地利用价值澄清理论指导之下的具体操作方法而不纠结于"资"与"社"的区别，可以给社会主义价值认同教育提供有益启示和参考。

第一，对于学生价值选择能力和主体意识的培养。价值选择过程中，主体意识和价值判断、价值选择能力至关重要。价值澄清法把人本主义发挥和彰显得淋漓尽致，突出强调学生主体性的培养、建立、发挥和教育者角色的转换。价值澄清法克服了以往灌输教育法的弊端，比如片面进行单向灌输、强调教师主导作用而忽视学生主体意识。价值澄清法倡导师生双向互动，形成师生间民主自由的关系。这要求我们，在推进大学生社会主义核心价值认同过程中，老师首先要转化角色，既要担当主导者，又要担当引导者，要充分尊重大学生见解，给予大学生在价值多元背景下选择的自主权，不断培养大学生价值选择和价值判断的能力。

第二，灵活运用价值澄清法的具体策略。价值澄清理论的突出特点是强调价值教学活动中理论与实践相统一。由此，他们设计并推出了数百种应用策略,给予了价值教学活动更多样的可能性和选择性,这是他们对价值教育的重大贡献之一。借鉴运用这些教育策略,在具体的操作上需要讲究灵活性和针对性。比如,在进行社会主义核心价值认同教育时,就教学形式而言,课堂授课时,可以采用班组讨论法、澄清问答法和价值观投票法。实践教学时,则可以采用价值观地理法即实地考察法、角色游戏法等方法。针对不同特点的学生,也可以设计不同的应用策略。对于文字写作能力较强的学生,可以采用书面评价法;对于那些乐于表达而又善于表达的学生,则可以采用群体谈话法……诸如此类。因此,按照因地制宜、因人而异、因时制宜、因材施教的原则,我们可以根据大学生的不同特点,在不同环境和条件下,选择不同的价值澄清应用策略。

第三,生活化环境的营造。以唯物主义作为科学出发点,价值澄清法视生活为价值观的源泉,认为理论形成的关键要以生活为中心、解决生活中的问题。马克思指出:"社会生活的本质是实践的。凡是把理论导致神秘主义的神秘东西,都能在人的实践中以及对这个实践的理解中得到合理的解决。"在大学生社会主义核心价值认同中运用这个方法,必须注重营造生活化环境,让价值教育贴近大学生生活、走进大学生生活、回归大学生生活。

第四,注重社会主义核心价值的践行。在《关于费尔巴哈的提纲》中,马克思指出:"哲学家们只是用不同的方式解释世界,而问题在于改变世界。"价值澄清法最为重要的部分、极为关键的环节,就是行动阶段。选择行动,并且重复这种行动,继而使之成为个人的生活方式。价值澄清理论突出强调实践的重要性。实践促使大学生在"选择"和"珍视"环节,矫正、调整和确立自己的价值取向,并在实践活动中加以巩固和强化,让"为人民服务"的社会主义价值教育深入人心,摆脱以往只进耳不入心、只唱调子不甩膀子的局面。

因此，恰当地利用价值澄清法有助于大学生社会主义核心价值认同的实现。

2.4.2　态度形成理论的积极作用

研究大学生社会主义核心价值认同，离不开对社会心理学的借鉴。社会主义核心价值认同其实就是一个转变大学生对社会主义核心价值的认识态度的过程，就是要在学生已有价值观念基础上，转变他们的旧态度，从而形成教育者期待的社会主义核心价值的认同。基于大量而广泛的实验，态度形成理论在大学生社会主义核心价值认同中发挥积极作用。

(1) 态度形成理论的主要思想

态度是社会心理学中的一个重要概念，指个体在过去经验的基础上，对周围的对象产生一种心理准备状态或人格倾向。或者说，态度是外界刺激与个体反应之间的中介因素，是个人较为持久而一致的内在结构，是人们对一定对象受到内部制约、相对稳定的心理反应、状态或倾向。构成态度的三个基本因素是认知、情感和意向。而态度形成则是指人们如何对客体形成态度评价的过程。态度形成理论认为，"要促进被教育者态度的转变，既要注重学习者内隐机制的形成和研究"，又要遵循主体学习者态度转变的三个阶段即服从阶段、同化阶段和内化阶段。在不同的阶段，教育者要采用不同的教育策略和方法，循序渐进地实现态度转变。

(2) 态度形成理论的现实价值

美国学者、社会心理学家凯尔曼在 1961 年提出的著名的"三阶段说"，对我们开展大学生社会主义核心价值认同教育具有借鉴意义。

第一，价值认同教育在服从阶段启发自觉。所谓服从，指个体按照社会准则、群体规范或上级要求而表现出的一致性。在此阶段，这样的行为倾向是基于外界压力而非自愿产生的。这是一种不稳定的表面化态度，如果外因消失，态度也会随着改变。但不管如何，即使被动，旧态度的转变与新态度的形成，正是始于个体对社会要求的服从并产生相应的服从性行为，这是一个必经阶段。

这个阶段，高校思想政治教育工作者要努力启发大学生的自觉性。工作者应采用各种办法，让大学生充分认识到社会主义核心价值是社会主义的体现，是社会主义相较于其他人类社会而言的一种更先进的价值存在，它对于社会主义国家的所有人包括大学生自身都具有终极性和根本性意义。离开这样一种价值的认同自然人就难以成长为社会人，人与人的群体协调与配合就难以实现，社会就难以有序运行，人们的经济、政治、文化生活就不能正常进行，青年成长和成才也就无法实现……因此，我们应该清楚地认识到，作为社会人，需要甚至必须服从、认可、接受社会主义核心价值，并以个人行为促进社会主义核心价值在当下和未来的充分彰显。

第二，价值认同教育在大学生社会主义核心价值认同的同化阶段积极引导。心理学研究，态度形成过程并非完全依赖被试者的理性，被试者可能存在自动化的、无意识的加工，存在非理性特征。具体来说，态度的形成容易受到说服者权威性的影响。纯粹接触效应的发现则直接证实了这种推测[1]。作为个体对某一对象所持有的行为倾向，态度的转变是基于对某人或是某事物具有好感，而乐于对其进行追随，自愿接受并逐渐相信他人的观点和信念，感性色彩较浓。因此，对于那些对人们态度形成和转变具有积极效应的各类先进典型人物，可以充分大胆利用他们形象生

---

[1] 魏知超、郭秀艳 2009 年发表在《心理科学》的《态度形成的内隐机制研究述评》中指出，纯粹接触效应是指某一外在刺激仅仅因为呈现的次数越频繁，个体就产生对该刺激喜欢的倾向，即促成积极态度的形成。纯粹接触效应得到了大量实验结论的支持。

动、正面阳光又亲切可感的特点，既进行理性宣传，又开展感性渗透，促进大学生对承载和体现社会主义核心价值的典型主体产生认可感，让大学生从情感深处产生"彼心即此心"的共鸣，愿意把自己也带进、融入社会主义核心价值所倡导的要求中去，从而实现态度转变的同化效应。

第三，价值认同教育在大学生社会主义核心价值认同的内化阶段强调实践。现代社会，大学生面临着各种各样的价值冲突。丰富多样的社会实践为大学生价值教育提供着客观真实的现实情境资源。这些社会实践相较于其他非社会实践的教育形式，有着不可替代的教育价值。大学生置身其中，直接经历和观察着不同的人事与风物，接收和交换着海量的信息资讯，体验着自我的内在变化。这些经历和感受，能教会大学生正确把握时代脉搏和社会发展趋势，合理进行自我定位和调整，不断矫正和规范认知偏差，通过协同与合作应对和克服各种困难……从而帮助培养大学生理性认知的能力，磨砺大学生的意志，树立和增强大学生的信心，让他们以健康、饱满、向上的精神状态，参与并投入到改革开放和现代化建设的伟大实践之中。社会实践中积累的经验可以最大限度地挖掘大学生的发展潜力，建立并提升他们的情感调控和意志力水平，最终助益于大学生对社会主义核心价值的认同与践行。

2.4.3 资本主义核心价值认同的实践运行

在资本主义漫长的发展过程中，在资产阶级的不断实践和总结中，资本主义的社会核心价值慢慢得以形成、成熟和彰显。个人主义是资本主义核心价值的主要内容。这样的核心价值为资本主义国家的人们普遍认同和接受，并成为西方人价值判断和处世标准。"他山之石，可以攻玉"，我们借鉴资本主义核心价值认同实现的相关做法，有助于促进大学生对"为人民服务"社会主义核心价值的认同。

（1）资本主义核心价值认同的主要内容

在内容上，资本主义核心价值除了个人主义外，民主自由也是其重要组成部分。因此，资本主义核心价值认同主要包括对资产阶级个人主义和资产阶级民主自由的认同。

第一，资产阶级个人主义认同。起源于文艺复兴运动、发展于资本主义不同时期的资产阶级个人主义，自产生起就全方位地体现在西方社会的整个价值体系之中。个人主义创立了一个能够和资本主义经济制度相适应的价值体系，它使新兴的资产阶级和富有的市民阶层，能够充分展示个人才干，尽情享受财富带来的美好生活。文艺复兴以后个人主义逐渐发展成为西方价值体系的核心，并且为人们提供了一个充分展示个人才干的环境。个人主义的出发点和立足点都是人的需要，主张一切为了人，一切围绕人。个人主义的观点为人的发展开辟了广阔道路。总的来说，以人文主义为思想基础、以个人主义为核心的资本主义核心价值，较之以神权和王权为本的封建主义核心价值，在其产生之初，对人们的思想启蒙与解放，以及对现实社会发展的推动具有进步意义。马克思、恩格斯曾评价说："资产阶级在它的不到一百年的阶级统治中创造出的生产力，比过去一切世代创造的全部生产力还要多，还要大。"

第二，资产阶级民主自由认同。新兴资产阶级在反对宗教神权以及封建等级特权的过程中，所依靠的重要思想武器是民主、自由和平等。经过文艺复兴运动，民主自由平等思想得到广泛传播。在启蒙运动中，洛克、孟德斯鸠、卢梭等思想家进一步强调民主权、自由权、生命权、私有财产权等权利，他们认为这些都是人的天赋权利。此外，他们还极力推崇"三权分立"制度，勾画了资产阶级国家统治形式的蓝图。这些主张得到资产阶级的广泛认同，并使之成为资产阶级革命的思想基础，后来被写入美国的《独立宣言》和法国的《人权宣言》。此外，19世纪，自由主义在西方社会占据主导地位，它是资产阶级意识形态的集中表现和资本主义制度的理论基础。到 19 世纪中叶，自由主义被广泛认同和接受，在 20 世纪经历两次重大转型。资本主义在此过程中，维持了不断发展的势头。尽管如此，以个人主义为基础的自由主义始终是调整资本主义生产关系和维护私有制的价值支撑。

（2）资本主义核心价值认同的主要方式

时至今日，资本主义核心价值在资本主义社会仍然是主流。我们总结资本主义核心价值认同的方式方法，取其精华，去其糟粕。

第一，不断改变资本主义核心价值认同的社会化方式。在早期阶段，资本主义核心价值的传播主要借助于西方的传统文化和宗教，以此维护社会稳定和政治秩序，保证国家职能的正常运转。1917 年十月革命胜利，苏联建立了世界上第一个社会主义制度国家。为了维护资本主义核心价值或者说意识形态，资本主义在不同时期分别采用过经济封锁、政治孤立、军事打击、和平演变等手段，试图遏制社会主义，二者之间的斗争和较量延续至今。在全球化和信息化时代，资本主义利用他们在资金、技术、手段等方面的优势，依托国际互联网，对包括本国人民在内的世界人民，特别是针对不同文明形态、不同价值形态、不同意识形态的社会主义类型的国家与人民，多层面、全方位、立体式、广覆盖地宣扬和输送、渗透资本主义核心价值。

第二，利用传媒进行资本主义核心价值传播的信息化方式。媒体从来都是社会核心价值传播的手段。以雄厚的经济实力为支撑，西方国家建立了无处不在的强大传媒体系。目前，这些媒体系统的触角已延伸至世界各地。西方国家利用先进而密布的传媒工具，利用传统和现代相结合的报刊、书籍、无线电广播、电影电视、互联网等宣传平台和载体，以各种手段宣传推广、介绍报道资本主义核心价值。西方国家持续不断地向本国国民灌输资本主义核心价值，对民众进行思想政治和价值观念控制，使人们成为资本主义核心价值的接受者、认同者，积极宣扬者、主动传播者和忠实践履者。与此同时，西方国家也不遗余力地向全世界人民宣传资本主义意识形态和核心价值。苏联解体、东欧剧变，以及近几年一些国家发生的骚乱，其背后推手都是西方国家，都与他们长期宣扬资本主义核心价值和推行"和平演变"战略密切相关。

第三，教育与渗透相结合的学科化方式。价值教育是教育的一种，但又不同于其他一般知识性教育。资本主义核心价值认同"成功的地方就是让大家觉得它根本不存在，一切都是自然的、天生的……它的一大功能，就是把人为的、历史的、部分人的理念和行为，解释成为自然的、永恒的、普世的真理。"在进行资本主义核心价值教育时，西方国家所采用的学科化方式主要有两种。第一，西方国家通过思想性的人文学科教育培养合格公民。西方国家通过文史哲、语言、艺术等人文通识教育，传播和扩散资本主义的思想观念、政治观点、价值形态，以培养符合资本主义核心价值取向的公民。第二，西方国家通过政治教育实现政治社会化。西方国家在开展此类教育时，借助于包括学校教育、公共政策教育、政治参与等在内的一系列社会政治教育体系，有计划地培养和巩固民众政治心理，提升和强化民众政治意识，引导民众参与社会政治活动。在建构性过程中，社会成员逐渐获得关于政治的知识与情感、态度和信仰，进而慢慢形成与资本主义社会相适应的政治意识、政治观念、政治方向、政治立场和政治人格等等，从而变成符合资本主义社会制度要求的政治人。第三，道德教育认知学习与社会学习。西方国家特别注重道德知识的传授，以提高受教育者的道德认识，陶冶道德情感，锻炼道德意志，树立道德信念，培养道德品质，养成道德习惯。

西方国家进行资本主义核心价值教育，其方式主要有4点。一是不惜重金，在全国各地修建各类纪念场馆。比如名人故居、历史遗迹，以及各类图书馆、博物馆、展览馆等。以这些文化设施作为载体，对其民众进行与资本主义核心价值相一致价值引导。二是以宗教组织为依托，西方国家通过开展宗教活动进行价值教育与渗透。这种方式就是把民众对宗教的信仰转化为对政策的拥护、对政府的支持和对国家的热爱，巧妙地把宗教信仰往资本主义核心价值认同方向引导。三是大力发展文化事业和文化产业，以文化软实力提升价值引导力。西方国家利用其雄厚的经济基础，通过文学作品和影视节目，对资本主义核心价值进行形象化包装与打造，以人们喜闻乐见形式呈现，达到"润物"与"入心"作用。四是借助政党及其政治活动开展价值教育。西方国家展示其政治经济、文化社会主张的一个重要渠道，就是利用议会议员、行政首长、总统选举等各类政治的参与程序和活动，热烈而广泛地普及资产阶级价值观念，宣扬和传播资本主义核心价值，在不知不觉中实现民众对资本主义核心价值的认同和遵循。五是在日常生活中进行公民教育。大众化的方式主要有升国旗、唱国歌、向国旗敬礼，组织参观国会大厦、法院、市政厅，举办各种纪念活动，给纪念碑献花敬礼等活动。西方国家通过这样一些直观而形象的方式，向社会成员进行资本主义核心价值渗透。因此，我们会看到价值教育与渗透的各种方式，在西方国家不断地翻新花样而富于相当的"创造性"。采用这样一些巧妙而"智慧"方式，造成的结果便是"多数美国人认为意识形态不存在，认为意识形态是坏东西，只存在于社会主义国家，不存在于自由民主国家"。

第四，向外输出和渗透资本主义核心价值的文化帝国主义方式。除了对内实行价值教化和控制，西方发达资本主义国家还不遗余力地，凭借其经济霸权、政治霸权、军事霸权和文化霸权把其核心价值进行对外输出和渗透。主要表现在以下四个方面，一是以强大经济实力为后盾进行输出与渗透。西方国家要么在与他国的经济联系与贸易往来中附加各类不平等的政治条件；要么以对他国开展经济援助为诱饵，居高临下地逼其就范；要么动辄对他国实施经济制裁或以实施经济制裁相威胁，迫使其接受与资本主义核心价值相符合的相关政治要求。二是利用联合国和其他国际组织进行输出与渗透。西方发达资本主义国家在联合国和其他国际组织中，一般来说都拥有较多的话语权和支配权。他们经常借此向他国施加政治经济等各方面压力，甚至利用霸权干涉目标国内政，迫使一些国家"改旗易帜"，从而控制和操纵目标国，以达到输出和渗透其核心价值的目的。三是以强大军事实力进行输出与渗透。西方发达资本主义国家通过最为粗暴野蛮而简单"有效"的武力方式，直接或间接进行军事干涉和武装侵略，以强力推翻目标国，扶持傀儡政府，以直接输出资本主义核心价值。四是依托文化交流进行输出与渗透。西方发达资本主义国家凭借文化产业输出文化产品，把资本主义核心价值一同输入和渗透进其他国家，使那里的人们潜移默化地认同和接受资本主义核心价值。

第五，排斥异己核心价值的打压方式。西方国家一贯在国际社会高调标榜和推销其民主与自由，批评其他国家不同的社会价值与意识形态选择。但实际上，在其内部，他们制定了种类繁多的法律法规，利用多样手段，对媒体和舆论实施严格管控，对异己的新闻报道进行打压，不允许发出有损其阶级统治的声音。骨子里资产阶级一直坚持资本主义的"道德优越"和"价值优越"，一直视社会主义集体主义取向的"为人民服务"核心价值为对立面。因此，自社会主义产生之时，他们就一直持打压和遏制社会主义立场，力图消灭社会主义制度和国家，或者从价值根基上否定社会主义，企图彻底抽离社会主义的价值合理性与比较优势。为了实现其目的，他们采用了政治、经济、军事、文化、生态等各种"和平"方法，软硬兼施，多管齐下，无所不用其极。苏联解体、东欧剧变就被认为是资本主义对社会主义的胜利。为了全面围堵社会主义国家，西方国家还想方设法地制造新麻烦、设置新障碍，绞尽脑汁地破坏社会主义国家的正常有序发展。比如，西方国家利用宗教、民族、统一、疫情等问题来攻击社会主义国家。对于我国，他们支持海内外"藏独"、"东突"恐怖势力、"台独"和"港独"分子，在资金、人员、情报、武器等各方面施以魔手，怂恿多股势力开展明暗交织、内外勾结的破坏活动，企图让中国陷于被动，以实现其肮脏目的。对此，我们必须保持高度警惕，予以高度重视。

（3）资本主义核心价值认同的现实价值

在大学生社会主义核心价值认同教育中，我们发现，除去那些带有针对本国或其他国家的不正当的、具有文化侵略性质的做法，西方国家开展资本主义核心价值认同的具体操作方式方法中，大致有以下几方面的借鉴和启发价值：

第一，大力借助网络平台促进价值认同。当下及未来，网络领域的战争方兴未艾，如火如荼。西方国家长期以来利用互联网进行文化入侵和价值渗透，其结果已在不少国家明确显现。在我国，受西方网络文化影响的青年大学生也不在少数。在这样严峻的情势下，高校要加强和改进网络思想政治工作，形成校园网络思想政治工作联盟。具体而言，就是要建立和培育高校的网络思想政治工作平台和载体，鼓励和支持专家学者、教学名师、优秀导师、专职辅导员等参与网络文化建设，形成全员参与网络思想政治工作的新格局，发挥好网络思想政治工作的整体作用，建立起网络文化的坚强堡垒。

第二，多学科综合开展价值教育。促进和实现大学生对社会主义核心价值的认同不仅仅是思想政治教育工作者的任务，而是全校所有教育工作者的共同任务。因此，在现实的价值教育中，我们要注意充分发挥各学科门类以及不同课程的综合作用，把"思政课程"和"课程思政"有机协同起来。本着"一切为了学生，为了学生一切"的目标，在自然科学和人文社会科学的教育教学中，我们应注意融汇和体现社会主义核心价值的原则要求，共同为达成大学生社会主义核心价值认同贡献力量。

第三，利用隐性教育资源开展价值教育。价值教育过程中，除了要利用强大的教育网络以及多学科优势对青年大学生进行学科化核心价值教育，我们也要高度重视价值教育策略与技巧的运用，以符合大学生接受心理与习惯的方式方法，把社会主义核心价值渗透大学生思想、生活、学习和工作中，以"无意识"的方式开展"有意识"的价值教育，从而让大学生自然而然、不知不觉地接受和认同社会主义核心价值。因此，实现大学生社会主义核心价值认同，我们既要凸显思想政治教育课堂教学主渠道作用，也要强调日常思想政治教育主阵地作用，还要创新其他"微循环"渠道①，多管齐下，"各显神通"，真正促成大学生对"为人民服务"社会主义核心价值的认同。

---

① 2015年第1期人大复印资料《思想政治教育》刊发中国人民大学刘建军教授《谈思政教育的主渠道"超载"与微循环"闲置"》一文。论文认为，思想政治教育的渠道包括"主渠道"和"微循环"，前者在思想政治教育中起着主导作用，后者起着配合作用。我们以往只重视主渠道的作用，而对微循环关注度和重视度不够。由此造成主渠道"超载"与微循环"闲置"的不均衡格局，降低了思想政治教育的整体效率。当前，我们要从激活微循环入手，减轻主渠道的压力，从而恢复主渠道的活力和效率，并实现主渠道和微循环的有机结合。

第3章
大学生社会主义核心价值认同的
基本特征、类型、条件和机制

大学生社会主义核心价值认同，就是大学生个体或群体对于社会主义核心价值基于一种道路、理论、制度和文化的认可与共享，以及趋向于同一的心理过程。我们要促进和实现大学生对社会主义核心价值的认同，无论从理论建构的角度还是从实际操作的角度，都需要对大学生社会主义核心价值认同的特征、类型、条件和机制等基本要素加以探析。

3.1 大学生社会主义核心价值认同的基本特征

相较于其他价值认同，大学生社会主义核心价值认同具有不同特征。社会性、自主性和过程性是其基本特征的三个方面。

3.1.1 社会性

从作为结果和状态的角度来说，大学生社会主义核心价值认同是在自觉自愿基础上，大学生对社会主义核心价值的认可、肯定和接受。认同主要是在校园这个相对单纯的环境里得以实现，但校园并非一个封闭的环境，认同本身也并不会自发自动地产生，要受到经济、政治、文化、生态等社会性因素的制约。作为一个关系范畴，认同是一种集体现象，而不是个别现象。正如心理学家米勒所说的那样，认同的本质不但是心理的，它也包含群体的概念，是一项"自我的延伸，是将自我视为一个群体的一部分。这是认同的核心。"大学生社会主义核心价值认同，并不单纯是大学生主体个人的事情，而是大学生在复杂的社会互动与网络互动中，通过对社会主义理论、运动、制度和社会主义规范、观念、文化的学习，从而产生对社会主义核心价值的认可。大学生通过对社会主义核心价值的认同，从而在自己与社会主义之间"绑定"并建立起精神上的纽带和桥梁，大学生由此确立自己对社会主义的归属感。

3.1.2 自主性

自主就是自己做自己的主人。自主性是健全人格的基础，也是个体非智力因素的重要组成部分。大学阶段，随着身心的发育和成熟，大学生已成为一个具有强烈自主意识和自主性的群体。大学生的自主性，在性别、年级、学历层次、文理背景、城乡家庭、独生子女与否等方面都表现出较明显的差异。自我规划、自我创新、自我负责，以及自我控制与自我执行是大学生自主性的五个基本维度。大学生在价值教育上的自主性，表现为他们在价值判断、价值选择和价值实践上具有能动性与主动性，在对待价值理论上也具有一定的创新性和自为性。大学生社会主义核心价值认同的自主性，既表现在群体差异上，也表现在个体差异上，主要是表现在个体差异上。大学生们对社会主义核心价值的认同是不平衡的，在认同的时间、节奏、程度、力度等方面均存在较大差异，体现出明显的自主选择性。但具有自主性的大学生，在社会主义核心价值认同上，都普遍表现出对社会主义核心价值强烈的求知欲。

3.1.3 过程性

"为人民服务"的社会主义核心价值，因其对社会主义本质和特征的正确反映，因其真理性与科学性，存着被大学生接受、认可与肯定的可能性；如果"为人民服务"只是虚假的价值、只是停留于口号，或者被认为是骗人的谎话，最终是不会被大学生接受和认同的。但是，由于涉及哲学、政治学、心理学、社会学、教育学、传播学等多学科理论，又受到多种复杂因素的影响，因此，价值认同不仅仅作为一种理想状态和目标结果而存在，更是作为一种进行过程而存在；或者说，不经由复杂、反复甚至艰难曲折的教育引导的动态过程，认同本身不可能自动实现。过程性是大学生思想政治教育的一个显著特征，在价值教育实践中体现得尤为突出。本书重点讨论的就是在大学生社会主义价值认同促进和实现过程中，相关影响因素和环节，如何融合互动从而达致认同。

3.2　大学生社会主义核心价值认同的基本类型

根据不同分类标准，大学生社会主义核心价值认同有以下几对基本类型。

3.2.1　个体认同与群体认同

大学生社会主义核心价值认同根据主体不同而分为个体认同和群体认同。

黑格尔曾经指出，"所有生物一般说来都是主体""人是意识到这种主体性的主体，因为在人里面我完全意识到我自己"。马克思主义认为，从物质上说，人既是一种自然存在，同时也是社会存在。从意识上说，人还是一种精神性存在。在马克思看来，人首先是一种自然存在和个体存在。活生生的个体存在是人类社会史的第一个前提。人虽然表现为一个一个的个体，但每一个个体又都与一定的社会、集体相联系。也就是说，人是社会存在和群体存在的统一；离开一定的社会或群体，人既不能生存更不能发展。社会性是人的本质属性。因此，人作为主体，可以分为个体和群体，即个体主体与群体主体。当大学生社会主义核心价值认同的主体分别是大学生个体、大学生群体的时候，我们就分别称之为大学生核心价值的个体认同和群体认同。

（1）个体认同

一般意义上，个体认同主要强调个体对社会核心价值的选择性、主体性、偏好性及适应性，它显示个体之间的差异性。吉斯登所主张的"自我认同"，即"个体依据个人经历所形成的，作为反思性理解的自我"，就是属于这种认同。大学生社会主义核心价值个体认同是指大学生在个体层面意义上认可、赞同和支持社会主义核心价值。大学生个体是否认同某种社会核心价值虽然是个体主体性的体现，但同时也意味着大学生能融入社会。个体意义上的大学生社会主义核心价值认同，其实质体现为大学生个体对自我在社会主义社会里身份和角色的理性确认，它是大学生个人存在的基础和发展的持久动力。

（2）群体认同

群体认同是社会认同的一种。社会认同超越了不同群体以及组成不同群体的个人所具有的独特认同，体现的是社会层面在认同方面的统一。

大学生社会主义核心价值群体认同是指经由社会主义核心价值在大学生群体中的广泛传播，所形成的大学生群体对社会主义核心价值的共同性的理性认知、情感倾向和理想信念，体现为大学生群体对社会主义核心价值的赞同和支持。大学生之所以能结成稳固的群体，就是因为他们有共同的思想认识。唯有如此，大学生们才会形成具有一致性的价值理想和价值行为选择。大学生群体对社会主义核心价值的认同是大学生群体得以维系、凝聚、发展的思想基础，是大学生群体区别于其他社会群体的最根本标志，也是大学生群体健康成长的重要前提。美国解释人类学概念提出者克利福德·格尔茨（Clifford Geertz）指出："思想——宗教的、道德的、实践的、审美的——如同马克斯·韦伯及其他人永不厌倦地坚持的那样，必须有强大的社会集团来承担才会发挥强大的作用。必须有人尊崇它们、赞美它们、维护它们、贯彻它们。"在此意义上，实现和促进社会主义核心价值社会认同的重要基础之一，便是大学生对社会主义核心价值的群体认同。社会主义核心价值群体认同强调的是大学生作为一个群体对社会主义核心价值的向往和尊崇，它显示的是大学生群体的共同性和共识性，大学生社会主义核心价值群体认同的实现，有助于形成整个社会层面对社会主义核心价值的社会认同。

3.2.2 主动认同、被动认同和引导认同

大学生社会主义核心价值认同根据认同过程中所处的地位可以划分出主动认同、被动认同和引导认同三种类型。

(1) 主动认同

大学生自觉主动地、积极自愿地学习并理解、认可和接受社会主义核心价值，就是主动认同。主动认同是最有效的认同方式，也是大学生主体性的充分体现。"人的主体性是人作为活动主体的规定性，是在与客体相互作用中得到发展的人的自觉、自主、能动和创造的特性。"人的活动的结果总是折射着主体的愿望和要求；换句话说，人的活动目的是满足人的愿望和要求。主体活动的真正动力之源也在于人的这种愿望和要求。"从前的一切唯物主义（包括费尔巴哈的唯物主义）的主要缺点是：对对象、现实、感性，只是从客体的或者直观的形式去理解，而不是把它们当做感性的人的活动，当做实践去理解，不是从主体方面去理解。"人作为社会活动的主体，不仅是主体活动的实施者、操作者，而且是主体活动的控制者、调节者，更是主体活动的策动者、发动者。正因为人的主体性，不同历史时期和国度的人们，才能在能动的活动中主动地选择社会核心价值，认识和把握社会核心价值，自觉地运用社会核心价值，创造性发展社会核心价值。如果大多数大学生个体和群体能够主动认同社会主义核心价值，那么，社会主义核心价值就能更好地发挥其应有的功能。

（2）被动认同

被动认同也叫强制认同，是指大学生对社会主义核心价值消极的、不自觉的、不情愿的、被迫性的认可、肯定与接受。这样一种认同类型源于外在的强制力与压迫力，而不是源于大学生的自觉自愿。外在的强制力主要来自客观和主观两个方面。客观方面的强制力，体现了不以人的意志为转移的、社会发展的物质力量和必然趋势。马克思恩格斯曾指出"资产阶级，由于开拓了世界市场，使一切国家的生产和消费都成为世界性的了……一句话，它按照自己的面貌为自己创造出一个世界。资产阶级使农村屈服于城市的统治……使未开化和半开化的国家从属于文明的国家，使农民的民族从属于资产阶级的民族，使东方从属于西方。"这样一段话，阐述了资本主义社会取代封建主义社会的人类社会发展的客观规律。这个规律使资本主义核心价值和资本主义意识形态在全世界被普遍推广。

强制力的主观方面则是一定的阶级、国家或社会集团的意识形态和价值体系。"如果说在近代全球化中，西方资本主义国家强制非西方国家的人们认同西方价值是通过殖民化来实现的；那么，在全球化中，它主要是通过市场化来进行的。"历史发展到今天，以美国为主导的西方国家仍然在通过军事和战争手段掠夺他国资源，强行推行自己的价值观念，伊拉克、科索沃、叙利亚战争就是例证。更主要的是，西方资本主义国家凭借其先发优势，在世界经贸往来中迫使不发达国家接受其制定的市场规则、游戏规则；另一方面利用其文化优势，以影视作品、大众传媒向其他国家持续不断地输入其意识形态，搞文化侵略，进行社会核心价值观念渗透，从而达到在思想文化上控制其他国家的目的。发展中国家"在价值认同本身，只能对西方国家的价值观念的长驱直入表现出一种难以言说的无奈，并在不服中不自觉地接受了西方人的价值观念、价值追求，以及生产方式，实现了对西方人价值的全方位认同"。

(3) 引导认同

介于主动认同和被动认同之间的认同类型就是引导认同。引导认同是指大学生在社会主义核心价值引导之下，对其自觉地予以认可、赞同和接受。这是一种较为有效的社会主义核心价值认同方式。当西方国家对其他国家尤其是社会主义国家的军事干涉、政治孤立、经济封锁等"遏制战略"未能奏效时，他们就以非强制的方式，采用"超越遏制战略"和"和平演变战略"，利用经济援助、大众传媒、流行文化、学术交流、提供社会转型和改革方案等各种手段，进行持续、全面和深入的思想渗透与隐性扩张，诱使人们认同其核心价值。美国《纽约评论》曾指出："WTO（世界贸易组织）的资格不仅是经济问题，而是关系到全球一体化，迫使中国根据西方的贸易法律行事。它将使市场极大开放，从而使得更多的中国人能够接受外国思想的影响。"美国中央情报局对付中国采取的也是引导认同策略。他们毫不避讳地提出，"尽量用物质来引诱和败坏他们的青年，鼓励他们藐视、鄙视、进一步公开反对他们原来所受的思想教育，特别是共产主义教条""一定要尽一切可能，做好传播工作，包括电影、书籍、电视、无线电等……和新式的宗教传播""无论在什么场合，什么情况下，我们都要不断地对他们（政府）要求民主和人权。只要我们每一个人都不断地说同样的话，他们的人民就一定会相信我们说的是真理。我们抓住一个人是一个人，我们站住一个地盘是一个地盘，一定要不择手段"。西方国家的这种叫嚣和宣称，尽管显得厚颜无耻、明目张胆。但已经取得的"成效"，则必须让人警惕和重视。正所谓"知己知彼，百战不殆"。在价值教育实践中，引导认同应该作为最主要、经常性方式与类型而加以采用和实施。

3.2.3 事实性认同与建构性认同

翰德勒指出："现在对集体认同的学术分析中，存在着两种相互矛盾的观点。一种观点认为，认同是本质的、基本的、整体的并保持不变的；另一种观点则认为认同是通过历史上的行为建构并改造的。"曼纽尔·卡斯特也指出："认同则是行动者意义的来源，也是行动者经由个别化的过程而建构的……虽然认同也可以由支配制度而产生，但是只有在社会行动者将之内化，且将他们的意义环绕着这内化过程建构时，它才会成为认同。"在此意义上，我们把认同分为事实性认同与建构性认同。

（1）事实性认同

对既有的，或者曾经有过的社会核心价值的认同，就是事实性认同，或者叫等时性认同。它的认同基底是传统，现在的和历史的东西居于绝对的权威和支配地位，判断任何事物必须从传统出发，一切事物只有与传统相符合才有意义。"这种认同秉承着一种'凡是存在的就是合理的'理念，实际上是把认同看作一种一经形成就永远如此的一种存在。这种认同形成以后，人宁愿相信这种认同是永远如此，也不愿接受任何外来价值的介入。"毛泽东逝世后，一段时间内，我们党和国家主要领导人所奉行的"两个凡是"（即"凡是毛主席作出的决策，我们都坚决维护；凡是毛主席的指示，我们都始终不渝地遵循"）的思想和主张，就是这种事实性认同的典型表现。当然，历史已经证明，这种认同具有严重问题。理论上站不住，实践上也极为有害。

（2）建构性认同

建构性认同也叫历时性认同，是对某种社会核心价值，在过程性、动态性与开放性的实践活动中，在历时与纵向发展中，逐步建立并形成起来。这种认同尊崇传统，但立足于现在，更着眼于发展，寄望于未来。建构性认同既非预设也非既成，而是基于知识经验和价值体验，在情境和社会文化背景下，通过不断构建而生成意义、促成理解的过程。建构性认同一经形成，就会成为人们共同认可和接受的价值，并具有较强的稳定性和连续性，对人们的社会实践具有强大的指导作用。"实际上，国家不存在持续不断的认同；为了当时的政治需要，国家建立并改造认同。"价值和价值关系作为一种客观存在，在社会环境和物质生活条件的变化中，不断创新和发展，而不可能一成不变。大学生社会主义核心价值认同也是一个不断寻找、改变、调整的建构过程。

3.2.4　认知认同、情感认同、内化认同和实践认同

这是依照人的心理发展规律，而划分的四种认同类型。

（1）认知认同

认知认同也叫事实认同。认知是人们加工信息、获得知识、应用知识的过程，包括感觉、直觉、记忆、思维、想象等。大学生社会主义核心价值认知认同是大学生对"为人民服务"的社会主义核心价值所体现的价值关系学习、接受、认可、理解和领悟，包括感性认识和理性认识两个阶段。大学生在接触社会主义核心价值之初，对其一般性的认识和了解就是感性认识。大学生对社会主义核心价值的感性认识，主要解决社会主义核心价值"是什么"的问题，直接性和片面性是其显著特征。在此基础上，大学生通过思维对社会主义核心价值的概念、理论、观点进行、分析，从感性认识上升到理性认识，它解决的是"为什么"的问题。与感性认识相比，理性认识具有间接性、深刻性、系统性、全面性和一定的稳定性，它是大学生理性思维和价值选择的结果。

（2）情感认同

情感认同是认同主体对某种社会核心价值进行评价、选择时所产生的主观情绪体验。情感认同的产生，源于大学生对社会主义核心价值的深刻认识。情感认同是以认知认同为基础和前提的；反过来，情感认同一旦确立和形成，又会对前一个环节的认知认同产生强化与催化作用。但情感认同则完全是大学生对社会主义核心价值发自内心的、自觉自愿的亲近与接纳。只有情感上

的认同，社会主义核心价值认同才可能具有更大的稳定性与持续性。通常情况下，情感认同一经形成，就会具备较强的稳定性，但也具有一定的动摇性、易变性和反复性。

与此相应，经由教育和培育，如果大学生一旦形成对社会主义核心价值的情感认同，就会对后续的价值认同起着重要的调节作用，就会对"为人民服务"的社会主义核心价值产生思想和情感上的共鸣。当然，由于大学生社会阅历单纯，生活经验不足，情感认同易受外来干扰。大学生在这些复杂的现实面前，难免会有一些困惑、怀疑、失落与不解，有时候甚至会导致价值迷茫和错位。这些内外交织的不利和消极因素，很大程度上会影响到大学生的价值判断，导致他们产生一些情感认同危机。

（3）意志认同

意志认同是主体以自身的社会化需要为驱动力，以自觉性和能动性为基础，以认知和体验、理解和评价、选择和接受等为心理要素，使某种社会核心价值成为自己的内心信念。意志认同体现了作为主体的大学生主动发挥其内在认同机制的主体性，体现了认知、情感和意志的统一，具有高度的自主性、自觉性和持久性。意志认同一经形成，社会主义核心价值对于大学生来说，就会真正"入脑入心"。大学生就会由此建立起坚固的精神支柱，具备强大的思想动力，保持稳定的心理状态，就会有笃定的价值信仰和行动自觉。这样，即使面对不同于社会主义的其他社会核心价值的阻碍、侵扰和诱导，大学生也会坚定不移、持之以恒地去实践"为人民服务"的社会主义核心价值要求。

（4）行为认同

行为认同也叫实践认同，是指认同主体在内化认同的基础上，以情感、意志和信念作为支配力与调节力，自觉履行社会核心价值的相关价值要求和价值规范，在社会生活中把对社会核心价值的内在尊崇外在地转化为自觉行动的过程。内化认同的外化就是行为认同。大学生对社会主义核心价值的认知认同、情感认同、意志认同如果只是形成于头脑中，而不指导自己的行动并付诸社会实践，认同就失去了意义。价值认同的根本目的在于指导行为实践。正如马克思所说，"全部社会生活在本质上是实践的""哲学家们只是用不同的方式解释世界，问题在于改变世界"。

上述依循人的心理发展过程与规律，彼此之间相互联系、相互影响、相互制约、相互渗透和相互促进，贯穿在大学生社会主义核心价值认同形成与发展的全过程中。具体而言，认知认同是后三种认同类型的前提、基础和先导；情感认同是认知认同、意志认同和行为认同的内在动力；意志认同对认知认同、情感认同和行为认同起着支撑和强化作用，是它们坚强而有力的保障；行为认同则是认知认同、情感认同和意志认同的外在表现和最终结果，又是巩固认知认同、情感认同和意志认同的实践力量。价值认同体现了认知认同、情感认同、意志认同和行为认同四种认同类型的有机统一与协同推进。

3.3 大学生社会主义核心价值认同的基本条件

任何一种教育，都离不开主体、客体和环境三个基本要素的交互配合。教育目的的实现，也是基于这三者之间的影响与作用。同时，想要实现任何类型的价值认同，也都需要一定的条件保障。大学生社会主义核心价值认同的条件，可以从主体条件、客体条件和环境条件三个方面加以考察。

3.3.1 主体条件

主体条件主要包括客观和主观两个方面。客观方面，健全的心智、健康的身心是大学生认同社会主义核心价值的物质性前提条件；主观方面，社会主义核心价值具有明显的系统性、理论性、价值性和实践性，要求大学生发挥主观能动性。作为系统化的价值形态，社会主义核心价值可以帮助人们理性解释社会、有效指导实践、科学展望未来，从而为人们进行价值判断提供价值依据，因此要求大学生全面自觉学习和掌握社会主义核心价值；理论性要求大学生在一定基础理论前提下形成相应的理论思维能力，因此要求大学生要接受包括家庭、学校和社会在内的相应教育，具备知情意的心理条件；价值性要求大学生具有一定的分析判断能力，进而决定是否选择社会主义核心价值；实践性要求大学生参与社会生活、从事社会实践，在现实中加深对社会主义核心价值的认识、认知与认同。

3.3.2　客体条件

正如前面所述，社会主义核心价值是大学生价值认同的客体。一般来说，要得到人们的认同，社会价值或社会核心价值需要满足下列条件。第一，性质上要具有用性。这里的有用不等于实用。马克思认为："理论在一个国家的实现程度，总是决定于理论满足这个国家的需要的程度。"社会主义核心价值的产生和在实践中的实现，都与人们的需要有关。前面的分析已经阐明，社会主义核心价值体现为"为人民服务"。这样的价值本质，一方面反映着社会主义社会全体成员的共同价值理想、价值理念和价值追求；另一方面，这样的价值定位也引导人们，在改革开放和现代化建设的伟大实践中，把自己当做促进社会发展与进步的主人翁，把国家和社会当做自己服务与奉献的对象，既接受社会服务也服务社会。也就是说，社会主义核心价值具有先天的优越性。因此，从内容和性质上说，"为人民服务"的价值定位，能满足大学生对社会主义核心价值的期待和需要。第二，形式上要有可识别性。社会核心价值要得到人们的认同，必须具有规范性、可操作性和可遵循性，这就需要社会核心价值在不断丰富和创新其表现形式的前提下保持相对的稳定性和连续性。"为人民服务"的社会主义核心价值，要能得到大学生的认同，也要展示出其规范性和连续性。社会主义核心价值要在经济、政治、文化、社会、生态等方面，进行广泛深刻的自我完善与发展，充分而全面地展示其制度成果与比较优势。在家国一体的伟大实践探索中，社会主义核心价值持之以恒地彰显和体现"为民"本质，不断增加包括大学生在内的人民群众的满意度。第三，传播上要有艺术性。社会主义核心价值的政治性、系统性和理论性较强，要注意避免强制性"填"与"灌"，要以宣传、弘扬的方式方法，与大学生的生活、学习、工作和思想相结合，讲究人性化和灵活性，在落实中促进大学生对社会主义核心价值的认同。

3.3.3 **环境条件**

社会主义核心价值既通过社会环境而存在，又经由社会环境而通达大学生主观认同之域。因此，社会环境是联系大学生与社会主义核心价值的桥梁。大学生是在与社会环境的相互作用、相互影响下逐步认识、了解、认可、接受社会主义核心价值的。马克思说："人创造环境，同样，环境也创造人。"列宁也指出："一切都是经过中介，连成一体，通过过渡而联系的。"当下，各种复杂纷繁的内外环境，深刻而广泛地影响着大学生。一方面主要体现在构成社会大系统的经济、政治、文化、社会、生态几个方面；另一方面主要体现在家庭和学校，以及大学生具体生活学习工作的比如寝室公寓、班级社团等校园组织和团体中。这些大小不一、功能不同的社会环境，都从不同领域和角度影响着大学生对社会主义核心价值的认同。

3.4 大学生社会主义核心价值认同的基本机制

在社会科学领域，机制指"在正视事物各个部分存在的前提下，协调各个部分之间关系以更好地发挥作用的具体运行方式。"价值认同有个体和社会两个向度，受到诸多因素的影响，需要协调各方，更好地促进和实现认同。从个体向度来说，任何个体都需要认同某种核心价值，即"我要认同"。按社会向度而言，任何社会核心价值都需要人们认同它，即"要你认同"。"我要认同"是内在形成机制，而"要你认同"则是外在促进机制。大学生价值教育实践，需要考察和遵循两个不同向度，正视和协调两种内外机制，使它们有利于大学生社会主义核心价值认同的实现。

3.4.1 内在机制

大学生社会主义核心价值认同，主要包括动力、启动、运行、调控和反馈机制五个内在机制。

(1) 动力机制

一般意义上，所谓动力就是事物运动的根本原因，也是其变化和发展的推动力量。动力是一切事物力量的源泉，是大学生认可、接受、赞同社会主义核心价值的内在根据。认同的动力也叫动因，是引导、激发和驱使大学生接受、认同社会主义核心价值的原初力量和根本源泉。需要是动力机制的关键要素，本书就此作重点分析。

需要是人们进行思考的基本动力，也是促使其采取行动的根本依据。社会主义核心价值能否被大学生认同和接受，根本上取决于社会主义核心价值能否满足大学生的需要。社会主义核心价值可以通过解释社会来指导人们的实践，并帮助人们规划未来、实现目标，它可以满足人的自我发展需要，具有明显的合目的性。这样一种合乎需要的社会主义核心价值，体现了绝大多数社会成员的意志与利益，是对社会主义价值关系和规范的集中体现，成为大学生认同对象和目标对象的本质属性，可以成为大学生进行价值选择的内在驱动。同时，作为大学生，在任何一个社会，如果想要生存和发展，都离不开对一定社会核心价值的接受与认同。只有如此，才可能被社会接纳，才可能融入社会生活，才可能从社会中获得归属感与安全感，从而奠定自身发展与成长成才的前提和基础。另外，现实社会主义的理论与实践发展，如何真实有效地满足和符合大学生物质的与精神的需要，是我们在考察动力机制建构时要加以重点关注的问题。

（2）启动机制

本书重点探讨的是价值认同启动机制的功能性而非结构性。所谓价值认同的功能性启动机制，是指作为认同主体的人，把既有的对一定社会核心价值的认识和理解作为基础，有意识、有目的地、并且选择性地接收某种新的价值，并把这种新的价值移入大脑的过程。通常来说，影响并制约着大学生社会主义核心价值认同启动以下三个因素。一是刺激强度与长度。一般来说，社会主义核心价值的出现频率越大、覆盖范围越广、强度越高、时间越久，就越有可能吸引大学生的注意，引起大学生的关注。与此同时，需要引起重视的是过度也可能导致"审美疲劳"，容易引起大学生的反感情绪，招致大学生抵触与对抗。二是社会主义核心价值与大学生的意识和需要的契合度。大学生的意识是对社会生活和成长经历的感受、体悟和理解，这与大学生的利益和需要密切相关。综上所述，"为人民服务"的社会主义核心价值，最为鲜明地体现了社会成员包括大学生的利益和需要，它是对社会成员包括大学生在内的社会成员意识的概括和升华。社会主义核心价值只有与大学生的利益相一致才会被他们所接受和认同，接受程度越大，认同度越高。三是在需要的基础上产生兴趣。兴趣即大学生对社会主义核心价值积极的情绪反应，是社会主义核心价值认同启动的最重要动力之一。如果社会主义核心价值的本质属性、传播方式、实现效果等方面能引起大学生的兴趣，那么，大学生就会对其给予优先注意、从而推动并促进他们认同社会主义核心价值。

（3）运行机制

大学生社会主义核心价值认同的运行机制，是指在价值认同启动以后，在价值认同形成的实质性过程中，各种相互联系、彼此连接、有序递进的要素与阶段，主要包括认知、选择、整合、内化等方面。认知是指在大脑接收到社会主义核心价值的信息以后，大学生对它的感觉、知觉、解读、思维、想象和记忆的过程。选择是指根据自身的需要、追求和利益，在认知基础上，大学生对社会主义核心价值所作的价值判断和选择。价值判断和选择的过程，就是筛选、过滤和取舍的过程。社会主义核心价值如果与大学生已有价值观念和价值标准相一致、相统一、相吻合，社会主义核心价值被认同的可能性就越大，就有可能会更牢固和更持久；反之，则认同可能性就越小，且易动摇、易消退。整合是指在零星、分散的社会相关价值信息进入大脑以后，大学生对那些经过选择的信息进行再加工。加工统合以后，要么与原有价值认知对接并契合，打破原有认知状态而形成新的价值认知；要么丰富和升华已有的价值认知，从而使原有价值认知更加适应社会主义核心价值的要求。内化是指经过前述的加工与整合、对接与重构，大学生将社会主义核心价值转化、融入新的认知结构之中，并建立起情感联系，树立起意志与信念，对社会主义核心价值由衷地产生敬佩与景仰，使之成为自己工作、学习、生活等方面的思想灯塔和精神指引。内化阶段是大学生社会主义核心价值认同的最高境界和最高层次，是一种自觉接受、信奉和遵从状态，体现了价值认同的真实有效而并非流于虚拟、虚假和虚妄。

（4）调控机制

价值认同的调控机制主要是指情感、意志、习惯等心理因素及其之间的相互结构和作用方式。对于社会主义核心价值，这些因素虽然本身并不具有促进和实现观念反映、整合内化的功能，但对价值认同却起着不能忽视的调节作用。

情绪和情感，本质上是一种态度体验，是对主体利益和需要是否从外部现象与事物中得到满足的反映，体现的是外部事物和人的需要之间的关系。外部现象和事物，如果能满足人的需要，或者符合人的利益，就能产生积极的心理体验。反之，带来的则是消极的心理体验。大学生作为认同主体，他们更易于认可、赞同、选择、接纳并强化那些能让自己感觉到喜欢、愉悦、满足、舒服的社会核心价值，而对那些与自身情绪与情感，不相一致甚至相悖的社会核心价值，则会有意无意地忽略、回避、抑制、排斥与拒绝。

意志指人自觉主动地确定目标，并依据目标有计划、有步骤地调节和支配自身行为，不断排除障碍，克服困难。在大学生社会主义核心价值认同中，意志可以支持和保证在认同的不同阶段与环节，促成价值认同实现的各种因素都能形成积极正向的合力。坚韧不拔的意志，有助力于大学生在遇到挫折和困难时，百折不挠地坚持自己的理想信念。同时，坚强稳定的意志，还可以阻止那些异于社会主义核心价值的社会价值对大学生的干扰和侵袭，从而促使和保证大学生社会主义核心价值认同的一贯性、连续性、持久性和稳定性。此外，意志还能对情绪和情感进行调节与控制，使它们都稳定地保持在合理范围内。这样，就能在避免情绪、情感高涨和过强时，狂热追求和溢美社会主义核心价值；或者在情绪、情感低落时，对社会主义核心价值产生动摇和怀疑。

除了情绪和情感，影响和左右大学生思维方式和行为习惯的还有诸如个人性格、气质类型、个性品质等心理特征。消极的心理特征对大学生形成社会主义核心价值认同的方式、效率和深度都有着明显的制约作用。积极的心理特征有助于形成和巩固大学生社会主义核心价值认同。

（5）反馈机制

反馈最开始并不用于社会领域，只是作为控制论和系统科学的基本概念之一而存在。后来，随着工程科学、生命科学和社会科学的发展，"反馈"一词就被广泛地应用于各个领域。其原初意义是指将控制结果的信息再反送回控制元件，并对控制元件再产生的控制信息具有制约作用。如果一种行为，它是有目的性和有意识性的，就都离不开反馈，也需要反馈。大学生社会主义核心价值认同，无疑是一种目的性的活动，而且是有组织和有计划性的教育活动。其反馈机制主要体现在以下两个方面。一方面，大学生如果真实而不虚妄地接受、认可了社会主义核心价值，在其生活、学习、工作的日常行为中，他们就会按照"为人民服务"社会主义核心价值的标准去行动，就有可能会选择先人后己，就会更多地照顾集体的利益，积极帮助他人，主动为别人着想。而这种价值选择和价值实践，大多会得到周围其他社会成员赞赏和鼓励。这样一种结果，就会形成一种反馈信号，返还到大学生那里；大学生会因此感到自豪，他们会认识到被需要是幸福和有益的，大学生在其中得到价值感。如果相反，大学生可能就会怀疑自己的价值判断与选择，改变、调整甚至放弃已形成的社会主义核心价值认同，转而接触、接受和认同其他价值形态，产生新的社会核心价值认同类型。另一方面，反馈机制是指大学生认同、践行社会主义核心价值的情况，会通过一定的渠道和途径反馈回教育者那里，教育者对前一阶段价值教育成效做分析评估；并据此就价值认同实现体制或体系做进一步调整、优化和改善，以指导下一阶段的大学生社会主义核心认同的教育实践活动。

3.4.2 外在机制

大学生社会主义核心价值认同的外在机制一般也就是指社会机制，主要包括以下几部分。

（1）教化机制

我国古代的教化传统，历史悠久，源远流长。顾名思义，教化就是教育转化或者说教养变化，通常是指通过有效的社会教育形式，教育者凭借统治者德行与权威，使社会成员接受、遵从、信守和维护现有的政治法律思想与道德规范体系，具备相应社会所需要的思想道德修养与法律规范，成为社会所需要的人。在新的时代条件下，教化也可以成为大学生社会主义核心价值认同的途径和方法之一。

在大学生社会主义核心价值认同语境下，教化机制主要通过宣传、思想政治教育得以构建。宣传即宣布传达，也就是向大学生阐释理论、解读观点、讲解道理，使大学生了解并理解、相信并认可"为人民服务"的社会主义核心价值。网络信息时代，多种多样的宣传手段和方法如果运用得当，就能取得较显著的成效。而思想政治教育作为一种高度正规化、组织化的教育形式，对认同的作用是关键的。思想政治教育具有鲜明的时代性、普遍性、科学性和阶级性，思想政治教育是以一定的思想政治理论为指导，通过政治理论教育、民主法治教育、形势政策教育、思想道德教育等各类型途径与渠道，系统全面、深入细致地向大学生传递和输送社会主义核心价值相关信息，更好地促进大学生认同和接受社会主义核心价值。

(2) 制约机制

价值认同的制约机制是指，一定的社会或阶级，为了维护、巩固和强化其统治与地位，通过政治、经济、社会、文化等各种手段，促使社会成员接受其社会核心价值，并按其倡导的价值观念和价值规范行事的各种方式的集合。规定和批判是社会核心价值认同制约机制的两种方式。规定是指，依靠国家强制力或行政组织，利用法律或行政方法，采用命令、指示、条例等手段，贯彻、推行相应社会的核心价值，并在社会各个领域被人们遵从和照办。在执行规定的时候，"权威"与"服从"是两个关键因素。比如，在社会主义的价值建设与价值教育过程中，党和国家连续多年来都在出台和发布一些通知、文件和意见，号召在全社会尤其是高校大力建设社会主义核心价值体系，大力培育和践行社会主义核心价值观。批判则是指，在尊重和多元的前提下，为了维护社会主义意识形态安全和文化安全，通过对异己社会核心价值特别是西方核心价值的反动性、错误性、虚伪性的揭露与批评，引导大学生分清是非，辨明道理，使他们自觉抵制错误和不良社会思潮、社会文化和价值观念的侵蚀和影响，促进大学生社会主义核心价值认同。

20世纪时，法国著名马克思主义哲学家阿尔都塞曾经指出："为了培养人、改造人，使人们能够符合他们的生存条件的要求，任何社会都必须具有意识形态。正如马克思所指出的，历史是对人类生存条件的不断改造，即使在社会主义社会也是如此；因而人类必须不断地改造自己，以适应这些条件。这种'适应'不能放任自流，而应该始终有人来负责、指导和监督。"阿尔都塞在这里讲的是意识形态问题。对于社会主义核心价值来说，道理其实一样。也就是说，社会主义核心价值不供大学生自由选择，不管大学生愿意与否，从理论上讲，他们都应该接受。大学生如果不"能够符合他们的生存条件的要求"，如果不认同社会主义社会的核心价值，他们就很难适应和进入社会。也就是说，社会主义核心价值作为社会主义社会里的一种客观的、现实的"生存条件"，应由大学生主动改造自己以"适应"社会主义核心价值。在"适应"的过程中，离不开相关机构、组织和人员的"负责、指导和监督"。换句话说，自愿和主动适应固然好；若非自愿，则被动适应也是必然之举，要接受一定的制约和牵掣。

（3）引导机制

如何在多元中立主导？如何在冲突中寻共识？如何在分裂中求认同？这是进入21世纪以后，社会主义国家在开展价值建设与价值教育时，不得不面临的重大理论与现实问题。在国内外诸多因素的影响下，大学生的价值取向日益多元多样，这是无可回避的客观事实；而我们的教育目的又是要努力促成大学生对社会主义核心价值的认同。解决二者间矛盾的方式是，一方面坚持和弘扬"为人民服务"的社会主义核心价值，坚定不移地维护、加强和巩固其主导地位；另一方面，又要特别注重对大学生社会主义核心价值认同的教育和引导。建立并完善科学合理的价值引导机制，是解决上述问题的重中之重。

一般意义上，价值认同的引导机制是指，一定的阶级或社会利用自身的统治权威与执政地位，或者通过展示其自身经济、政治、文化等方面的优势，彰显并提升相应社会核心价值的作用力、影响力与吸引力，以让民众自发自觉、自动自愿地接受并认同相应社会的核心价值。从大学生社会主义核心价值认同来说，最根本的应该在于，社会主义社会要能在当下及未来的全球性竞争中，在经济、政治、文化、社会、生态五位一体的社会各个领域，不断开创新局面，提升新境界，取得新成就，不断促进社会全面进步与和谐发展，最大限度地满足和丰富广大社会成员包括大学生在内的物质和精神多样需求，最大限度地展示社会主义的美丽与魅力，从而让大学生主动亲近、认可和接受社会主义核心价值。如果说教育、宣传是"软"性引导机制的话，那么，对大学生不同层级利益、需求、愿望的支持、保护与实现，则是更为有效的"硬"性引导机制。

（4）奖惩机制

在开展大学生社会主义核心价值认同教育过程中，不同大学生的认知与行为存在较大差异。因此我们需要建立并完善相应的奖惩机制。通常所言的奖惩机制，就是针对组织内的成员，为了激发、引导组织成员按照社会要求和规范行事，或者为了避免违背社会要求和规范的行为，通过一定的奖励或惩罚措施来评价成员行为，从而促进相应社会要求和规范得以顺利推行的方法。奖励与惩处的功能各不相同，但相辅相成。奖励主要有物质奖励和精神鼓励两种形式，有助于激发社会成员的荣誉感、成就感和价值感。惩罚则是通过物质与精神的制约，使社会成员转变认知、调整行为，适应相应的社会要求和规范。物质压力主要体现为经济惩罚。精神压力主要表现为，一定的阶级或社会，给予不按社会要求和规范行事者而进行的政治性的、社会性的剥夺或精神惩罚，通过各种手段营造社会要求与规范"场"。这种"场"，透过集体的信念、群体的规范和团体的行为，可以对违规者造成无形的压力与约束。精神压力看不见摸不着，但对违规者可以带来巨大的影响与干扰，从而迫使其做出自我调整与改变，甚至放弃原有认知和行为。

在大学生价值教育实践中，通过日常学习、生活、工作、校园社团活动等多方综合考察，以及在国家和社会发生重大事件时，对那些在思想上认同、行动上选择、关键节点彰显"为人民服务"社会主义核心价值的大学生，及时给予精神和道德上的表扬、赞赏和肯定，以及必要的经济奖励。同时，要大力营造向这些先进人物、模范典型学习的强大社会氛围，形成正向而优质的"舆论场"，以感染和带动其他大学生群体。而对那些不认同、不遵从乃至违背和践踏"为人民服务"社会主义核心价值的大学生，要及时劝诫和促改，给予相应的惩罚。如果有大学生因此受到学校等相关组织和机构的惩罚，他可能会受到来自周围同学、同龄人的议论与指责，会产生心理压力。这样一些压力，会促使大学生反省自躬、检讨悔改，做一些积极调整。处于青年时期的大学生，他们普遍存在着较强烈的朋辈归属感与认同感。为了不脱离其所归属的大学生群体，或者为了避免成为大家嫌弃与讨厌的对象，他们即便不能很快真心实意认同社会主义核心价值，但在外界的压力之下，也会被动地顺从主流群体（也就是大学生和社会主流群体）的价值观念、意志品质和行为规范。他们有可能经过斗争与烦恼，会彻底改变自己的立场和行为，慢慢趋近并且走进社会主义核心价值的"价值之阈"，最终实现对社会主义核心价值的认同。

第 4 章
大学生社会主义核心价值认同的
现状、挑战与机遇

任何价值认同过程，都是一个潜移默化、逐渐推进的过程。认知认同、情感认同和行为认同组成了价值认同的基本环节①。经由这些阶段和环节，大学生实现对一定价值的理性认知、情感共鸣和行为实践，也就是实现价值认同的"入脑、入心和入行"。认识和把握大学生社会主义核心价值认同现状，也即围绕这三个基本维度而开展。

4.1 大学生社会主义核心价值认同的现状

对大学生社会主义核心价值认同现状的把握，可以为价值认同教育开展提供有利依据与参考。

4.1.1 现状解读

根据大学生社会主义核心价值认同现状或所涉及的相关因素，调查问卷共设计题目 40 道，主要围绕大学生对社会主义核心价值观和社会主义核心价值的基本认知和区分状况、对社会主

---

① 基于了解大学生社会主义核心价值认同基本现状与概况的目的，此处所提的"三阶段"是一个概略的划分。问卷并不体现在严格的心理学意义上，人的认同心理发展的全部环节，只体现其三个基本的过程。比如前面分析到，认同还包括意志认同等内容；在第七章提到大学生社会主义核心价值认同的实现，需要经过"理性认知""情感共鸣""心理调适""信仰积淀"和"实际践行"诸过程与环节。

义核心价值的践行意愿和践行状况几方面为基础展开，力求准确、全面、真实反映大学生在社会主义核心价值"入脑、入心、入行"的基本认同现状。问卷主要在四川警察学院、四川电子科技大学和西南医科大学进行。问卷调查学生文理兼有，包括本科各年级，共发放问卷 500 份，回收问卷 481 份，有效问卷 467份。参与调查的主要是本科生（97.3%）和专科生（1.5%），另有少量的硕士研究生（1.2%）。其中，男生 369 人，占调查总人数的 79%；女生 98 人，占调查总人数的 21%。

（1）认知认同方面

作为价值认同的第一个阶段和环节，认知认同是指，大学生能够了解社会主义核心价值的基本概念与内涵、历史基础和渊源、形成发展过程和现实意义，领会其政治文化意蕴和价值导向意蕴。

调查结果表明，所有大学生（100%）都表示知道社会主义核心价值观这一概念和提法。这说明从党的十六届六中全会特别是十八大以来，经过连续多年的社会主义价值建设，社会主义核心价值观已经深入人心，大学生们对其相当了解和熟悉（至于是否都能完整准确地说出十二个词、二十四字，不在本书探讨之列，故未做设计和考察）。对于社会主义核心价值，有 38.7%的大学生表示知道；认为有必要区分社会主义核心价值观和社会主义核心价值的大学生，占到了 93.6%。关于什么是社会主义核心价值，有 61.5%的大学生认为是"为人民服务"；30.6%的大学生认为是"集体主义"；3.4%的大学生表示"不知道"；选择"个人主义、享乐主义、拜金主义"的加起来不到 2%；另有2.5%的学生选择了"我认为"（表 4-1）。有的大学生认为社会主义核心价值是"公正""公平"，有的认为是"共同富裕"，有的认为是"和谐"。就问卷提出的一些观点，67.6%的大学生对"我为人人，人人为我"表示赞同，21.2%的大学生对"主观为自己，客观为他人"表示赞同，7.9%的大学生对"青春易逝，及时行乐"表示赞同，对"人不为己，天诛地灭"
"唯利是图，不择手段""金钱是万能的"的观点表示赞同的占
3.3%（表 4 - 2）。

表 4-1　社会主义核心价值观的内涵

什么是社会主义核心价值（单选）

内涵	数值	
	人数	百分比
为人民服务	287	61.5%
集体主义	143	30.6%
我认为	15	2.5%
个人主义、享乐主义、拜金主义	9	2%
不知道	13	3.4%
总计	467	100%

表 4-2　您赞同的社会主义核心价值观点

您赞同下列哪些观点（单选）

观点	数值	
	人数	百分比
我为人人，人人为我	316	67.6%
主观为自己，客观为他人	99	21.2%
青春易逝，及时行乐	37	7.9%
人不为己、天诛地灭，唯利是图、不择手段，金钱万能	15	3.3%
总计	467	100%

　　针对"（为人民服务的）社会主义核心价值和您日常学习生
活联系的程度如何"问题，选择"联系密切"的占 37.6%，"有
联系，但不多"的占 41.7%，"没有联系"的占 8.2%，"不确
定"的占 12.5%。

就"当代大学生的自身价值的体现与那些因素相关",选择"对社会贡献大小"的有84.7%,选择"是否得到他人尊重"的有81%,选择"社会地位的高低"的有80.1%。其余,74.3%的大学生选择了"权力的大小",74.1%选择了"生活是否舒适";对"金钱的多少""知识的多少"的选择率,分别是72%和67%;选择"其他"的4%(表4-3)。

表4-3 您认为当代大学生的自身价值的体现与那些因素相关

大学生价值体现因素(多选)

因素	数值	
	人数	百分比
社会地位的高低	374	80.1%
金钱的多少	336	72%
权力的大小	347	74.3%
生活是否舒适	346	74.1%
对社会贡献的大小	395	84.7%
是否得到他人的尊重	378	81%
知识的多少	312	67%
其他	18	4%

调查表明,尽管知道"社会主义核心价值"的大学生(38.7%)远远低于知道"社会主义核心价值观"(100%)的,但认为有必要区分社会主义核心价值观和社会主义核心价值的大学生占到了93.6%,这说明大学生们能认识到这是两个不同维度的概念,因而需要进行不同层面的研究。大学生对于社会主义核心价值定位出现不同理解,是我们在理论上对此问题认识不清或者未能统一认识的一个反映。就一些开放式问题的回答,反映出大学生总体价值积极健康,愿意为社会和人民服务。但问卷也同时呈现出,大学生在价值选择和判断上,多元、多样、多变的时代特点较为明

显，一些大学生以个人为中心，较为崇尚和追求金钱、地位等具象和物质层面的价值目标。

（2）情感认同方面

作为大学生社会主义核心价值认同的中间环节，情感认同上承认知认同，延续和深化着认知认同；为行为认同奠定了基础。情感认同表明大学生对社会主义核心价值的喜欢或者讨厌、爱惜还是憎恶等情感倾向与态度。

调查结果表明，4.7％大学生表示愿意"时刻都可以"为人民服务，85％会"视情况而定"地为人民服务，8％的选择"当对自己有利时"为人民服务，只有2.3％的大学生表示"不愿意"为人民服务（表4-4）。

表4-4　您在什么情况下愿意为人民服务

为人民服务的意愿及条件（单选）

意愿及条件	数值	
	人数	百分比
时刻都可以	22	4.7％
视情况而定	397	85％
当对自己有利时	37	8％
不愿意	11	2.3％
总计	467	100％

调查表明，绝大多数大学生会有条件地、视情况而定地为人民服务，而不愿意为人民服务的大学生占比只有2.3％，这表明大学生较为普遍地具有奉献精神，这让人感觉欣慰。87％以上的大学生会用不同方式表达爱国之情，这说明大学生普遍具有爱国情怀并愿意付诸爱国行动；但也有13％的大学生选择"国不爱我，我不爱国"（表4-5），这表明一部分大学生的爱国动机并不单纯，而是带有一定的目的性和条件性。

表 4 - 5　爱国方式

爱国方式（单选）		
爱国方式	数值	
	人数	百分比
做利国利民的实事，报效祖国	145	31.1%
学好自己的专业知识，报效祖国	141	30.1%
在国家有需要时，义不容辞	120	25.8%
国不爱我，我不爱国	81	13%
总计	467	100%

（3）行为认同方面

　　作为价值认同的第三个阶段，行为认同是指个体在认知和情感的基础上，接受和认可了一定的价值形态，通过对自身原有价值图式的重组和解构，从而建构起新的价值形态，并将这种新的价值形态外化为自己的现实行为。由认知到情感，再到行为，是价值认同的最终落点和深层体现，也是价值认同的最高阶段。

　　调查结果表明，在大学生平时的学习生活中，主动帮助他人、服务他人，回答"有，经常"的占 87%，选择"偶尔会"的占 11.1%，回答"基本没有"的占 1.9%（表 4 - 6）。

表 4 - 6　有无主动帮助他人、服务他人的行为

有无主动帮助他人、服务他人的行为（单选）		
行为	数值	
	人数	百分比
有，经常	406	87%
偶尔会	52	11.1%
基本没有	9	1.9%
没有	0	0
总计	467	100%

就"择业时主要考虑的因素"，87.4％的学生选择了"有利于个人的发展"，84％的学生选择了"兼顾社会需要和个人兴趣"；67.1％的学生选择"能得到锻炼和提高"，67％的学生选择"专业对口，能发挥自己专长"，36.5％的学生选择了"自我设计自我选择"，21.8％的学生选择了"到祖国最需要的地方为人民服务"（表4-7）。

表4-7　择业的主要因素

择业时主要考虑的因素（多选）

因素	数值	
	人数	百分比
到祖国最需要的地方为人民服务	102	21.8％
兼顾社会需要和个人兴趣	392	84％
有利于个人的发展	408	87.4％
能得到锻炼和提高的工作	313	67.1％
专业对口，能发挥自己专长	313	67％
自我设计自我选择	114	24.5％

调查表明，绝大多数大学生，在平时的学习生活中，会主动帮助他人、服务他人（98.1％）。这体现出有此行为选择的大学生，不一定确切知道社会主义核心价值的理论内涵，也不一定知道"为人民服务"是社会主义的核心价值（知道"社会主义核心价值"这个概念与提法的大学生点比38.7％，认为社会主义核心价值是"为人民服务"的占比61.5％），但在现实生活中，他们却在自觉或不自觉中，以实际行为践行着为他人服务和着想的正确价值取向。这表明大学生有着较为让人称道与放心的优良思想品德与行为素养。至于择业时的主要考虑因素，大学生则表现出较为多元和复杂的情形，这体现出当代大学生价值取向务实而理性的特点。

4.1.2 影响因素

大学生社会主义核心价值认同之所以在理性认知、情感共鸣、行为实践方面呈现出以上现状，是因为受到诸多因素的影响和制约。概括而言分为内在因素和外在因素；具体说来，则有社会因素、学校因素、学生因素和网络因素几个方面。之所以把学生和网络作为独立因素，是因为在大学生社会主义核心价值认同这个命题里，社会、学校和家庭当然是不可或缺的传统重要影响因素，但在飞速发展的信息社会里，网络和大学生自身认知特点的变化对价值认同的重要影响已不容置疑，因此有必要加以分析。

（1）社会因素

马克思主义认为，在社会存在和社会意识关系问题上，前者决定后者，后者反映前者。价值认同作为一种观念性的、意识性的存在形态，对其起着决定性作用。"观念的东西不外是移入人的头脑并在人的头脑中改造过的物质的东西而已。"

就国际而言，如今，国与国之间、地区与地区之间政治经济关系交错纷繁，竞争与合作都激烈而复杂，世界在分化组合中呈现出许多不确定因素。尤为重要的是，在国与国之间的角逐与较量中，除了传统意义上的国家实力，现在各国都把文化软实力当做核心竞争力，在思想意识、价值观念、文化心理、宣传舆论等领域，掀起了一场没有硝烟的战争。境外各种组织和势力，通过多样形式对我们进行"心"战，意识形态领域的斗争可以说是空前激烈，价值认同面临的国际环境复杂而艰难。

就国内而言，当前，我们正在进行广泛而深刻的社会变革，新旧体制转换过程中伴随着各种结构性矛盾。教育、就业、医疗、社保、住房等客观社会问题导致人们的价值认知发生混乱和错位，信心、信念和信仰受到剧烈冲击，一些人精神失落、灵魂失守，人与人之间存在信任危机，社会心态复杂"诡异"。如此复杂多变的社会状况，也在深刻广泛地影响着大学生价值观念。有的大学生，较为信奉拜金主义、享乐主义、自由主义、个人主义，认为学校也是个小社会，各方面都在有意无意地以"外面的世界"作为参照，生活上相互攀比；精神上迷茫不振，没有明确理想目标；学习上得过且过，不思进取；恋爱交友上少有原则和坚守，道德缺失……因此，国际大环境与国内小环境相互影响和相互作用导致的结果就是，大学生价值取向总体良好，但其消极和不利的一面，也在极大地侵蚀和消解着大学生原本正确、清朗、明净的价值认知，对高校开展价值教育造成了较大的负面影响与阻碍。

（2）学校因素

大学担负着人才培养、科学研究、服务社会和传承文明的基本职责。相较于其他社会组织，大学的教育教学活动更具计划性、指向性和目的性，是系统给予大学生生命、生活经验和知识之所，对价值取向的形成更具引领性，对培养大学生价值判断、价值选择的素质和能力发挥着不可替代的作用。但我国的价值研究和价值教育，本身起步较晚。在宏观的教育理念和日常的教育教学活动中，教育者尽管也做了很多价值引导方面的工作，但总体来说，在学生的专业教育、学业支持和技能培养等方面给予的关注还是要更多些，对学生全方位、立体化、深层次、高成效的价值教育，主观认识上并没有真正完全到位，客观效果上也不尽如人意。

近年来，在大力建设社会主义核心价值体系和培育、践行社会主义核心价值观的大背景之下，绝大多数高校通过各种渠道和途径，对大学生开展价值教育，不少高校已做了很多探讨和努力，已涌现了不少相对成熟的经验交流成果，为进一步提高和改进价值教育奠定了不可或缺的基础，实际效果也在日益加强和显现。但在现实的状况与社会主义大学人才培养理想目标之间，大学生价值教育还有不少的路要走。因此，这也是本书从大学生思想政治教育视角研究"大学生社会主义核心价值认同"的基本考量所在。

(3) 学生因素

这里所指的学生因素，狭义上是指个体和群体的学生因素；广义上，它既包括更宽泛意义上的学生出生和成长的家庭，也包括学生参与的各种非正式交往环境，是一个与大学生密切相关的、兼具主观与客观因素的综合范畴。作为大学生最早接触、生活最久，并且对其影响最深刻久远的原初环境，家庭一直伴随着大学生成长。家庭是大学生社会化的原始起点；也就是说，大学生的社会化，最开始是从家庭开始的。离开家庭生活以后的继续社会化，家庭的影响也片刻没有离开，而是真正的"如影随形""不绝于耳"。社会化理论表明，人的社会化都与其早期家庭影响息息相关。因此，原初家庭对大学生的一生、包括对他们价值认同的形成与发展，其影响力既具有基础性又具有深远性。非正式交往环境包括邻居、朋友、熟人、网友等各种各样的非正式群体。这些因素对大学生形成价值认同的影响，在时空上具有离散性和偶然性，在方式上具有自发性和随意性，在性质上具有隐蔽性与复杂性，不利于教育者掌握、防控和调整。

当代大学生，生活、成长的家庭与交往的非正式环境，所处的时代条件和背景是传统与现代交织，农业社会与工业社会、信息社会并存；在此条件下，大学生的思维方式、价值取向、行为习惯、兴趣爱好与个性发展等方面，都表现出多元化的时代特点。他们的群体形象是既个性独立又乐群善交，既尊崇高尚又趋附钱权，既替人着想付出、又精致利己……。作为认同主体的大学生自身，其丰富、敏感的主观世界，以及身处复杂多变的社会环境，意味着他们的价值认同，既有可能是主流的，也有可能是"非主流"的；也意味着价值教育的机遇与挑战并存。

(4) 网络因素

作为大众传媒的一种，在社会信息化、信息网络化条件下，网络因素对大学生思想政治教育影响的重要性自不待言。网络在改变大学生知识获取途径与方式、扩大信息通道与数量的同时，也带来了一些不容忽视的问题。网络的直观性、形象性、交互性，增强了大学生对直觉的依赖性；网络的即时性、综合性和广泛性的传播内容与手段，制造了一波又一波的思潮和热潮，不断诱发并强化大学生的模仿与从众心理；网络的模拟性、匿名性导致大学生在虚拟交往过程中具有隐蔽性，依托现实身份交往所形成的责任与道德规范容易失去作用；教育者和受教育者获得信息的同步性，增加了教育者对信息的隔离、筛选和净化难度；一些大学生沉迷于网络世界，自我放纵，荒疏了学业，也荒疏了自我心灵的完善。

当然，网络是把双刃剑。当网络与价值教育所提供的信息一致或互补时，价值教育的效果可以得到强化；反之则可能弱化价值教育的效果。同时，如何利用网络作丰富价值教育的载体，如何利用网络设置虚拟情境，引导大学生在全面接触社会之前，利用网络进行道德学习、心理素质培养、开展自我价值教育也成为现代思想政治教育乃至价值教育的课题。人们早已意识到，网络对大学生思想政治教育的影响具有两面性。我们所能做的是趋利避害，扬长避短，用好用对网络这个新型的思想政治教育工具与资源。

4.2　大学生社会主义核心价值认同的挑战

前面重点探讨了大学生认同社会主义核心价值所具有的有利条件和机遇。而利弊是非，从来都是任何事物的两面。分析和正视大学生社会主义核心价值认同所面临的挑战，尽可能化不利为有利，促进大学生实现社会主义核心价值认同。

4.2.1　当代中国社会的基本特点及其影响

开展大学生社会主义核心价值认同教育，需要从宏观上正视我国基本国情，分析当代中国社会基本现状，全面把握、充分评估其影响。

（1）特点

我国的基本国情是，现在处于并将长期处于社会主义初级阶段。

20世纪50年代，我国在完成"一化三改造"以后，建立起社会主义基本制度。因此，实行社会主义制度，是当代中国社会最基本和最鲜明的特点。对此，《中华人民共和国宪法》规定："中华人民共和国是工人阶级领导的、以工农联盟为基础的人民民主专政的社会主义国家。社会主义制度是中华人民共和国的根本制度。禁止任何组织和个人破坏社会主义制度。"这一规定，既是当代全中国人民最为宝贵的政治资源，也是开展新时代大学生价值教育最为重要的思想资源，还是新时代实现大学生社会主义核心价值认同的根本制度。同时，宪法的这种规定还是思考中国社会价值问题的必要前提，"这个前提要求我们重视意识形态工作与国际共产主义运动史的联系，与中国革命史的联系，与世界的社会主义思潮的联系，以及与国内外敌对势力的意识形态对立。"实际上，不管是过去，现在和未来，中国的思想政治教育、意识形态教育、价值教育，都一直与国际共产主义运动史、世界社会主义思潮、中国革命史联系在一起。

（2）影响

我国正在开展现代化建设。现代性是当代中国社会的典型特征，理性化和世俗化是现代社会的最大特点。这样的特点对大学生社会主义核心价值认同的影响具有双重作用。在现代性背景下，人们的价值认知、价值判断、价值选择等更加多元。大家认识到，没有一种价值形态和思想观念具有与生俱来的绝对优势，所谓优势只能是相比较而言；任何一种价值形态和思想观念，也不可能一劳永逸地、一成不变地支配人心。在价值和文化日益多元的当下，任何一种价值形态和思想观念，要让人们认可、接受和践行，都必须展示其自身的科学性、合法性和合理性，而且还要让人们认为这种理由是充分而完备的，是站得住脚并经得起检验的。经过改革开放四十余年的发展，我国在坚持社会主义基本制度不动摇的前提下，现代化建设得到长足进展，取得的成就举世瞩目，社会主义的优越性和说服力不断得以彰显和体现，"为人民服务"的社会主义核心价值观也愈加真实、全面和深入。但同时，由于我们还处在社会主义初级阶段，政治、经济、文化、社会、生态等各方面还不够发达、成熟和完善，还存在不少问题。在统筹推进"五位一体"总体布局和实现"四个全面"战略布局的新阶段，人们包括大学生的价值取向和思想观念面临着更多挑战。

面向未来，我们需要进一步思考至少两个重要问题。第一，如何进一步增强社会主义在当下国际社会的吸引力、凝聚力和向心力？第二，如何全面而真实地展示和实现"为人民服务"的社会主义核心价值？如果这两个问题能够得到妥善回应与解决，那么，"为人民服务"的社会主义核心价值，就能引起和获得人们更普遍、更广泛、更深刻的共鸣与共识。如此，社会主义国家不同层级、不同领域和行业的人们，就都能统一在社会主义的旗帜之下，社会主义核心价值也就更能有效引领与整合人们的价值判断、价值选择和价值行为，实现大学生社会主义核心价值认同也就能水到渠成、"瓜熟蒂落"。

4.2.2　大学生价值观念面临的挑战

中国当下面临着经济转型、社会转轨的双重任务。同时，多元文化并存，价值观念多样，给人们的思想、道德和行为的选择与判断带来了诸多冲突。处在影响之中的当代中国大学生，在总体积极向上、健康和谐的基调与态势之外，其价值观念现状有着明显时代特征，也面临着诸多挑战。

第一，多元文化走势带来的挑战。当今国际社会，文化在国与国间综合国力竞争中，其地位和作用越发重要。各国政要和学者都视"文化软实力"为国家的核心竞争力，都高度重视其战略支撑作用，都在大力采取积极措施提升本国文化软实力。西方国家不但视文化为各国间交流与合作、理解与认同的平台和桥梁，而且把它当做与目标国交锋与较量、控制与分化的平台和武器，以文化作为实现其战略意图的重要工具。伴随中国对外开放，美国对华实施的文化输出与文化霸权战略不断升级，比如大家所俗称的三片（即"薯片、芯片、影片"）产品对青少年的影响有目共睹。近年来，我们国家日益强调和重视文化建设，文化投入和文化产品日益增多，但离建成文化强国还有很大差距。大学生在多元文化纷扰中，思想观念上时常陷入困惑，有时甚至出现较严重的文化不自信和价值不确认。

第二，不同层级需要带来的挑战。相对于成人世界，大学生的利益需求与价值诉求相对单纯扁平，但其实也有着丰富的内在结构与层级差异。当不同的需要和追求不能兼顾，或者各要素间发生矛盾和冲突的时候，会引起大学生较为剧烈的失衡感与迷茫感。比如，大学生常常在精神与物质的权衡中，不能确认谁孰先孰后，容易陷入"义"与"利"的纠结，备受"鱼"和"熊掌"不可兼得的煎熬；他们振奋于国家改革开放和现代化建设辉煌成果与光明前景，并为此欢欣鼓舞，却又常常为社会精神与道德的颓废与滑坡而喟叹和担忧；他们渴望高远人生，想要摆脱物欲侵扰，又渴望富足的物质保障并时而沉溺其中；他们不确定自己应该安做"老实人"还是努力成为"精明人"，经常埋头思索冥想，却在是非得失中而感到难以定夺。

第三，不同利益取舍带来的挑战。我们国家的大学教育，根本目的在于为社会主义事业培养建设者和接班人。以生产资料公有制为基础的社会主义基本制度，在利益取舍和分配机制上，在倡导国家和集体利益、个人和局部利益统一基础上，以国家和集体为先，也就是我们主张集体主义，反对个人主义。集体主义或个人主义，是人们关于在集体和个人关系中，对集体和个人轻重与先后排序的一种倾向。集体主义作为对集体和个人关系的一种看法和处理，其核心思想是坚持集体利益高于个人利益，把发展、巩固和扩大集体利益作为人们生产与生活活动的重要目标。作为拥有共同的经济和思想基础，拥有共同活动和共同任务的一种特殊的组织形式，集体中各成员的结合对个人有意义、对社会有价值。从人类历史的发展来看，集体主义具有高度的组织性、团结能力和高水平的整合能力。只有在集体目标和社会的目标一致的情况下，集体行动才能获得成功。邓小平同志曾言简意赅地指出："我们从来主张，在社会主义社会中，国家、集体和个人的利益在根本上是一致的，如果有矛盾，个人的利益要服从国家和集体的利益。"他还对"一切有革命觉悟的先进分子"发出号召，"为了国家、集体和人民大众的利益""必要时都应当牺牲自己的利益"。但受西方拜金主义、个人主义和享乐主义的影响，以及改革开放以来我们社会自身发生的一些变化，大学生要么在集体与个人之间陷入两难而摇摆不定，要么个人意识膨胀，推崇利己主义、功利主义的人生态度，对国家、对集体的责任和义务则较少关注，倾向于单方面强调和突出个人利益，部分大学生表现出"精致的利己主义者"倾向。甚至有一部分大学生，在追求个人利益与个人价值的实现过程中，不择手段，损人利己，极力追求自我需求与欲望的满足。

第四，理想与现实的落差带来的挑战。当代大学生对国家、社会和自身都有较高的期许和向往，他们对未来充满了热切的憧憬，并在这种对理想的期许与憧憬的推动之下，不断追求新知，完善品格，提升境界，使自己向着理想状态不断趋近。同时，不管是宏观层面的国家与社会，还是中观层面的家庭与学校，更或者是微观层面的自身素质与能力，与大学生的主观期待之间，不是完全一致和匹配的，都往往有着一定的"张力"；有些时候，部分大学生甚至发出"理想很丰满，现实很骨感"的无奈感叹。这种客观现实与主观愿望之间的差距，使得大学生容易懊恼、失落和沮丧，可能会带给大学生较强的失败感、无力感，从而让他们对未来产生怀疑，思想摇摆飘浮，情绪左右难安。这会导致他们在价值定位与判断上，难以找到准确的落脚点与立足点，从而对大学生的意志、恒心和毅力带来极大考验，也会对形成、调整与培养和实现大学生社会主义核心价值认同造成较为明显的干扰与阻碍。

4.3　大学生社会主义核心价值认同的机遇

开展大学生价值教育，尽管面临不小的挑战，但也存在诸多机遇。

4.3.1　认同的国际背景

20世纪80年代以来，在世界范围内，不管是社会主义还是资本主义，其存在和发展都出现了很多新变化与新特点。当下，受全球范围内新冠病毒疫情的冲击和影响，整个世界的政治经济格局，正处在剧烈分化组合与调整改变阶段。大学生社会主义核心价值认同在一幅波澜壮阔的、流变多样的世界图景中，面临诸多动态因素；高校思想政治教育工作者则必能把握其有利条件而达至价值认同的初心初愿。

（1）资本主义的背景

在其不同发展阶段，资本主义一直对人类社会施加着持续而有力的影响。冷战结束以来，通过不断的自我调整与变革，资本主义在较长的时间范围内，呈现出科学技术迅猛发展、产业结构优化调整、生产社会化程度提高、国家干预经济、加速推进经济全球化等方面的新发展、新变化。进入21世纪，特别是从美国2008年金融危机而引发全球经济危机以来，世界范围内资本主义显现出新的特点。在这场远没结束的危机面前（有不少人认为这可能是资本主义走向衰败的开始），不同社会制度、不同发展阶段的国际活动主体，都对资本主义"前世今生"的深层次问题进行了重新定位和反思。人们发现，当初马克思主义基于辩证唯物主义和历史唯物主义对资本主义做出的批判并没有过时。那些批判，时至今日仍然闪耀着不可磨灭的真理之光。尽管资本主义的全球性主导地位依然存在，它也在运用马克思主义当年开出的"药方"进行自我治疗和复苏，试图规避和跳出资本主义的既定"历史周期律"，但从社会发展总趋势而言，过去和现在资本主义的历史进程，恰恰佐证了未来人类社会的规律性可能。

与此同时，西方国家的诸如"新自由主义""民主社会主义""普世价值论"等社会思潮，以及作为其政治实践和经济理论的"华盛顿共识"，由于其对包括广大发展中国家在内的世界各国尽力强推，在相当的时间内，对中国也造成消极影响。但随着这些理论和思潮在理论及实践上逐渐走向式微，乃至破产，甚至造成让很多西方国家至今难咽的恶果，西方资本主义一直标榜和宣扬的"理论自信"与"价值自信"，其实明显底气已经不足，不足以号令天下。对此境况和态势，社会主义国家在开展价值教育时，完全可以充分利用。把个人主义取向的、"为资本服务"资本主义核心价值和集体主义取向的、"为人民服务"社会主义核心价值这两种不同的社会核心价值，在进行价值教育时，对它们进行充分、完整、深刻的比较分析，引导大学生开展对比思考，让他们逐渐认识到，两种完全不同的核心价值取向的社会制度，在人类历史发展长河中，产生不同的社会实践效果：它们对推动人类文明与进步的作用、对人类共同价值和共同命运的彰显与关注，孰优孰劣、谁实谁虚，是不言而喻的，大学生也应该能做出客观公正的判断。

（2）社会主义的背景

20世纪90年代初，由于苏联解体和东欧剧变，使世界范围内的资本主义和社会主义力量对比发生重大变化。这曾一度让西方资本主义国家的某些机构和人士鼓掌欢呼，认为社会主义已经走向失败，资本主义已经战胜社会主义。社会主义国家内的人们也一度失望、困惑和迷茫。

随着中国特色社会主义理论与实践的不断发展与进步，中国特色社会主义现代化建设和改革开放事业的持续推进，社会主义正日益显现出自身的优越性。这种制度性优势已由理论和逻辑的论证转化为社会主义潜力的日益显现，转化为社会主义中国以其卓越成就，说明只要坚持社会主义基本制度不动摇，坚持对其进行改革、发展和完善，社会主义本身的优势就能得到确证和彰显。如今，社会主义上升和前进的路上难免曲折，总体向好的态势却无疑给世界社会主义注入了新的生机与活力。不管是西方学者提出的"北京共识"还是西方社会热议的"中国模式"，亦或"中国方案"与"中国之治"，代表社会主义甚至人类社会发展可能和希望的中国特色社会主义，在国际社会林林总总的发展道路比较中，其几十年的巨大建设发展成就，引来全球性的高度关注、热议和解读，也收获了很多国家和经济体的一致赞誉、欣赏和艳羡。

党的十八大以来，从坚持和发展中国特色社会主义事业全局出发，党中央提出并形成了对中国实践、中国经验的高度总结和概括的"四个全面"战略布局。党的十八届五中全会则进一步提出引领发展行动的"五大发展理念"，指明了我国的发展思路、发展方向、发展着力点。不管是"四个全面"战略布局，还是"五位一体"总体布局；不管是"五大发展理念"，还是民族复兴"中国梦"，以及"两个百年"目标，它们都是具有鲜明中国特色的新思想、新观点与新举措。它们都反映了社会实践发展的深层逻辑，又标志着党不断推进实践基础上的理论创新，不断深化对"三大规律"的认识，不断拓展马克思主义中国化、时代化、大众化的新境界，不断增强着中国特色社会主义"四个自信"。

中国特色社会主义的昨天和今天，以及可以预期的明天，是我们理直气壮地进行大学生社会主义核心价值认同教育最为坚实的基础和支撑。

4.3.2　认同的历史起点

　　从历时性的角度看，任何一种认同，必然有着一定的起点和基础，都有着一定的历史背景。大学生社会主义核心价值认同，是对中华传统价值教育的传承和发展，也是对新中国成立以来社会主义价值教育的改进和提高。

　　就中华传统价值教育的传承和发展而言，在漫长的历史长河中，中华民族形成了以"仁、义、礼、智、信"为核心的具有鲜明自身特色的民族价值和价值观念。在此统领之下，不同时期，还有诸如"敬德保民""天地之生人为贵""万善同归""先义后利""见利思义""仁者爱人""民重君轻""修身、齐家、治国、平天下"等优秀文化遗产。它们共同延续了中华民族的思想根基与文化血脉，构成了中华民族源远流长、生生不息、继往开来的精神支柱和思想动力，对于培育民族精神，形成民族凝聚力、向心力和创造力有着极为重要的作用。这些优秀的传统民族价值和价值观念，在不同时代经过不断沉淀和积聚，不断被人传承和弘扬，构成了大学生社会主义核心价值认同的文化基因。

　　新中国成立以后，价值教育在不同时期有不同特点。在改革开放前30年的时间里，更多时候是以政治意识、政治行为代替经济意识和经济行为；在从事生产劳动时，也较多地强调和突出生产者的政治觉悟和政治高度，而有意无意地忽视、忽略了劳动规律、生产觉悟和科技觉悟。而在十年"文革"中，价值教育则全面陷入困境，国家、社会和人民处在价值失落和道德虚幻的痛苦之中，狂热又浮躁，迷惘而空虚。改革开放以后，尤其是20世纪80年代以来，以社会主义主流意识形态和核心价值为主要内容的价值教育逐渐步入一个正常有序的新时期。自此，中国特色社会主义价值教育，便以增进社会主义的政治认同、国家认同、文化认同、价值认同等为实践旨归；特别是党的十六届六中全会提出"社会主义核心价值体系"这个命题并且明确建设目标以后，随之跟进的"社会主义核心价值观"培育工作蓬勃发展。十多年来，在我国价值建设上，多元共存与一元主导、价值冲突与价值整合、价值研究与价值教育并举互动，通过不断地理论研究与实践探索，已为大学生社会主义核心价值认同奠定了坚实稳固的基础和条件。

4.3.3 认同的内在需求

不同时代的青年人，不管意识到还是没有意识到，不管是自觉还是不自觉，他们总要体现、承载和实现某种历史使命和时代价值，总要认同和践行某种社会核心价值观念；否则，便很难被主流社会所接受和容纳，其生存和发展受到较大阻碍，其自身价值也难以得到实现。

当代大学生，成长的国内外大背景具有复杂性和多变性。面临世界范围内的经济全球化浪潮，以及改革开放和现代化建设的时代任务，他们继往开来，是中华民族伟大复兴承上启下的使命担当者。出于大学生对自我群体的确认需要，也出于社会对其群体形象的评价需要，大学生的整体风貌和气质积极健康向上，绝大多数人选择站在时代前列，愿意推动时代发展步伐，引领时代发展潮流，或者与社会发展同步共趋、同频共振。他们大多数人心怀正知正念，充满正能量，总体对生活、成长于其中的家国、民族和社会保持肯定、鼓励与褒扬，即使偶尔的批评和"吐槽"，也是基于善意而立足于促其进步与更好发展的基础上。因此，在中国特色社会主义伟大实践中不断成长成熟的大学生，他们的主流态度是锐意创新、勤奋努力、团结奋斗，他们希望投身于改革开放和现代化建设的历史洪流，希望在时代的大变革与大发展中建功立业，成就自我与他人。他们既希望被主流社会认同和接受，也希望主动融入社会核心价值的探索与实现过程之中。着眼于这样的基本分析和判断，大学生认可和接受社会主义核心价值的可能性，无疑是普遍而真实地存在，他们有着认同社会主义核心价值的巨大需求和强烈愿望。这既与社会主义大学人才培养目标相向而行，体现了大学生群体对社会期望的回应；也与大学生实现自身价值的目标相一致，反映了大学生对自己成人成才的期许。

第5章
大学生社会主义核心价值认同的
建构原则及关系处理

大学生社会主义核心价值认同的实现，以及认同实现机制和策略体系的建构，需要遵循一些基本原则，也需要处理好一些基本关系。

5.1 建构原则

大学生社会主义核心价值认同，要坚持主导性和多样性、理想性和现实性、自生性和引导性、线上与线下、传播与接受相结合的基本建构原则。

5.1.1 主导性和多样性相统一

世间任何事物，都既有其主导性，也有其多样性，都是多样性和主导性的统一。主导性即规定性和指向性，是相对于非主导性而言的，是一事物或现象相对于其他事物或现象而言的。也就是在诸种事物或现象的关系中，主导性起着指导、引导、统领作用，规定着整体系统性质和发展方向的那一事物或现象，对于其他事物或现象来说，即具有主导性。多样性，是指事物的各类型和表现方式多种多样。在客观事物的发展过程中，主导性和多样性是两个不同的侧面。主导性和多样性的矛盾是现代思想政治教育发展过程中的基本矛盾，坚持二者的辩证统一，是现代思想政治教育的显著特点，也是大学生社会主义核心价值认同实现所要首先坚持的一个基本原则。

坚持主导性和多样性的统一，需要做到以下两个方面。

（1）坚持对大学生个体价值选择的主导

在世界范围内，文化和价值多元、多样和多变的当下及未来，在开展大学生价值教育时，必须强调和坚持社会主义核心价值对大学生个体政治、信仰的和道德的价值选择的主导性。作为大学生价值选择的主导性价值，"为人民服务"的社会主义核心价值为大学生价值认同指明了方向，提供了标准。坚持这样的价值主导，有着重大而长远的理论和现实意义。在我国改革开放和社会主义现代化建设的攻坚时期与关键时刻，各种思想与文化交流、交锋和交融，积极正确、进步向上与消极错误、落后保守的社会思潮不断涌入，我们要坚持不懈地把社会主义核心价值放在主导地位、突显其主导作用。我们要注意始终把牢、把准社会主义先进文化的前进方向，坚持和巩固社会主义核心价值主导地位，倡导大学生"自尊自信、理性平和、积极向上"的价值态度和价值取向，构建并筑牢和谐社会、和谐人格的思想文化与价值道德基础。与此同时，也要对大学生讲明、讲清西方社会思潮的本质和特征，对不同性质的社会思潮采取冷静、清醒的分析态度，引导学生进行理性思辨、客观对待。

其中，有一个原则性问题需要注意，就是在对大学生进行社会主义核心价值教育时，要坚守红线和底线，用社会主义核心价值引领大学生，决不允许有反马克思主义的社会思潮在大学生群体中肆意滋长和漫延。我们要坚决和持之以恒地用社会主义核心价值引导大学生多样化价值取向朝着积极的方向发展，沿着健康的轨道前进，在尊重差异和包容中扩大价值共识，最大限度地促进大学生认同"为人民服务"的社会主义核心价值。

（2）满足大学生个体个性化发展需要

古希腊著名的哲学家和思想家莱布尼茨曾经说过，世界上没有两片完全相同的树叶。正因为有不同的色彩、线条、构图和音调，世界才因此丰富而美丽。这其实是在告诉我们，社会生活领域的多样性，必然促进社会个体的个性化发展。人的个性化发展，鲜明体现了人的主体性，它既是人的创新能力得以产生的重要源泉，也是推动人不断进行开拓创新的巨大动力，还是社会进步和人全面发展的重要标志。多样性是开展大学生价值教育的真实客观存在，无可回避和否认。中国进入新的历史时期以来，党在多次全国代表大会在提到繁荣和发展社会主义先进文化时，在强调以社会主义核心价值之"体系"和"观"引领社会思潮时，都明确要求和突显"尊重差异，包容多样"。鉴古而知今，回顾历史，我们可以看到，任何一个时代，思想文化领域的进步或倒退、繁荣或萧微，都与是否真正做到"尊重差异，包容多样"休戚相关、荣衰与共。因为有了"百家争鸣"，才有春秋战国的文化兴盛与繁荣；因为"独尊儒术、罢黜百家"，东汉文化不断衰退；唐宋并包、兼收异域文化，唐宋文明辉煌灿烂千古；清朝闭关自守，故步自封，以致积贫积弱、被动挨打。大学生社会主义核心价值认同教育，也需要在坚持主导性的前提下，敢于面对多样性的竞争，正视大学生在思想文化、价值伦理等方面的个性化、层次化、差异性，尊重大学生的正当价值诉求。

5.1.2　理想性和现实性相统一

理想性和现实性相统一是大学生认同社会主义核心价值的目标原则。这里所指理想性，有两方面的意思。一方面通过价值教育实践，把大学生社会主义核心价值认同提升到一种相对理想的状态；另一方面大学生价值教育的最终目标是要培养和树立大学生正确的理想信念。就现实性而言，一方面是指，大学生社会主义核心价值认同要正视并且基于大学生价值认知等方面的一些现实客观前提条件；另一方面是指，在实施价值教育的过程中，要引导大学生正确认识和处理改革开放和社会主义现代化建设中存在的现实困难和问题。

（1）理想性是大学生社会主义核心价值认同的目标引领

理想作为人们世界观、人生观和价值观在奋斗目标上的集中体现，是在实践中形成的、有可能实现的、对未来社会和自身发展的向往与追求。为了更好地生存和生活，人们不断地改造着主客观世界。在此过程中，人们既着眼于目前的生产生活目标，又憧憬着未来的生产生活目标，希望物质和精神需求得到满足与支持。因此，理想作为一种主观性较强的精神现象，它并不是无源之水，无本之木。而是既来自现实，又超越现实；理想既在现实中产生和发展，但又并不是对现实的简单描绘，而是与未来可能实现的目标紧密联系的"未来之现实"，集中表达和体现了人们的希冀、愿望、追求和期待。正是这一特殊的精神现象的存在，古往今来的人们备受鼓舞，不安于现状而不断突破自身局限，为了实现既定目标不断努力超越现状，通过一代又一代的奋斗，扩大和深化着人类的生产与生活。

"为人民服务"的社会主义核心价值，它集中而深刻地反映了社会主义的价值取向和人民群众的根本利益和需求。基于社会主义国家大学"培养什么人""如何培养人""为谁培养人"的"教育之问"，大学生社会主义核心价值认同教育，就是教育者系统传递价值理论知识和价值思想观念的过程，其目的在于为社会主义培养合格的建设者和接班人，让社会主义事业葆有一代又一代的生力军。此外，不管从社会主义作为一种理论体系，还是作为一种现实运动，或者作为一种社会制度的角度来说，我们都希望通过价值认同教育，树立起大学生明确而坚定的社会主义与共产主义理想信念，继而在他们的心中建立起长远的信仰支持体系，激励他们对现状永不满足，对未来不懈追求。如此，不管未来国际风云如何变幻，社会主义便就可能拥有具备正确理想信念，而又有丰盈灵魂、高尚品德的青年人。这些青年人有着对自己国家基本制度和核心价值的广泛而深刻的认同，从而也就能成为这种制度和价值忠贞不渝的信仰者、坚守者和捍卫者。

在这样的意义上，我们认为，大学生社会主义核心价值认同的理想性特征是较为明显而充分的。

（2）现实性是大学生社会主义核心价值认同的前提基础

大学生社会主义核心价值认同不管是作为一种价值教育目的、价值教育过程抑或价值教育结果，它首先要面对的现实前提是什么？它要基于一种什么样的现实条件？它需要教会学生如何现实地面对"现实"？诸如此类，都是我们在开展价值教育时，需要认真加以思考的问题。所谓现实，就是客观存在着的事物或现象。教育者面临的现实，首先就是大学生在以往的教育和成长经历中，他们具备的价值认知、思想观念、道德规范等图式和结构。大学生在接受大学阶段的价值教育时，远非一块白板而任由描绘。受急剧变革和转型的时代潮流特点影响，当代大学生对人生的自我价值与社会价值、人生价值的评判标准、人生价值的实现条件与途径等问题的认识，都带有这个时代的特点。客观地说，现在的部分大学生，比较倾向于关注自身利益与现实需要，在各类社团活动、班级事务、评优评干、奖助学金评定等问题上，表现出较为明显的功利心、占有欲和排他倾向。但同时，更多的大学生志存高远，思想活跃，富于创造，开拓进取，愿意担负起更多、更大的社会责任，希望自我价值与社会价值在协同融合中实现"双赢"。甚至在必要时，在一些特殊的关键时刻，他们选择放弃个人利益乃至生命。面对参差不齐的"价值现实"，教育者需要调整心态理性面对。要视挑战为机遇，具体问题具体分析，对不同思想观念、道德意识、价值取向和目标追求的大学生，区分层次，因材施教。

除了正视大学生务实而理性价值取向的一面，就现实性作为大学生社会主义核心价值认同的前提基础来说，我们还得注意如何引导大学生正确认识和看待社会现实。在社会急剧转型时期，我们的经济体制、社会结构、利益格局、思想观念等方面，都在随之发生着深刻的变革、变动、调整与变化，社会生活的方方面面出现了较多的失序与失范、失衡与失德并存交织的问题。由于当今媒介信息传播纷呈乱象，在大学生经常转发和分享各类信息与资讯中，在他们耳目所及的范围内，不少事物和现象传递出的是消极、灰蒙乃至阴暗的底色与味道，学生接收到的有可能就是一些完全的"负能量"。这对世界观、人生观和价值观正在建构和塑造的青年大学生，具有较大的冲击，这种冲击突出表现为大学生对社会认知的"违和感"，在一定程度上会消解和减弱他们的阳光心态，会影响到他们对社会的整体认知和判断。作为教育者，我们需要以恰当方式展示时代和社会的整体进步与文明，引导大学生用一分为二的观点和方法分析现实社会。同时也要明确告诉他们，青年人能发现社会存在的问题就是这个社会的希望，要多鼓励他们依法依规提出善意和建设性的批评与建议，鼓励他们勇于对不良现象和言行说不，维护正义和良知，承担起应尽的责任，增强并巩固他们对国家、民族、政党的信心和信任。

5.1.3　自生性与引导性相统一

自生性是指，正常健康的人，即使不受系统正规的教育和训练，都会在其成长发育过程中形成一定的价值认同，只不过这种价值认同是自发的、不自觉的，因而是零散而盲目的。引导性是指，通过有组织、有计划的教育，受教育者自觉修养、主动定向，朝着教育者预期的目标不断努力，进而养成价值认同。大学生社会主义核心价值认同，其实就是一个自生与引导矛盾并进的过程；自生性与引导性相统一，是开展大学生社会主义核心价值认同教育又一需要坚持的重要原则。

(1) 正视大学生社会主义核心价值认同的自生性特点

在《关于费尔巴哈的提纲》一文中，马克思曾对人的本质做出经典表述："在其现实性上，它是一切社会关系的总和。"因此这里所指的自生并不是纯粹不受任何社会价值教育影响的自生，价值认同或可达成的结果也不可能只是"单个人所固有的抽象物"。

大学生价值认同上存在自生性，是相对于教育者按照教育目的有步骤、有计划地实施系统完整的价值教育状态而言的。也就是说，如果我们不对大学生进行社会主义核心价值认同教育，他们也会形成形形色色、各种各样的价值认同。大学生的社会核心价值认同领域，需要人去占领的；如果社会主义核心价值不去占领，那么一定会有什么其他核心价值去占领。大学生如果不认同社会主义核心价值，他们也一定会自觉不自觉地认同其他的社会核心价值。这里所指的自生性，其实跟前面论述的大学生价值认同的现实性是相通的，主要是指大学生价值认同的"原生"性、既有性状态。在具体的教育实践中，教育者经常会遇到这种情形，就是跟某一个学生或某一类学生，交流某一个观点，交换某一种看法，存在对方"坚如磐石""固若金汤"的情况，这就是所谓的"油盐不进""顽固不化"。当然，这样的学生是不多的。这说明一个现象，更多的大学生，也许表现得没有那么极端，但也完全可能在思想品质、道德观念等问题上，用他们业已形成的某些价值标准和原则来评判教育者所传输、传递的教育内容，选择性取舍，保留性接受，或者抗拒性否定。对此，教育者就要特别注意，需要接近和了解大学生，通过各种方式走入大学生的内心深处，掌握他们的真实想法，有的放矢，针对性地开展社会主义核心价值认同教育，促进认知态度的转变与转化，以助于价值认同的实现。

（2）引导性是大学生社会主义核心价值认同的关键保障

作为关键保障，引导性体现了大学生社会主义核心价值认同的目的性和意识形态性。引导性成为大学生社会主义核心价值认同的关键保障，主要原因在于社会主义核心价值并不是天然地独处于社会主义的现实时空中。在互联网时代，社会主义核心价值与其他类型的社会价值形态同时存在。这种客观存在除了表现为交流、交融外，更是表现为各种思想文化与价值观念的全面交锋甚至"交战"。在外在"干扰"条件下，要让社会主义核心价值"深入"大学生的头脑，没有恰当而适宜的引导策略是不可想象的。大学生社会主义核心价值认同的促进和实现过程中，关键的保障是教育者要能对大学生的理想信念、奋斗目标和行为规范进行正确引导。

理想信念引导就是通过"为人民服务"的社会主义核心价值教育，大学生形成坚定正确的理想信念；并以此凝聚力量，激发潜能，提升境界，指导行为。相较于一般性的思考，理想信念具有更明显的指向性、确定性和稳定性，因此它能更坚定、更持久、更有力地作用于大学生的行为。无数事实证明，高远宏大的理想信念，其所产生的精神动力是巨大、强烈而持久的。在价值教育实践中，大学生树立坚定正确的理想信念，既要作为一个目标来引导，也要作为一个过程来实现。大学生社会主义核心价值认同，既需要通过引导大学生理想信念来实现；同时，大学生社会主义核心价值认同也能更好地促进大学生理想信念的坚定和稳固。奋斗目标引导主要是运用社会发展目标和人的发展目标，引导和激励大学生向前看、向前走、向前进。社会发展目标和人的发展目标，都具有明确的层次性。开展大学生社会主义核心价值认同教育，主要目标之一便是要把社会主义的社会发展目标转化为大学生的个人奋斗目标，把个人生存与发展同国家和社会的生存与发展统一起来。实现二者的统一，一方面要根据不同的现实基础、个性特点和思想实际，区分出大学生个人奋斗目标的层次性、针对性和特殊性；另一方面又要根据大学生的愿望与意向，转化低层次目标、启发高层次目标，使目标转化和追求富有超越性和张力。行为规范引导，就是以社会主义社会的法律法规、道德伦理为要求，矫正和匡扶大学生中存在的与社会主义核心价值不一致、相悖离的现实行为，引导他们正确选择和实践"为人民服务"社会主义核心价值。

社会主义核心价值对大学生理想信念、奋斗目标和行为规范的引导，兼具了方向性、规范性和原则性。通过引导，这有助于大学生在认同的基础上践行社会主义核心价值，进而体现和彰显价值认同的根本要义。

5.1.4　网上与网下相结合

随着互联网的迅猛发展，其对人类生存时空的扩延、对人与人间交往关系的拓展、对人本质内涵的丰富等各方面，日益深入的影响已愈发显现，网络已不仅仅是虚拟世界的代名词。思想政治教育＋互联网，或者互联网＋思想政治教育，或者经由二者的联动协同、整合融合而形成的网络思想政治教育，通过现实和虚拟、线上与线下的紧密结合和对接互补，提升大学生社会主义核心价值认同的科学化、信息化、网络化水平，已是大势所趋、潮流所向。

（1）高度重视大学生社会主义核心价值认同的网上教育

法国著名社会学家人类学家爱弥尔·涂尔干曾经指出："完全重塑我们的教育，必定要我们付出努力，以往的灵感只会在人们的心中激起越来越微弱的回应……它们得以存在的当下条件是什么？它们本身究竟在哪些方面依然保持不变？"如果抛开爱弥尔·涂尔干所讲主要是针对道德教育的特殊性而言，单就他所指出的要提高教育实效、以避免"回应""越来越微弱"，就必须深刻认识新条件下内在本性的一般意义的话，那么，作为教育者，就有必要认真思考，在新媒体（全媒体）普遍覆盖教育时空的网络化和信息化时代，要如何"重塑我们的教育"？"必定要我们付出"什么样的"努力"？网络能够带给我们什么"新的灵感"……如今，网络以其强大而快速的力量推动着人类经济、政治、文化、社会等各方面的发展与进步，同时也为人类实践活动包括思想政治教育活动提供了新手段和新工具，极大拓展了教育的新空间、新路径和新渠道，为大学生价值教育运用新的载体提供了条件与可能。不言而喻，高度重视网络的影响并利用网络促进大学生社会主义核心价值认同已成为必然的选择。随着网络思想政治教育研究的推进，关于其主客体、网络人际互动、网络平台的建构与管理等基础性问题，学界已基本取得共识，一些前沿性问题研究也在逐渐推进。

总之，我们要树立总体国家安全观，统筹好互联网时代的传统安全和非传统安全，在事关网络国家文化安全、政治安全、意识形态安全等领域，筑牢筑实安全底线，高度重视和利用网络时空场域，实现和增进大学生社会主义核心价值认同。

（2）网下与网上相结合成为新常态

促进大学生对社会主义核心价值的认同，注重利用网络开展网上教育，强调并凸显网络的独特作用，并不是要抛开、否定和排斥以往的网下教育。相较于"网络技术所促成和展现的数字化空间"的虚拟环境，所谓"线下"其实也就是现实环境。现实环境，就是指基于一定的物理空间，影响大学生思想政治观念、道德行为品质形成和发展的一切外部因素的总和。

线下开展的大学生社会主义核心价值认同教育，具有以下几个特点：第一，现实性。线下教育基于物理空间而形成和开展，因此"无论是经济、政治、文化等社会大环境，还是家庭、学校等小环境，都是现实社会中实际存在的，不以人的意志为转移"。不管是教育环境还是教育主客体、教育手段或工具，都是真真切切、实实在在可感可知的。第二，直接性。网下的大学生社会主义核心价值认同教育，教育者和被教育者通常以面对面的方式，在具体的时间和特定的空间中，依托具体的场景直接进行，一般不需要经过什么中介。最后，可控性强。由前述的现实性和直接性决定，大学生社会主义核心价值认同的网下教育，对于教育者来说，不管是环境的创设与改变，还是内容的选择与更换，或者方法的选用与调整，或者针对不同教育对象而"因材施教""量体裁衣"等方面，都具有较大的自主性、灵活性和弹性，因而相应地也就带有较为明显的可调性与可控性。

5.1.5 传播与接受相结合

任何一种文化形态或价值存在，要让大家认可、接受，首先都要通过一定的方式、途径、渠道为公众所了解、认识和掌握。大学生社会主义核心价值认同的过程，也就是教育者或从上到下、或平等直面地向大学生传递、输送社会主义核心价值，并且大学生群体也不断地与教师接触互动，从而接受社会主义核心价值，社会主义核心价值逐渐发挥其价值引领作用、指导大学生价值行为的实践过程。这个过程，便也就是社会主义核心价值不断地"与公众对话"即与大学生对话，并在对话中彼此不断循环往复、逐进深入的过程。这样的对话过程，其实就是一个在传播与接受中，施教与受教双方，彼此影响、双向作用的过程。

（1）重视相关要素对传播活动的影响和作用

在一定意义上，我们可以说，教育过程就是一个传播过程。教育传播是一种特殊的传播活动，是以培养人、训练人为目的。与大众传播相比而言，其目标更明确、内容更系统，对受众的引导控制、教育培育作用更明显。而要实现既定的教育、引导与控制目的，教育者需关注教育活动开展中，各相关性要素的影响及各自作用，注意正向发挥各方合力，向着教育目标靠近。恩格斯关于"历史合力"的著名理论启发我们，要善于把各方"意志"和"力量""融合为一个总的平均数，一个总的合力。"把马克思主义关于历史合力的阐释运用于传播领域，我们就可以得出这样一种结论，即传播活动的开展、传播目的的实现就是与传播相关的各要素综合作用的过程与结果。大学生价值教育，需要综合运用各种传播要素，并在各要素的调整与变革中使结构不断优化调整，比如教育者对教育方法的选择与运用、对教育环境的营造与优化、对教育过程的设计与把控、对教育载体的利用和创新等等，努力实现要素间的良性互动，尽可能发挥其结构性最大与最优功用。

（2）注重大学生价值教育过程中接受规律的把握与运用

在准备讨论教育过程中的接受过程、接受机制等涉及接受规律性的话题之前，我们应该先关注一个传统但亦不可或缺的因素——"灌输"。

从中国古代道德教化的传统，到马克思主义关于思想政治教育的理论与实践，灌输都既作为一种基本理论和经典原理，也作为一种主要方法一直长期存在。"灌输论实际上是一种关于无产阶级革命理论与革命实践关系的理性认识，是一种思想政治教育的理念。"现在大家都一致认为，没有灌输就无所谓接受，二者其实并不冲突；灌输并不是把外在的思想简单地、强行塞入人们的头脑；除了"装进"一些基本的知识性教育内容外，灌输重在提高教育对象的认识水平和接受能力。因此，灌输一方面可以为研究接受规律提供依据，另一方面它还是接受活动中不可缺少的要素和环节。大学生社会主义核心价值认同教育，要守好思想政治理论课这个主渠道，充分发挥其积极作用，把社会主义核心价值所涉及的一些基本理论讲给学生，让他们通过这种外在的灌输方式认识和理解社会主义核心价值，这应当成为价值教育的基础性、前置性环节。灌输其实就是传播社会主义核心价值、促成学生接受社会主义核心价值的一种方式和手段。

对大学生价值教育过程中接受规律的把握与运用，应该要在一个更加严格的意义上去理解和接受。接受一方面是指接受活动和运行过程，另一方面是指既定的接受状态或结果。在活动和过程的意义上，在大学生社会主义核心价值认同中，要注重对接受机制的动态分析，研究大学生的价值认同现状和"预存"与"预设"立场，了解他们的价值倾向与态度，关注他们的需要和喜好，掌握接受与环境影响、接受与大学生个体身心状况、接受与教育内容和教育方式等各方面的关系，以此构建和优化动力机制、导向机制、加工机制和调节机制等各类接受促进机制。在接受状态或结果的意义上，要关注大学生作为接受主体，其本身的主体性对社会主义核心价值教育的能动筛选与过滤后果，掌握他们对社会主义核心价值的真实接受状况，评估是否有"虚假接受"存在，考察思想接受与心理接受之间的不协调、观念接受与行为接受之间的冲突、情感接受与理性接受的不同步等。

5.2 关系处理

建构大学生社会主义核心价值认同的实现机制和策略体系，需要处理好以下几对基本关系。

5.2.1 社会主义核心价值与社会主义外围价值

在本书第 1 章，笔者认为社会主义核心价值在于"为人民服务"。界定虽出，也许论证未必充分、严谨和全面，观点和结论也未必立得住、站得稳，不成熟的思考也未必获认可和接受。这样的尝试与分析，应该是发现了可以继续深入研究下去的一个点，提供了一种视角，一种价值界定的可能性。但正如学界资深专家所指出的那样，无可否认的是，社会主义核心价值肯定是存在的。

社会主义作为一种理论、一种制度或是一种运动，既然已存在五百年[①]，它就必然有着与其他社会不一样的独特价值。而这

---

① 2013 年 1 月 5 日，中共中央总书记习近平在新进中央委员会委员、候补委员学习贯彻党的十八大精神研讨班上，紧密联系党和国家工作大局、紧密联系干部群众的思想实际，从思想源头和实践历程上，深刻阐明了世界社会主义五百年发展的曲折历史，阐明了中国特色社会主义发展的历史，强调要通过学习了解社会主义发展史，"更加坚定理想信念，坚持以邓小平理论、'三个代表'重要思想、科学发展观为指导，做到倍加珍惜、始终坚持、不断发展中国特色社会主义道路、中国特色社会主义理论体系、中国特色社会主义制度"。此后，根据中央要求，中央宣传部理论局组织马克思主义理论研究和建设工程专家编写了《世界社会主义五百年（党员干部读本）》，从社会主义的思想源头空想社会主义讲起，分六个阶段概要叙述了世界社会主义波澜壮阔的发展历程。

些价值，或许是人类真正需要而具有恒久动力作用（前面指出过，本书所指"社会主义核心价值"，严格意义上是指"中国特色社会主义核心价值"）；否则，在资本主义占据时空"优势"的复杂严峻形势下，社会主义便不可能从空想到科学，也不可能从理论到实践，更不可能有如今中国特色社会主义举世瞩目的伟大成就。社会主义价值应该是一种价值集合体，是多样丰富而非扁平单一的，既有着对人类共同体的意义，更有着对历史地选择它的人民来说而具有的特殊意义。在这样的价值集合体中，必然有处于主导的、关键的、重要地位的核心价值，也必然有着辅助、边缘、外围的价值。也就是说，在对社会主义价值进行理论解读时，客观上存在社会主义核心价值与社会主义外围价值这样一对范畴。

存在的问题可能主要是，理论界和学术界如何概括、揭示和界定它。2014 年 8 月，武汉大学骆郁廷教授发表在《马克思主义研究》中的《论社会主义核心价值》一文，明确把社会主义核心价值界定为"集体主义"。2014 年 12 月，北京外国语大学韩震教授在《中国特色社会主义研究》发表《公正是社会主义核心价值追求》论文，明确界定"公正"是社会主义的核心价值追求。2015 年 4 月，中国人民大学李德顺教授在《中国特色社会主义研究》发表《论社会主义核心价值"公正"》一文，明确界定社会主义核心价值是"公正"。

由此，有一个结论是可以成立的，就是一些学养深厚的专家，他们深耕细耘，在国家整体价值建设不断推进和深入的过程中，敏锐地认识到关注"社会主义核心价值"这个命题本身的重要性，具有现实和长远的理论与实际意义；而社会主义本身，有着独特的核心价值。只是在现阶段，彼此的研究结论或者一样，或者不一样，还没有取得学界公认的共识性内涵界定（前些年学界围绕如何概括社会主义核心价值观，也曾开展过广泛深入的学术探讨）。社会主义有核心价值，显然就有外围价值。由于对社会主义核心价值内涵的界定与揭示，还处于学理性的探讨与争鸣之中；因此，对社会主义外围价值的理解和认识，在现阶段，应该并且只能是仁者见仁，智者见智。如果有一天，我们的价值研究与价值建设，已经能够确切揭示、明确彰显、充分证明和无异议地公认某一种价值就是社会主义核心价值的话，那么，"核心价值"之外的那些社会主义价值形态与价值存在，想必应该就是社会主义的外围价值。我们在进行价值教育时，应该告诉学生，社会主义价值是统一性与多样性的辩证存在；但不管是核心价值还是外围价值，它们都共同体现着社会主义对广大人民群众来说具有的积极意义和作用。"过去的一切运动都是少数人的或者为少数人谋利益的运动。无产阶级的运动是绝大多数人的、为绝大多数人谋利益的独立的运动。"在社会主义的历史与现实运动中，其核心价值与外围价值都围绕着"绝大多数人的、为绝大多数人谋利益的"基本立场，以人民为中心、凸显人民主体地位、对人民有益、以集体主义为价值取向，应该是社会主义价值不可或缺的基本要点。

5.2.2 社会主义核心价值与中国优秀传统价值

在进行现实的社会主义价值教育时，有一个极为重要的因素不可忽视，那就是如何在把握规律性、体现时代性时，注意从中华民族的优秀文化传统中汲取文明的力量和素养。为了文字表达的对称和方便，我们且把中华民族的优秀文化传统简单地称作"中国优秀传统价值"。

第2章曾经提到，中国优秀传统价值经由诸子百家争鸣发展，而后集中体现在儒家学说之中。如果能做到孔子所言"道之以政，齐之以刑，民免而无耻；道之以德，齐之以礼，有耻且格"的话，社会就自然可以实现长治久安，人民便可以顺理成章地安居乐业，各美其美。金观涛先生把孔子的方法论概括为"直观理性"或"常识理性"。金观涛先生所谓孔子之"直观"是指，儒学把常识、经验视为鉴别真伪的基础思维方式；因此我们会看到儒学非常注重把常识变成智慧，不主张荒诞的神秘主义。金观涛先生所谓孔子之"理性"则是指，儒家尽量把思维和想象置于"直观逻辑"和"用常识外推"的基础上，因而儒家具有重现实、重经验的传统；在孔子那里，常识是天然合理的，是解释其他现象的基础。金观涛先生指出，孔子的"仁、礼、天"构成一个具有内在和谐的完整的思想体系，是一个独立的价值结构，并经过孟子、荀子在以后漫长的封建社会中不断得到丰富和发展，成为一种庞大而又完备的文化传统，成为大一统政府的主流社会价值。

大学生社会主义核心价值认同，既要依托思想政治教育的主渠道和主阵地，讲清社会主义的来龙去脉与"前世今生"，讲明白社会主义通过社会主义理论、实践、制度而凝聚出"为人民服务"核心价值；也要梳理和厘清中国优秀传统价值在当代的继承和发扬，让学生知道，社会主义核心价值与中国优秀传统价值，实质是"同呼吸共命运的"，是同根同源的，都有着浓厚而深沉的家国情怀与为民取向，都有着几千年历史延续和沉淀下来的中华民族共同的文化血脉与精神基因。同时，也要把中国优秀传统价值中与社会主义核心价值内在契合的内容，用富于时代气息的话语表达方式，用大学生喜闻乐见的举措、载体和活动，在教育教学实践中，准确全面地传递给大学生，让他们在优秀传统文化的滋养与浸润中，增进对社会主义核心价值的体悟、感受、理解和认可。

5.2.3　社会主义核心价值与资本主义核心价值

目前的社会，是社会主义和资本主义两种基本社会制度并存并行。从现状及可预期的趋势来看，这两种制度还会长期共存。按照马克思主义的观点，世界上的万事万物，都处在普遍联系和永恒发展之中；矛盾的同一性和斗争性共同推动着事物的运动、变化和发展。世间万物都是对立的统一体。建立在不同所有制基础上的社会制度，其所代表的根本阶级利益也不一样，社会核心价值体系、社会核心价值观也不一样，社会核心价值当然也就不同。

资本主义核心价值体系，其基本内容主要表现为自由主义、个人主义、享乐主义、拜金主义等方面。这些基本内容体现了资本主义的根本性质、基本特征、精神追求和价值标准。按照当今学界的普遍性看法，资本主义核心价值观主要表现为"自由、平等、人权、博爱"等方面。基于生产资料所有制的比较分析和对比研究，笔者认为，由资本主义生产资料的私人所有制所决定，以及与这种所有制相适应，按照经济基础决定上层建筑的历史唯物主义观点，或许可视"为资本服务"或者"个人主义"为资本主义核心价值。这与笔者所提出的社会主义核心价值是"为人民服务"、国内有专家认为社会主义核心价值是"集体主义"有较为一致的对应关系（从迄今能查阅到的文献资料看，对社会主义核心价值的界定有十几种。笔者更倾向于认可武汉大学骆郁廷老师观点，即认为社会主义核心价值在于"集体主义"。这种观点更具代表性，论证和分析更为深刻严谨，其或可成立、得到学界认可的可能性更大）。这样的核心价值界定，与两种不同所有制带来的价值取向差异是对应和匹配的。

简而言之，如果说社会主义核心价值体现为"为人民服务"或"集体主义"，而资本主义核心价值体现为"为资本服务"或"个人主义"的话，显然，它们的经济基础、阶级立场、价值取向等方面的确迥异和相反。

在进行社会主义核心价值认同教育时，面对在改革开放环境中成长起来，对西方文化文明、价值观念、思维方式、生活方式有相当程度接受和体验的当代大学生，我们不能回避一个基本问题，那就是这两种不同的文明形态和制度文化，尽管在全球化条件下相互合作共生，但彼此的对立和斗争却不会自动消除。相反，在新的世界政治经济大格局下，西方国家对中国、对社会主义国家的西化、分化、瓦解、颠覆、"推墙"等图谋一刻都没有停止。尤其是在互联网的发展和应用无处不在、无时不有的情况下，西方国家利用技术上的优势和力量，发动对包括中国在内的国家的文化侵略、网络攻击也已成为公认的事实。不管我们喜欢不喜欢，接受不接受，这种对立和斗争，是长期、复杂、尖锐而客观存在的。

大学阶段，正处在大学生价值认同培养和实现的关键时期。如果社会主义核心价值不能得到认同，那大学生想必会认同其他核心价值；如果社会主义核心价值不能进入大学生头脑，那其他的核心价值必定会进入大学生头脑；如果社会主义核心价值不去引领大学生的价值选择，那一定也有什么其他的核心价值就会充当引领者的角色。因此，作为社会主义意识形态的一种表现，大学生社会主义核心价值认同教育，必须理直气壮、正大光明、底气十足地直面、正视和回应来自西方国家的价值渗透与挑战，必须要对社会主义核心价值和资本主义核心价值进行区分和比较。而且，这种区分和比较一定要全面、深入和系统；通过区分和比较，要让大学生真正认识到社会主义的优越性和科学性，以及中国特色社会主义虽然历经艰难曲折，但已然展示出持续而稳定旺盛生命力与竞争力的基本事实。在此基础上，不断坚定和巩固大学生对中国特色社会主义的"四个自信"。

5.2.4　社会主义核心价值与人类社会共同价值

当代大学生，视野开阔，思想活跃，不管是通过传统阅读还是网络生存，对人类社会和世界万象的了解和认知，大大超越了他们身体所在的时空范围。他们对生于斯、长于斯的社会主义中国有着自己的理解和判断，也对人类文明、人类共同价值、人类命运共同体等范畴有着自己的思考、辨别和分析。开展大学生价值教育，不能回避对人类社会共同价值的关照和阐释。

人类社会共同价值，来源于人类面临的基本问题和共同利益。所谓人类基本问题，就是人与自然、人与人、人与社会之间的基本关系问题。对人类基本问题的思考和解决，就是为了摆脱人对物、人对人的依赖，从而最终实现人自身自由而全面的发展。严格说来，从古至今，人类基本问题并没有发生本质改变，也未能得到真正妥善和完满的回答。在人类发展的历史长河中，这种基本问题相伴左右、贯穿始终。这些基本问题其实也构成了人类面临的共同问题。在对这些共同问题的关注、重视和解决中，便会形成人类共同利益。北京大学哲学系教授黄枬森认为，"民主、平等、公正、和谐""这些属性都具有很高程度的抽象性、普遍性，不仅社会主义社会可以具有这些属性，其他社会形态如资本主义社会也可以在不同程度上具有这些属性。"2015年3月28日，在博鳌亚洲论坛年会的主旨演讲中，习近平总书记把当今人类面临的共同问题概括为"世界经济仍处于深度调整期……地缘政治因素更加突出……非传统安全和全球性挑战不断增多，南北发展差距依然很大。"也是在这次讲话中，习近平总书记把人类共同利益概括为"逐步超越意识形态和社会制度差异，从相互封闭到开放包容，从猜忌隔阂到日益增多的互信认同，越来越成为你中有我、我中有你的命运共同体。"2015年9月28日，在第七十届联合国大会一般性辩论时的演讲中，习近平总书记第一次明确提出："和平、发展、公平、正义、民主、自由，是全人类的共同价值"。习近平共同价值思想得到了全世界有识之士的认同，其现实价值与历史意义重要而深远。

开展社会主义核心价值认同教育，在学习和贯彻习近平总书记"共同价值"思想时，也要对基于人类命运共同体的"共同价值"与基于西方中心主义的"普世价值"，做出必要的辨析与厘清。在对大学生开展社会主义核心价值认同教育时，在正面阐释和解读"为人民服务"社会主义核心价值、"和平、发展、公平、正义、民主、自由"人类共同价值的前提下，我们需要重点对

"普世价值"进行揭露批判。通过揭露和批判，让大学生切实认识辨析、厘清其真实的本质。第一，在前提与出发点上，"普世价值"是基于抽象人性论的假设，因而其具有抽象性和虚假性；"普世价值"论本身就是一个伪命题。第二，在目标与效果上，"普世价值"论具有一统独霸性，追求人类社会整齐划一地西方化或资本主义化。第三，在特质与功能上，"普世价值"论蕴含排他性、狭隘性、独占性，具有排外、封闭的特质与功能。第四，在实践路径与方式上，"普世价值"是渗透颠覆，结果导致世界上不少政党和政权被推翻，其所在国家陷入内乱纷争，整个社会陷入水深火热之中，民不聊生。总得来说，"普世价值"论是某些西方发达资本主义国家，以其自身主流价值观为标准，罔顾人类文化和价值的多样性与差异性，片面夸大自身价值普适性，主张和鼓吹超阶级、超国家和超民族的利益与价值。"普世价值"论的出发点和落脚点都在于西方中心主义，是资本主义制度国家基于"为资本服务"或个人主义核心价值的"扩大版"和全球化，其目的在于损害和破坏其他类型国家的社会制度，甚至消解其他不同的文化与价值形态，实现其自身阶级利益与国家利益的最大化，以维系和巩固其已经岌岌可危的世界"统治者"地位。

第6章
大学生社会主义核心价值认同的线上导引与线下建构

国际互联网在 20 世纪 80 年代进入中国。其迅猛发展的态势不可阻挡。40 余年里，以数字技术、网络技术为核心的信息传播技术飞跃发展，深刻而广泛地改变着中国人的生产生活方式，也深刻而快速地改变着中国的教育方式。应运而生的网络思想政治教育已经成为一种客观现实。

网络思想政治教育，是教育者以互联网为主要载体，用一定的思想观念、政治观点和道德规范对受教育者施加影响，使他们形成符合一定社会要求的思想政治和道德品质的实践活动。大学生社会主义核心价值认同教育，离不开与互联网的"亲密接触"，互联网以丰富的价值教育资源和内容，拓展价值教育时间和空间，创新价值教育方式和渠道。网络思想政治教育与网下建构路径协同一道，实现线上与线下互动融合，是建构大学生社会主义核心价值认同实现机制和策略体系的必然选择。

6.1 占领网络新场域

按照法国著名社会学家皮埃尔·布迪厄（Pierre Bourdicu）的场域理论（Fieldtheory），所谓"场域"是在各种不同的位置或者场所之间，相互存在客观关系的一个网络或领域，或者说一个结构或类型。场域不等同于被一定现实物理边界包围的领地或领域，并非单指自然空间和实存环境。在一定的场域内，社会成员按照某种特定的逻辑要求共同建设"社会小世界",在进行自我调整及与外部场域进行"资本"交换的过程中发生着变化,"社会小世界"里面内含着有力量的、有生气的、有潜力的存在,包括他人的行为,以及与这些行为有着不同联系的许多因素。场域并不是一种具体形象的存在,而是一种具有相对独立性的特殊社会空间。相对独立性是不同场域存在和区别的依据与标志。布迪厄分出了如政治、美学、宗教、法律、教育、文化等场域。布迪厄认为,每个场域都有一个作为中介性、桥梁性的纽带即"市场"。比如,教育这个场域,包括教育者(主体)、受教育者(客体)、教育环境(环体)、教育手段和教育方法(介体)等;宗教这个场域,则包括传教者、信教者、教堂、教义、宗教仪式等。

援引皮埃尔·布迪厄的"场域"定义和理论,互联网就是"在各种位置之间存在的客观关系的一个网络(Network),或一个形构(Configurtion)",即网络也是一个场域,是互联网时代教育场域的具体而微的存在。在一定程度上,我们可以说,对网络场域所具有的"工具理性"和"价值理性"的认识和利用,甚至可能影响和决定着现代思想政治教育的成败。

随着"互联网+"时代的到来,人类社会生活的各个领域都与互联网产生了千丝万缕的联系,网络空间已全面映射着现实世界。无论中西方,都普遍认识到,互联网领域的价值认同或意识形态者之争,其生态景观正在发生着革命性的时代变迁,谁都不可能让渡与疏忽。当下的情况是,西方国家仰仗和利用他们网络信息技术上的先期优势与后天形成的霸权,在价值观念、意识形态、文化话语等各方面向社会主义国家发起了网络战、信息战、文化战和"攻心战"。我国价值认同的条件和境遇也已发生了巨大变化,价值认同的主客体、中介、环境、实现过程及方式理念等因素,都与互联网普遍化以前不可同日而语,传统条件下的诸多方法有些已不再管用,有些已不再具备优势或者优势不再明显。因此，站在全球意识形态斗争的角度，站在维护国家政治安全和文化安全的高度，在西方国家已占得先机的前提下，要正视我国价值认同面临的巨大挑战。社会主义国家的文化软实力、文化安全、价值认同等方面的工作，必须将传统方式与现代方式紧密结合，将传统媒体与网络媒体深度融合，把价值认同工作的领导权和主导权牢牢掌握在自己手里。

国际互联网进入中国后，中国以超常的速度成为互联网使用大国。截至 2020 年 3 月，我国网民规模为 9.04 亿，互联网普及率达 64.5%；中国手机网民规模达 8.97 亿，网民中使用手机上网人群占比 99.3%。网民中，大专及以上学历人员占 19.5%。另据《2015 年中国青少年上网行为研究报告》显示，大学生网络游戏使用率低于中小学生，仅有 66.1% 是网络游戏用户。从青少年网民整体网络娱乐行为来看，上网看视频和听音乐更受青少年网民的青睐。此外，与其他网民一样，大学生的各类互联网应用也丰富多彩，比如即时通信、搜索引擎、网络新闻、网络视频、网络音乐、网上支付、网络购物、网络游戏、网络银行、网络文学、旅游预订、电子邮件等等。网络化生存对大学生来说，已是一种与现实生存一样的客观事实。在这样一种态势下，占领大学生社会主义核心价值认同的网络场域，其重要性显然不言自明。

6.1.1 形成"两个主渠道、两个主阵地"新认知

被誉为"数字化时代的女先知"的美国数字化预言家埃瑟·戴森指出："数字化世界是一片崭新的疆土，可以释放出难以形容的生产能量。"戴森女士还告诉大家："我们已经度过了对数字化世界充满天真幻想的阶段，现在我们开始利用学到的经验，思考怎样重新对它加以设计。"对于大学生思想政治教育而言，网络信息技术的出现和普遍应用，对于拓展大学生社会主义核心价值的传播空间、创新大学生社会主义核心价值的传播方式与渠

道、丰富大学生社会主义核心价值的认同资源等方面；有着诸多作用。网络在给大学生社会主义核心价值认同带来机遇的同时，也带来了挑战。这些挑战的主要表现是，"为人民服务"社会主义核心价值的主导地位受到冲击、防御能力受到挑战，西方社会核心价值或者西方价值观念一直在向社会主义核心价值展开宣战、博弈与论争，一直在持续而强力地企图验证自身理性权威；社会主义核心价值的理性整合难度增加，西方社会核心价值或者西方价值观念一直在企图扩大自身在全球的价值支配地位；传统社会主义核心价值构建方法的有效性受到削弱，负面信息的聚焦与扩散直接影响和消解着价值认同，社会主义核心价值的理论张力和实践号召力有待增强；以及对社会主义核心价值认同的背离、削弱和分散，在数字化、符号化条件下呈现出明显的不确定性与不易掌控性等表现。

开展大学生社会主义核心价值认同教育，传统的思想政治理论课主渠道、日常思想政治教育主阵地必须牢牢巩固和坚守；同时也要清醒地认识到，网络其实也已现实地成为了主渠道与主阵地，其失守的后果恐怕会比前者更惨重。线上线下"两个主渠道、两个主阵地"应该互联互通、并行不悖和共享共教，共同构筑起网上网下"同心圆"和"网络空间命运共同体"。在新形势下，不管是在理论认知还是教育实践上，都应给予网上价值教育更高的功能定位与作用显现。

6.1.2 强化校园网引领功能

早在 2004 年，在党中央、国务院通过的《关于进一步加强和改进大学生思想政治教育的意见》（以下简称"16 号文件"）中，就明确提出"全面加强校园网的建设，使网络成为弘扬主旋律、开展思想政治教育的重要手段"。

迄今，几乎所有高校都建立了自己的校园网，都有属于自己院校的专门网络平台。高校校园网具有即时快捷性、交流互动性、信息量大和超时空等几个方面特点，通过"寓教于网"，在传播先进文化、培育高素质人才中发挥着日益重要的作用。经过十多年的建设与发展，目前，绝大多数高校依托校园网开辟了思想政治教育类网站、专题和栏目。利用这些网站、专题和栏目，高校教育者对大学生开展包括社会主义核心价值体系、社会主义核心价值观、社会主义核心价值等在内的思想政治教育，拓展、开阔了传统价值教育的领域和场地，改善和提升了大学生社会主义核心价值认同的针对性与实效性。但从目前各高校思想政治教育类网站及其功能发挥来看，影响力、知名度、建设水平等各方面都较为理想的网站和网页版块还不是很多，离满足教育要求还有不少距离。之所以会出现这种状况，原因主要在于以下几点，在思想观念上，对价值教育与网络结合的重要性认识落后于时代发展，较为依赖老经验和老办法，不想在网络思想政治教育上真正下工夫；在网站和网页设计上，从内容到形式没有实现思想性和趣味性的有机结合，对大学生的吸引力有限，点击与访问量不够理想；在激励机制上，缺乏对网站管理与运行的有效考评奖励和监督体系，办好办差影响不大，缺乏对网站健康向好发展的有效引导；在队伍建设上，既懂网络技术又懂思想政治教育的教师，数量和质量都普遍不够，价值教育的网络课堂面临人手短缺、良莠不齐的现状。

着眼于提高大学生社会主义核心价值认同的校园网引领功能，在未来的校园网建设与管理上，至少应该在以下几方面着力。

首先是正确的办站方向。不同于社会上其他商业性、娱乐性或者综合性网站，高校校园网直接的服务对象是师生员工，尤其是青年大学生。这就决定了高校校园网必须明确并坚持正确的政治方向与政治立场，这是高校校园网存在的最根本依据。高校校园网要旗帜鲜明、理直气壮地自觉承担起弘扬主旋律、传播正能量的职责，成为大学生成才道路上的精神护航者。现在，基本上每个高校校园网都设置了思想政治教育类专题网站或栏目；这样的专题网站或栏目，是宣传社会主义核心价值、国家主流意识形态以及党的路线方针政策的重要阵地和平台，必须要保持自身的"风清气正"，做到"守土有责、守土负责、守土尽责"，不能让那些非主流、错误或者模糊不清的观点及内容混迹其中，浑水摸鱼、混淆视听。在高校校园网的性质和定位上，来不得办点马虎、随意和草率。

　　其次是富有时代气息的内容和形式。大学生的身心特征决定了他们是最富有时代感的群体。他们求知欲旺盛而强烈，对新鲜事物充满了好奇，乐意去探究、接触和适应，对更新换代的网络产品长期以来保持着高度关注，对千变万化的内外世界更是有着敏锐而快速的反应。因此，高校校园网，从内容到形式，都要体现和具备时代性；并利用这些富有时代气息的内容和形式开展网络人际互动，开展网上价值教育。网络人际互动，就是在网络社会条件下，借助于数字化、符号化等信息中介系统，虚拟社会与现实社会、网民个体与现实个体，彼此之间高度互融互渗和交往互动，所进行的知识、信息、能量、精神等各种资源与要素的共生、共享的实践活动。网络人际互动的基本特征表现为主体的共生性、过程的跨语境性、内容的超链接体验性、方式的泛符号性，以及效果的层级性。校园网作为教育内容的承载体，或者实施社会主义核心价值认同的主要场域之一，事实证明，如果把我们想要传递的内容以符合大学生认知特点和接受心理的形式加以呈现，那么，网络确实可以在很多方面有助于开展包括价值教育在内的大学生思想政治教育。由教育部思政司指导、中国大学生在线主办、被誉为全国高校校园网站的"百花奖"的"全国高校百佳网站网络评选"活动自 2006 年举办以来，每年都吸引着全国许多的高校和大学生报名参加。该活动通过全国性的校园网评选，极大地促进了高校校园网的积极发展和"转型升级"。在这十多年的评选过程中，我们可以看到，不管是综合类的"百佳"

奖，还是单项或特别奖，比如"最佳思政创新奖""最佳就业服务奖""最佳公益实践奖""最佳视觉效果奖""最佳微博（微信）奖""最佳学生创意奖""最佳技术进步奖""最佳学研促进奖"等，但凡与时俱进有活力、内容丰富有特色、形式新颖多样化、富有艺术显趣味的网站，它们获得的认可度就比较高，学生的关注度、点击率、参与度和欢迎度也比较高。具备这样一些特点的校园网，就能有效显现它们在促进大学生社会主义核心价值认同中的特殊作用。

6.1.3　发挥网络名人正面作用

在当今的网络语境下，对网络名人的界定、印象和评价可能都不是那么统一甚至正面的。

"网络名人"作为伴随新媒体不断发展而产生的一个概念，所指的"名人"，并不是通常意义上的名人。一般所说的名人，是在社会不同领域中地位较高、成绩突出、影响力大，并且被大多数人所熟知的社会各界人士。而"网络名人"是指寄居在网络空间中，通过参与公共话题，聚合网络民意，形成"网络磁场"，具有一定知名度、聚合力和号召力的网络意见领袖或者网络舆论主推手，也就是人们通常所讲的网络"大V"。网络名人分布在各行各业，指涉教育、科技、文化、卫生等各领域的思想、学术、艺术各类"大咖"，包括专家学者、编辑记者、IT精英、播音主持、知名歌手、影视明星、商界名流、体育健将，以及社会上的其他类似的精英人物。网络名人在网络平台上积极活跃，他们通过信息发布与传播、事件评论与转发、议题设置与引导，在网络上不断"圈粉"，在其网络平台上聚集着较大的粉丝量（能称得上网络名人的，粉丝数一般都不会少于10万），从而影响着某一领域网络舆论的发展和走向。目前，网络名人良莠不齐，在大众心目中也是毁誉参半，比如他们在网络传播中言语偏颇、借势炒作、煽风点火、传播谣言、道德缺失等；但也有不少网络名人，主动引导网络舆论、稳定舆情，经常建言献策，强化社会监督，热心公益传播大爱，汇集成网络思想晴空的积极守护者和捍卫者。

大学生的一个典型心理特点，是偶像崇拜。不同领域的网络名人、网络偶像几乎都会受到大学生的青睐与追捧，从而直接影响他们的理性认知、思维方式和价值判断。大学生社会主义核心价值认同教育，要一分为二地看待和利用网络名人这一客观现象，做到扬长避短，因势利导，取正去负。积极健康型网络名人，对大学生可以起到增长见识、开阔视野、导引方向、清扫情感垃圾、培养阳光心态、提高辨识能力、正确分析问题等正面影响；但另一类型的网络名人，也可能造成大学生认知混乱、盲目跟风、表达碎片、思维偏执狭隘、传播网络谣言、自控能力削弱等消极影响。

具体到教育者，不管是思想政治理论课教师还是学生工作辅导员，首先要树立一种意识，即学生在哪里，老师就应该在哪里；学生在网上，老师就应该在网上。教育者本身平时要关注网络名人。要关注不同类型尤其是学生可能感兴趣的网络名人微博、微信等公众或私人账号，跟进信息发布，观察网友留言，评估网络影响。通过教育者自身对这些网络名人的关注，可以先行筛选和甄别能有助于发挥积极正能量的网络名人。在此基础上，教育者以适当的方式在课堂上、班团活动中，或者利用自己的网络社交平台，给大学生予以推介、分享，引导大学生关注这些网络名人。一般而言，大多数学生愿意尝试性地接受老师的建议。其次，教育者要关注一段时间范围内成为网络焦点、热点的网络名人，以及让他们成为热点、焦点名人的话题或议题。通过评估这些网络名人以及他们引起关注的话题或议题，从中发掘教育资源，不管是正面的还是负面的、积极的还是消极的，都要第一时间跟进，第一时间参与，并且多渠道、多方式与大学生开展充分、深入和全面的互动，引导大学生讨论、交流、发表对网络名人和热点议题的看法与认识，适时择以澄清真假是非和对错黑白，从而实现利用网络名人开展价值教育、促进大学生社会主义核心价值认同的目的。

6.2 营造绿色网络生态

早在 2016 年 4 月，在全国网络安全和信息化工作会议上，习近平总书记强调要建设天朗气清、生态良好的网络空间。在利用网络对大学生进行社会主义核心价值认同教育的过程中，要加强对网络生态风向标的把握和调控，从而使网络真正发挥宣传正确舆论、传播先进理念、弘扬优秀文化的作用，使大学生尽可能在积极、绿色、安全的网络生态和网络空间中生活和学习。

6.2.1 关注网络舆论

在长期的改革建设过程中，中国共产党一贯强调要"以正确的舆论引导人"。在党和国家发展的不同历史时期，舆论都发挥着独特的作用。利用舆论引导民意、化解矛盾、巩固政权，也是现代政党和国家通常而一致的做法。从字面去理解，无论中外，舆论的基本意蕴是指"公众＋意见"。"舆"即公众，"论"即"意见"。在 2013 年 8 月 19 日全国宣传思想工作会议上，习近平总书记强调指出："要根据形势发展的需要，把网上舆论工作作为宣传思想工作的重中之重来抓。"

网络舆论或者说网上舆论，就是在互联网上传播的强势媒体，或者说是较多的社会公众，在一定时间段内依托互联网，对某一焦点问题或者公共事务所持有和表达的多种情绪、态度和信念等各类要素交错与融合的总和。或者还可以理解为，网络舆论是社会群体或社会组织机构，通过网络对客观社会所表达的意见与看法。与一般网络舆论一样，高校网络舆论具有互动性与即时性、海量性与自行性、爆炸性与虚拟性等特点，对教学科研、行政管理、学生管理和后勤服务等部门与学生进行信息交流、情况互通、人员交往有积极作用。信息化时代，网络媒体对舆论每个阶段的影响（或叫引导）几乎无时不有，无处不在。电子公告板（BBS）、聚合新闻（RSS）、新闻评论、博客、微博、微信、QQ等信息传播途径和方式，是网络舆论形成、传播的主要来源和平台。目前，高校大学生更多地借助校园BBS、校园贴吧、微博、微信等网络载体，以发帖、跟帖、点赞、分享和评论的方式交流、讨论校内外热点事件和重大新闻。而高校网络舆论面临的挑战主要表现在主体地位和主导地位方面，即信息发布主体多元化和传播内容多样化，以及社会主义核心价值、主流意识形态的主导力、影响力受冲击。

加强高校网络舆论引导，要注意做到以下几点。

第一，坚持"两真"。一方面，坚持宣传真理。以网络为载体、平台和依托，坚持不懈地推送马克思主义及其中国化、时代化、大众化的理论创新成果，不断提升理论自身的理性权威，占领价值认同的现实起点和理论高地，强化和巩固主流意识形态在网络世界的地位和作用。另一方面，以客观存在的现实事件为基础，通过披露事实真相引导网络舆论，努力赢取大学生虚实合一的理性认同。

第二，主动而常态。遵循网络传播规律，转变信息披露和发布观念，变"要我公开"为"我要公开"，增强主动性。此外，信息公开要做到常态化，只要不涉及保密原则，就应该从"个别公布"走向"一般公开"，形成信息公开的常态化，从而建立起一套长效机制。

第三，以人为本。网络舆论引导，为了谁？答案是为了人！是为了保障师生当前的和长远的利益，解决他们的理论的或现实的问题。因此，要坚持从人出发，以人为前提，实现师生的知情权、表达权、参与权和监督权。特别是涉及与师生利益和需求直接相关的教育、管理和服务等事项，更是要及时上情下达、下情上传。同时，网络舆论引导也要依靠人。所谓依靠人，就是要发挥人的主体作用，包括党委宣传部门、思想政治理论课教学部门，以及其他相关部门人员甚至大学生自身在内的校内师生，都应该主动参与到网络舆论工作中来，全面发挥多元主体作用，形成专兼职结合的网络舆论引导队伍。

第四，第一时间。在"人人都是麦克风""个个都是小喇叭"时代，不同于传统舆论，网络舆论热点一般持续一周左右，但其发酵与形成时间极短，可谓稍纵即逝，时效性特征非常明显。只有快速反应，保证在第一时间及时研判搜集、推送发布相关信息和评论，才能抢得先机占领舆论制高点，以对相关热点事件及时解释与澄清，争得网络舆论引导的主动权。反之，如果后知后觉、反应迟缓，则可能会导致不良信息满天飞、谣言肆虐、网络舆论失控、网络舆情失利的严重后果。这已经被近几年众多的网络舆情事件所证实。最后，技术管控。高校要寻求相关网络安全部门的协同与合作，积极运用 IP 地址阻断技术、过滤技术、防火墙技术等现有网络信息科学和技术手段，对相关网络舆论进行管理和控制。

6.2.2 关注大学生网民群体

早在 2004 年"16 号文件"中，党中央、国务院就明确提出："要加强对大学生网络虚拟群体等新型大学生组织的思想政治教育工作"。所谓大学生网络虚拟群体，可以理解为人们通常所说的网民。网民，顾名思义，就是对因网络而出现、因网络而结缘的现实社会公民的另一种称呼或者身份标识。在网络上，如果思想观念、价值旨趣与个人爱好等各方面较为接近，大学生们就会逐渐自动形成声气相通、秉性相投的相应类型网民群体。这些不同类型的网民群体，以虚拟共在的方式寄居在网络空间中，实现着丰富多彩的网络化生存，并且发展出网络实践这种人类社会实践的新形式。

　　当代大学生，他们敏锐、敏感又新潮时尚，是当之无愧的网络先行者和生力军，基本已是全员性的网民，在网络社会中作为一支重要力量而备受关注与重视。这样一支对网络社会举足轻重的力量，他们的网络化生存状态如何？他们有着什么样的网络实践？他们在网络中有着什么样的思想和行为表现？这些思想和行为有着什么样的特点乃至规律？这些特点或者规律反映和表征着什么样的价值取向？这些价值取向对他们现实的思想与行为选择有着什么样的影响……诸如此类的问题，都是大学生思想政治教育、大学生网络思想政治教育需要加以高度关注并努力付诸现实解决的。大学生网络思想政治教育，其立足点和落脚点都应该是大学生网民群体，因为他们既是教育的对象和客体，也是在主体间性意义上接受教师教育并且自我教育的主体。实现大学生社会主义核心价值认同，关注大学生网民群体，最主要、最基本也是最重要的，就是要有针对性地对他们进行科学规范、恰如其分的心理疏导、思想引导、行为匡正和安全引导。具体而言，大学生网民群体的引导方式有这样几方面。

　　第一，培养大学生网络"意见领袖"，充分发挥领头羊作用。一般说来，大学生网民要成长为网络"意见领袖"，主要依靠其在网络空间中展示与形成的独特风格与个人魅力。风格与魅力的展示与形成，主要体现在，针对校内外热点与焦点话题，发表观点鲜明、见解独到、与众不同的看法与评论，并能对其他大学生起到广泛而深入的影响与带动。不是所有大学生网络"意见领袖"都可以发挥期待中的价值引领作用。这需要高校党委宣传、学生工作、共青团、学生会、思想政治理论课教学等相关部门，在不同专业和年级，有意识地物色、选择、培养一批思想先进、政治可靠、品质优良、口碑较好，在大学生群体中有较大影响力与号召力的"意见领袖"。这些"意见领袖"，因其在大学生群体中有较高威望，得到大多数学生的尊重、肯定与支持，可以在各高校校园网站、门户网站，以及大学生访问量大、观点交锋激烈的各大 BBS 和网络社区，发挥他们在校园论坛日常讨论、时政话题观点交流、重大理论深度澄清、突发事件舆论引导等方面的模范带头作用。依靠这些大学生网络"意见领袖"传播真实信息、及时发声、回击负面言论、引导舆论走向、感染网民理性守法，达到教育引导其他大学生网民的目的，帮助增进大学生社会主义核心价值认同。

第二，通过媒介"把关人"筛除、过滤不良信息。所谓媒介"把关人"（Gatekeeper）是传播控制分析理论的一个专用名词，由美国著名传播学者怀特在 20 世纪 50 年代从社会学概念中借引而来。特指在大众传播过程中，媒介组织对新闻信息进行取舍，他们根据自身需求，最终决定哪些内容最终可以与受众见面。因此，媒介组织实际起到了"把关人"的角色。媒介"把关人"曾在传统媒体作为主流传播渠道时代的社会正常运转起到过重要作用。信息网络化时代，"把关人"角色有一定的缺失和明显弱化现象，面临着诸多困境。但在良莠不齐、光怪陆离、海量涌现信息让人眼花缭乱的网络社会，"把关人"更是不能缺位。在宏观和大局的意义上，在高校宣传思政政治工作层面，要坚持把"党管媒体"原则贯穿到全媒体；如果管不住新媒体，"党管媒体"原则就会被架空。在具体操作层面，要加强对各高校校园网、各网络社区及论坛媒体记者、网络编辑、后台技术管控等人员的教育和培训，讲明规矩、提出要求，要把好关、守好土，滤除异质、消极、负面和垃圾信息，确保信息正常传播、有序、健康，发挥好网络信息鼓舞人心、汇聚力量、价值引领作用，发挥网络信息在维护国家政治安全、文化安全、意识形态安全、社会稳定等各方面独特而重要的作用。

第三，利用网络评论，引导大学生辩证看待问题。在海量信息频繁传播和交换的网络空间中，各种各样的意见、观点和看法、态度，在快速及时地汇集与交互、交锋与碰撞。如果任由这些意见、观点和看法、态度信马由缰、无序流转，可能会给大学生信息取舍、价值判断、行为选择等带来困惑与迷茫。因此，就一段时间内的社会热点尤其是事关学校建设改革发展，以及大学生成长成才方面的问题，针对大学生关注与提出的意见建议、问题投诉、吐槽发泄等，主动及时撰写网络评论文章，引导大学生网民全面、发展、联系地看待、分析和解决问题。与其他网络平台评论主体的构成不完全一样，高校网络评论员，一般而言，应该重点是由既懂网络舆论信息传播规律与特点，又有独特洞察分析能力和较强图文组织能力的资深教师担任。除教师以外，前面第一点提到的大学生网民中的"意见领袖"也可作为辅助力量。校内外相关事件一旦发生，网络评论员就要迅速、准确地做出反应和判断，紧跟事件发展态势，撰写并推送评论文章，对事件进行客观冷静、全面深入的分析与廓清，及时发出正面声音，展示事件真实状况，积极开展解释说明，防止失真的猜测、无端的编造和故意的误导，引导大学生在各种网络信息和事件面前，不盲从、不跟风、不信谣、不传谣，培养理性思维与方法，努力实现线上与线下言行合一，合法依规履行公民的权利与义务。

第四，鼓励大学生之间开展同伴引导，促进彼此成长。当代大学生，基本是伴随互联网成长起来的，他们之间接触网络的时间、涉网的程度、网络技术、网络信息的鉴别判断力等各方面，并不是整齐划一的，网民内部有较大差异。但大学生网民对网络的使用兴趣与应用类别等方面，具有相同性和近似性；他们之间地位完全平等、相互信任，有着深厚单纯的同学情谊，彼此之间容易交流和沟通。鉴于此，可以鼓励大学生各自发挥网络应用上形成的优势，分享各自网络运用的经验与教训，让大学生网民开展同伴学习和朋辈引导，以养成扬人之长、避己之短的自觉性，在潜移默化、无距离感的教与学氛围中，在不分时间、地点的全天候条件中，大学生之间彼此互动并借鉴，实现共同成长。

第五，适度放手让大学生网民开展网络自我引导。教育得以开展的前提，是因为教育者相信，受教育者都存在接受教育的基本可能性和条件。大学生网络思想政治教育也是如此；我们应该充分尊重并信任每一位大学生网民。尽管现实中的各大高校，不少大学生在触网和用网的过程中，有"恋网""瘾网"现象，个别甚至在网络中迷失方向，乃至走向违法犯罪的道路。但对于绝大多数大学生网民而言，在他们逐渐走向成熟的人生阶段，通过知识的不断积累、心智的不断历练、素质的不断提升，他们已经具备较明显的自我成长、自我约束、自我管理等方面的能力，对网络的利弊得失，有着相当的认识和了解。因此，对大学生网民的引导，除了告诉他们要严格遵守国家网络法规、自我负责外，在网络自我引导的意义上，应该充分发挥其主观能动性，放手让他们进行自我教育、自主探索。不管是正面有益的"网游"经验，还是负面不利的"溺网"教训，都会增加大学生的触网认识，从而让他们通过比较权衡，不断端正上网态度，规范上网行为，实现自我引导和自我提升。

6.2.3 提升大学生媒介素养

如前所述，当代大学生，基本已是全员网民。网络时代，培养和提升大学生的媒介素养已成为当务之急。所谓媒介素养，是指人们对各种媒介信息的正确获取、使用、分析、传播乃至解读与批判能力，以及建设性地让媒介信息服务于个人生活和社会发展的能力。根据全国各大高校的大数据调查，目前大学生平均每天上网 2 小时以上的占 80%，网络化生存已是一种不争的事实。对大学生上网主要目的进行分析，娱乐消遣占 68.3%，获取新闻信息占 57.5%，交流沟通占 57.2%，学习占 49%。使用微博、微信等交流平台的大学生占 88.9%，92% 的大学生借此浏览动态、了解信息、发表观点和更新状态。

客观地说，高校并不是不重视大学生媒介素养问题。但与欧美等发达国家把媒介素养教育作为学校课堂教育的一个重要组成部分不同，我们国家当前需要填补的空白点还相当多。也就是说，在现实的媒介接触中，大学生主要不是通过系统科学的媒介理论指导和训练获得媒介素养，而是以个人经验和常识为基础，依靠个体自发的直觉和感悟来获得媒介素养。这种状况下，大学生就如庞大纷繁网络流水线上的一个个简单接收器，可以便捷而快速地获取信息，但缺乏对媒介信息内容及传播方式作出准确分析、判断和评价的能力，甚至会在自己的真实信息需求与媒介提供内容之间迷失方向，真假良莠难辨，黑白美丑不分，既不能有效地利用积极健康的媒介资源，也可能被裹挟和卷入不良信息洪流之中。如此现状，直接导致目前我国大学生媒介素养水平和层次普遍偏低。

现代大学教育，媒介素养应该成为大学生素养结构图中不可或缺的重要一块。从高校目前实际出发，即使不能把媒介素养类课程与其他课程一样纳入教学计划，以及配备完整建制的教师队伍，但也应该在不同年级的大学生中间，普遍性地开展相应教育。第一，从队伍建设的角度，可以考虑组建一批既懂网络媒体技术又懂媒介传播、并具备一定媒体应对能力和经验的、量不在多但确保精干的教师队伍，以公选课和必修课等方式，把媒介素养教育内容纳入通识课程，以课程这种最科学、最有效的方法针对性地开展媒介素养的教育和培训。第二，组织大学生开展各种新媒体技术操作讲座、网络课件制作竞赛、微电影与微视频拍摄、展示和评选等活动，促进大学生媒介素养的实践锻炼与养成。第三，通过大学生社团组织开展多方位、多层次、立体化的自我教育，或者在校园网基础上组建师生媒介素养小组，创设健康有益的媒介环境，以此来培育和提升大学生信息处理的自主能力、正确运用话语权的能力、开展健康虚拟社交的能力。

6.3　建构网下多种路径

互联网时代，教育与网络深度结合、融合与整合，注重网络是必然，因此我们强调建立和完善大学生社会主义核心价值认同的网上导引体系。同时，传统、常规的网下建构路径，却也是实际教育工作中的着力点。列宁曾说："每个宣传员和鼓动员的艺术就在于用最有效的方法影响自己的听众，尽可能地使某个真理对他们有更大的说服力，更容易领会，留下更鲜明的、更深刻的印象。"与大学生面对面的"宣传""鼓动"和"说服"，同样是"最有效的方法"之一。

6.3.1 在各类课程中教育灌输

在我国现行的高等教育体制下，各个高校开设的各门课程，不管是自然科学类还是社会科学类，都是围绕"培养什么人""如何培养人""为谁培养人"等人才培养根本性问题而设置、运行与展开的。因此，不管基于什么样的学科和专业背景，但凡具有优良师德师风的高校教师，都应该自觉主动地在各类课程中，对大学生正确进行价值教育与引导，尽量避免和防止出现与社会主义核心价值认同教育形成冲突、甚至削弱和抵消其教育效果的情况。习近平总书记在 2016 年全国高校思想政治工作会议中指出，加强大学生思想政治教育，高校各门课程要"同向同行"。当然，对各类课程教师提出这样的要求，并不是要否定大学思想政治理论课作为思想政治教育主渠道的作用，也更不是要推卸和减轻思想政治理论课以及思想政治理论课教师应负的"主体责任"。

在一些高校中，有一些教师或许因为学科专业原因，没有明确认识到，包括理工类在内的每一门课程，在其自然科学性之中，一定有着人文社会性的价值内容，也一定与传递"为人民服务"社会主义核心价值有着直接或间接的基本相关性。但在一些高校讲坛，一些进行自然科学教学和研究的课程老师，或者一些没有专门从事思想政治理论课教学和研究的人文社科老师，由于缺乏"大思政"育人意识，在有意或无意之中，自觉或不自觉状态下，并没有在课程讲解之中结合和融入基本的价值教育内容，也没有从应有的高度认识一些历史与现实问题，没有从正确的视角分析和阐释一些社会热点与焦点问题，而是有些想当然地从其他角度进行"另类"解读和演绎，或者完全凭主观经验和个人好恶轻率发表一些看法与观点，有些甚至没有或者丧失基本的政治立场与政治判断，不讲政治，或者乱讲政治，对社会主义国家、政党、道路、制度等等进行不负责任的评说，下一些容易误导大学生价值判断的似是而非、模棱两可的结论。

在 2014 年 10 月，《辽宁日报》官方微信平台曾征集大学校园"微故事"。征集以"大学课堂上的中国应该是什么样的"为题。其中一个叫 Kiko 的网友留言令人深思。就在此后不久，《辽宁日报》公开发表了《老师，请不要这样讲中国》的"公开信"。这封信，口气不可谓不客气礼貌，用语不可谓不亲近恭敬。但即使是这样的一封信，却也遭到了空前的集体网络围攻。

那场网络舆论带来的直接结论应该是，国家意识形态安全和政治安全面临巨大现实挑战，而且很显然，挑战者不是一个人在战斗。站立在各门课程讲台之上的教师，不难体会和认识到，"赞必西方""呲必中国"的现象其实并没有普遍性地存在，但它的出现并非孤立和偶然。如果没有恶意，如果不是自觉为西方反华势力站台发声，则当要反省自己的言行，避免无意之中成为"亲者痛，仇者快"的对象。要促进大学生社会主义核心价值认同，离不开各门公共基础课、专业基础课、专业课等各类课程老师的同向发力，与思想政治理论课教师一道，大力传递和弘扬爱国正气，正确解读红色历史，坚决反对虚无历史，铸牢和巩固社会主义舆论高地，守住中国特色社会主义的"三八线"，共同促进和实现大学生对社会主义核心价值的认同。

6.3.2　在日常生活学习中培育养成

马克思、恩格斯说过："不是意识决定生活，而是生活决定意识。"生活是开展人类活动、形成社会关系、奠定理论观念的发源地。一般意义上，我们所说的生活即是指日常生活。对大学生来说，日常生活既是他们生存的最基本时空条件，也是形成一定价值认同的基本场域，还是开展形式多样社会活动的基本土壤。因此，思想政治教育的居所是日常生活，其始源也是日常生活。作为大学生思想政治教育工作的一个方面，大学生价值认同其实就是做人的工作。做人的工作，就要坚持以人为本。而人之根本，在于其实践；实践的最基本形式，无外乎生产与生活实践。大学生生产与生活实践的生动丰富表现形式，则存在于他们的大学日常生活之中。

中外教育史上，不少人对于教育与生活、生活与教育这对经典关系都曾有过深入关注。其中最有代表性的，莫过于美国教育哲学的代表人物杜威提出的"教育即生活"与我国著名教育家陶行知提出的"生活即教育"这两种观点。不管他们的主张有何异同，但他们都重视教育与生活的关系，都认为教育与生活密不可分；在思想政治教育意义上，即坚持思想政治教育生活化。近几年来，党和国家对加强和改进高校思政课"密集发声"，陆续出台一系列重要文件。这些不同时间的文件指出，大学生思想政治教育要坚持以人为本，注意"三贴近"，即贴近实际、生活与学生。简而言之，就是要求大学生思想政治教育要贴近现实存在的大学生的现实生活。正如马克思曾经指出的那样："我们开始要谈的前提不是任意提出的，不是教条，而是一些只有在想象中才能撇开的现实前提。这是一些现实的个人，是他们的活动和他们的物质生活条件，包括他们已有的和由他们自己的活动创造出来的物质生活条件。"大学生社会主义核心价值认同，作为一种阶级性明显的意识形态教育体现，它固然应立足于内在的政治理解，但它也断然不可游离在大学生日常生活之外，从而缺失了对大学生日常生活的生存关怀。大学生的日常生活是他们不能摆脱的生命之重。正如陶行知所说："教育要通过生活才能发出力量而成为真正的教育。"离开了日常生活的大学生社会主义核心价值认同教育，无异于缘木求鱼。要实现大学生社会主义核心价值认同，光靠"伟光正"（伟大光荣正确）的宣传主题和"高大上"（高端大气上档次）的教育形式，只会把自己搞得越来越不接地气，越来越远离普罗大众和学生。只要把价值教育置于大学生平凡琐细的日常生活、它自身又摆脱了沦落于日常平庸化的危险，同时保持对日常生活的反思，那么，就应该能通过养成教育、管理服务等形式和环节，促进大学生的价值认同形成，这样的价值教育是有效的和积极的。

武汉大学沈壮海教授 2015 年基于全国几十所高校大学生的调研，如图 6 - 1 所示（资料来自沈教授的讲座课件。2015 年 11—12 月，中国共产党中央委员会宣传部、教育部在兰州大学举办了全国西部地区思想政治理论课骨干教师研修班。11 月 22 日，沈教授为研修班学员做专题讲座）。数据显示，在大学生思想政治教育上，思想政治理论课教学作为主渠道、日常思想政治教育作为主阵地，二者对大学生人生观、价值观、政治观、道德观形成的作用比重与效度，偏重日常思想政治教育，在实践方面

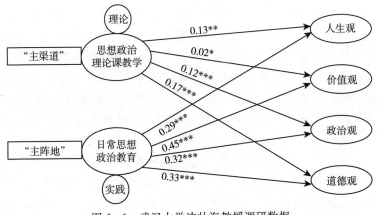

图 6 - 1 武汉大学沈壮海教授调研数据

都明显高于偏重理论的思想政治理论课教学。这不能不引起我们的反思。

因此，大学生社会主义核心价值认同，就是一方面要通过理论教学坚持引导人、教育人、鼓舞人和鞭策人，另一方面又要在日常生活中尊重人、关心人、理解人、帮助人。至于价值教育如何融通于、渗透于、参与进、介入到、养成在日常生活中，则是多种多样、不拘形式的。很多富有教育管理经验的高校教师和学生工作辅导员，也已探索总结出一系列富于创造并且卓有成效的做法。

6.3.3 在校园文化活动中浸润熏陶

马克思和恩格斯指出，人们的意识，是随着人们的生活条件、人们的社会关系和人们的社会存在的改变而改变的。大学生社会主义核心价值认同，要重视大学生的"生活条件""社会关系"和"社会存在"，要重视大学生基本的活动场所和时空环境——校园。著名教育家梅贻琦先生曾经说过："大学者，非谓有大楼之谓也，有大师之谓也。"相较于显性的硬件，中外真正的大学教育举办者，都更为看重无形的软件；所谓"软件"，主要是指大学校园文化和大学精神。作为社会主义先进文化的重要组成部分，高校校园文化可以促进大学生自由全面发展，有助于大学生成为合格的、优秀的未来社会发展生力军与栋梁。大学生社会主义核心价值认同尤其要重视通过校园文化建设，以文化为载体，以文化人，以文育人，在教育者与受教育者共同营造、参与校园文化建设的双向主体互动中，让社会主义核心价值渗透、融入大学校园文化建设全过程。

一方面，以中华优秀传统文化教育人。在建党 95 周年庆祝大会上，习近平总书记强调指出："文化自信，是更基础、更广泛、更深厚的自信。"中华优秀传统文化，源远流长又博大精深，在绵延的历史长河中，传承着"天下为公""先天下之忧而忧"

"修身齐家治国平天下"等崇高的价值取向和社会理想。以崇德论、尚志论、贵仁论、重义论、诚信论等为代表中国传统理想，从不同角度和层面体现了对公正、平等、自由、仁爱，以及对丰衣足食、安居乐业、和谐安康等理想生存环境、生活状态的执著追求。特别是儒家的理想观，在突出强调个人修身养性以求境界日臻提升和完善外，还强调个人要担负起社会责任，提倡积极入世。此外，儒家思想在个人与国家、个人与社会、个人与家庭的关系上，提倡群体意识和集体主义。这些中华优秀传统文化中蕴含的积极有益养分，对于大学生认同"为人民服务"的社会主义核心价值，有着如弗洛伊德所说的那种"熟悉的、在脑子里早就有的东西"般的影响与作用。我们应该通过各类通识课程，以及在校园环境美化与打造中融入优秀传统文化，引导大学生阅读典籍、博览群书，通达古今自然与人文之美，培养博雅精神，加深和增强优秀传统文化对大学生正确价值取向的浸淫、滋养和熏陶。

另一方面，以校训和学风教育人。作为大学精神的灵魂，校训是一所大学的"文化名片"。一所高校的校训，承载的是其办学传统和文化积淀，表征着它的育人特色与理想追求，对师生都有特殊指导意义。校训传承和彰显的是一所大学的"文化基因"，对高校师生的思想观念、道德规范、价值追求和行为准则起着潜移默化的"心理脉冲"作用，对师生涵养道德修养、培养精神气质、孕育家国情怀、促进知识学习，并在实践的过程中身体力行"为人民服务"的社会主义核心价值，发挥着感染、激励、调整、校正等作用。

而学风建设，既是一所学校人才培养的基石，也是其重要保障和软性条件支持；人才培养则是学风建设的归宿与落脚点。作为高校内在潜质和文化底蕴的外在表现形式，高校学风是衡量其人才培养质量和办学水平的重要指标。它既表现为教师的学术科研风气和教学风气，也直接体现为学生的学习风气，并彰显了一所学校的综合竞争力和社会影响力。很多有识人士认为，我们之所以迄今为止没有很好地回答"钱学森"之问，中国高等教育质量提升之所以不尽如人意，一个主要原因在于高校的学风建设出了较大问题。在考量和评估高校学风的时候，我们既不能回避一些事实上客观存在的问题，也不能消极悲观而无所作为。其实，我们应该可以自信地认识到，尽管在当下，部分高校学风为人诟病，甚至存在一些较为严重和严峻的问题，但总体上，绝大多数高校呈现出来的，依然是积极健康、奋发向上、开拓创新的"教"与"学"之风。绝大多数勤奋好学、锐意进取的大学生，在大学教师们严谨求实、执著创新、精心施教等精神和言行的影响与感召下，他们的综合素质和能力日益得到增长与提升，经受住了社会各界对从"80 后"到"90 后"再到"00 后"群体形象在不同时代和阶段的质疑与考验。事实证明，高校整体学风并不是如有些论调所言的那么不堪，很多利国利民的发明和创造，都凝聚着高校师生的辛勤汗水与心血，且大多出自他们之手，或者其发明、创造者都提到大学教育对其成长与成才所起过的特殊重要作用。当然，我们在今后仍然要着力于培养和建设更为优良的学风。因为，作为高校最可宝贵的财富之一，优良学风是学校生存和发展的基本条件。它体现为高远的理想信念和明确的学习目标，并继而转化为脚踏实地、一丝不苟的和不懈坚持、开拓创新的治学求学态度，在无形中优化教育教学环境和氛围，如沐春风，润物无声，为广大师生提供持续长久的精神资源和动力支撑，也会对大学生社会主义核心价值认同产生很好的正向促进和激励作用。

6.3.4　在志愿者活动中对接融合

作为一种国际潮流，志愿者活动对社会发展起着越来越重要的作用。我们可以把大学生社会主义核心价值认同与高校青年志愿者活动（以下简称"志愿者活动"）对接融合起来进行价值教育。

　　第一，打造二者对接融合的思想家园。首先，培育志愿者活动"奉献、友爱、互助、进步"的志愿精神，倡导核心价值体悟，实现志愿精神与"为人民服务"的相通相融。开展志愿者活动，不是为了活动而活动，也不能为了活动而活动，而是基于提升大学生综合素质、促进大学生健康成长，促进社会主义精神文明建设和文化建设开展志愿者活动。试想，没有高尚价值支撑的志愿者活动，会是一种什么样的状况？如果缺乏正确价值引领，势必导致志愿者活动缺乏持续动力，当然也就不可能把志愿者活动做好做长。只有把志愿精神与社会主义核心价值融合起来，志愿者活动才能具有健康发展的牢固基石和活力源泉，也才能使志愿者活动真正成为大学生的一种自觉意识和行动。因此，在志愿者活动中，我们不能忽视社会主义核心价值的融注与渗透。其次，加强广泛的社会主义核心价值社会宣传，为志愿者活动以及大学生认同社会主义核心价值营造良好的社会氛围。一直以来，社会上都或多或少地存在一种看法，或者说对志愿者活动缺乏应有的认同和理解。一些人对志愿者活动的实质并不了解，也不试着去理解，认识不到活动对弘扬社会正能量和主旋律的重大意义，认为这些活动只是形式，只是一些花架子。这个问题表面上看起来是对志愿服务了解或理解不够，仔细思量我们就会发现，其深层次的根源应该在于社会价值取向扭曲和社会价值观紊乱，所谓的不了解、不理解，或许只是扭曲和紊乱的表现。为了让"为人民服务"社会主义核心价值逐步走进大众百姓，深入人心，得到大家的认可、首肯与支持，形成志愿者活动承载与传递"为人民服务"社会主义核心价值、"为人民服务"社会主义核心价值经由志愿者活动而外显和体现的互为表里的良好格局，我们要充分调动书报杂志、影视广播、网络新媒体等一切可资利用的传播资源，开展各种形式多样的宣传、推广和介绍。

　　第二，完善机制，提供二者对接融合的制度保障。作为高校不可或缺的学生自我组织和开展的活动，志愿者活动应该尽量实现日常化与常态化。志愿者活动不能依赖一蹴而就，或者毕其功于一役，更不能突击性地、应景式地搞一搞、装一装，更不能秀一秀就作罢。当然，有时候，常态化的工作和活动容易让人懈怠和松散。因此，建立健全志愿者活动的体制与机制就显得很有必要。首先，建立整体的统筹规划机制。要把志愿者活动与大学生认同社会主义核心价值的对接放在社会主义文化建设的大格局中来思考，纳入国家开展社会主义价值教育的顶层设计，纳入社会整体育人体系中来进行。在这一前提下，把志愿者活动与促进大学生认同社会主义核心价值进行统筹考虑、协调推进，制定完善的引导激励机制，以及活动实施与开展的规划、方案和办法。在做设计和规划时，要找准两者结合、融合的具体载体与平台、路径和渠道、方式与方法，以及活动专题与主题，等等。在具体的实际操作中，把两者实实在在地合二为一，尽量避免独立开展、各自为政、互不关照的情况。其次，形成统一的组织管理机制。把志愿者活动与价值建设、价值教育对接联动起来，发挥主体协同、资源共享、形式互补优势，汇集各方力量，形成浓郁氛围，往往可以集成二者同向效应，取得事半功倍的育人效果。因此，建立和形成统一的志愿者活动与价值教育管理体系应该成为今后高校大思政育人的一个重要方向。各部门、各院系在开展校园文化建设活动时，要打破以往单打独斗、各自为营的局面，有效整合各种资源，实行统一部署，形成统一的组织管理机制，并对各自在总体布局中的基本定位和主要着力点加以分工。只有这样，才能有意识地、有组织地把志愿者活动与大学生认同社会主义核心价值教育活动有机地对接起来，助益于高校文化建设、价值建设与价值教育。

第三，精心组织，完成二者的实践对接融合。打造良好的志愿者活动与认同社会主义核心价值的舆论氛围，建立保障机制与体制，此后环节便是实现二者的实际对接与融合。首先，兼顾双方，选好项目，注重参与。志愿精神集中体现为"奉献、友爱、互助、进步"，这与"为人民服务"的社会主义核心价值是内在一致的。项目选择时，要注意对二者精神与价值取向的包容和兼顾，坚决抵制和克服个人主义、金钱主义、功利主义等价值观念的渗透、影响和束缚。活动主题与方式确定以后，要进行广泛深入的动员和宣传，让志愿者活动真正成为大学生的自我选择、自我实践与自我教育，吸引广大学生自觉自愿地参与到活动中来。在活动开展过程中，相关教师和组织，要以恰当方式对活动加以观察、引导和督促检查，而不是完全地放任不管，确保活动不走样、不缩水、不偏向。经由志愿者活动，在普通平凡、细小琐碎中，大学生与大学生间，以及与其他社会组织、团体与成员间，通过浸透着彼此情感与心力的相互服务、奉献与付出，学习人与自然、人与人、人与社会，以及人与自身的相处之道，感受到人性的光辉、良善与不凡。并以此为基础，推而广之，在更宏大与崇高的层面，爱国主义、集体主义、为人服务等价值理念和价值形态，就可能演绎和转化成丰富生动的观念事实，从而为大学生们所理解、首肯和接受，继而实现志愿者活动与价值教育对接融合而想要达成的最终目的——促进大学生对社会主义核心价值的认同。

其次，做好总结，激励引导。志愿者活动本身，大多数都不是"惊世骇俗"之举，多数时候显得平凡庸常，但基于大学生不计回报、自甘奉献的自觉付出、服务与牺牲，闪耀着人类本性的精神与灵魂之美，理应受到褒奖与赞誉。在活动开展以后，要及时对不同大学生在过程中的表现进行评价和反馈，去芜存菁。对于在活动中的突出、典型代表，要大力宣传推广，并给予适当的物质与精神奖励，营造良好的学先进、学典型的舆论氛围，有效发挥"奉献、友爱、互助、进步"志愿精神和"为人民服务"社会主义核心价值引导人、培养人、凝聚人的功能，激发大学生在以后的活动中，进一步了解社会、审视自己、陶冶情操、提升觉悟，增进和巩固大学生对"为人民服务"社会主义核心价值的认同。

6.3.5 在社会环境中印证调整

认同是一种主观认识。如果前期的一系列工作是卓有成效的，那么，认同便具备了良好基础。与此同时，在一定的社会环境中，通过对一定社会环境的认识和分析，并且通过志愿者活动这种社会实践形式，让其效果得到检验、印证和反馈，进行相应的调整和巩固，对于大学生社会主义核心价值认同也非常重要。

要在社会环境中的印证和调整。作为一种独立于认同主体的外部客观存在，从大的方面来说，社会环境包括国际环境和国内环境。就国际环境而言，我们着重进行社会主义中国与资本主义他国的对比和比较。把社会主义中国放在国际社会大家庭中进行比较，背景放大了，我们变小了。但分析比较的结论应该是，尽管中华人民共和国成立仅70余年，真正搞建设、改革和发展的时间更短，但中国已经具有的国际地位与综合实力则是举世公认的。世界上主要资本主义国家，不管是在处理近年来的经济发展问题与危机，还是在重大疫病防控应对方面，不管他们承认不承认，事实上都在相当程度上希望听到"中国声音"、看到"中国方案"、学习"中国经验"。之所以如此，是因为社会主义的制度优势已在人类历史的演进与比较中，以一种独特的客观存在，愈发显现和增强。在社会主义的本质属性里，在社会主义的制度基因里，在社会主义的核心价值里，是以人民为主体、以人民为服务对象、为老百姓说话代言谋利益的。正是这样一种核心价值取向，促使以"全心全意为人民服务"为宗旨的中国共产党，白手起家，着力改善人民的生存、生命和生活状态，带领勤劳勇敢的人民齐心协力、开拓创新，一步一个脚印，一分耕耘一分收获，交出了一份份让人民满意、让自己安心的答卷，人民对美好生活的向往和期待正在逐步实现。

就国内环境而言，一方面，要向大学生强调，社会主义制度建立以来，特别是改革开放以来，我们国家在包括内政外交国防、治党治国治军等各个领域，在几十年时间里，就已取得举世瞩目的建设成果，国家地位和人民生活发生翻天覆地的巨大变化，这本身就是了不起的伟大成就。另一方面，社会主义核心价值认同要重视制度环境建设。制度环境建设中，最重要的是利益机制的创设和优化。所谓利益机制，是在主体物质利益运行和实现过程中，起关键作用的手段和方式。从分类来说，利益机制有制度性、机制性和政策性等几大类。之所以单独把利益机制作为一种环境因素提出来，是因为我们通常所划分和推进的比如政治经济文化生态等类型环境建设，最后都还是要落脚在人民利益的实现上。认同作为一种主观认识和体验，其本质和核心是思想。因此，价值认同首先是一种思想认同，但它不能离开、无视并且绕过利益认同；只有立足于并且归根于利益认同，才能在更牢固的意义上实现思想认同。大学生社会主义核心价值认同，同样不能只从思想到思想，而要注意在社会整体的利益机制优化与完善中，给予大学生更多的认同理由，引导和激励他们认可、同意、接受、悦纳这样的核心价值。马克思说："思想一旦离开利益，就一定会使自己出丑。"对于价值认同来说，利益机制的作用表现为基础、动力、协调杠杆等几方面。

　　就基础作用而言，价值认同的前提是认知。所谓认知，就是主体在经验基础上，感知、理解和评价客体的属性、意义、作用等，并与自己的需要、利益进行对照和比较。就动力作用而言，价值认同的动力除了思想文化教育的感染力外，还有利益机制的驱动力。因此，大学生社会主义核心价值认同，要注意提高价值教育的吸引力和感染力，还要注意完善社会主义利益机制，不断提高综合国力和人民生活水平，让大学生在社会和学校生活，以及自身家庭生活质量改善与提高中，不断增强利益获得感与满足感，增强对国家、民族的自尊心和自豪感，激发爱国热情，培育民族精神，提升价值认同。就协调杠杆作用而言，机制的基本含义是控制、影响事物运动的机关和关键。通过对利益支撑点的调整、平衡，协调和稳定各方利益关系，利益机制得以实现其影响作用。当下及未来，我国各利益主体之间的利益关系较为复杂多样，利益发展不平衡是不可避免的客观现象。对这种现象，可以充分发挥社会主义国家的制度优势，通过利益机制加以平衡、协调和稳定，促进人们的社会主义核心价值认同。在大学生社会主义价值教育语境下，社会主义核心价值认同也要注意平衡、协调、稳定不同大学生利益主体在诸如评优评干、奖助学金、社团锻炼等各方面的现实利益关键点，关注并且倾听他们的利益诉求，千方百计想办法帮助他们实现和增进正当利益。

第 7 章
大学生社会主义核心价值认同的
内生机理与外推举措

从心理学的角度，人类认识是一个在实践基础上，由知—情—意—信—行诸环节构成而不断深入、发展和转化的过程。任何一种认识，都是经由外在的知识性传授与学习，从而逐渐转化为内在体验、判断与思辨，经过复杂而反复的感情、意志、行为等环节，把教育主导者所想要达成的教育目的内化为受教育者自身的认知，进而外化为现实行为选择，以实现预期中的主观认同和行为转化。也就是通常都要经历从感性认识到理性认识、由粗浅理解到深入思考、从被动接受到主动探索等的基本过程。

大学生社会主义核心价值认同，也要遵循这样的外推与内生、内化而外化的动态推进与发展过程。具体来说，就是要由大学生社会主义核心价值认同的起点到重点、拐点到焦点、最后达至落点，经过从注意到理解、从转化到生成、最后实现外化的理性认知、情感共鸣、心态调适、信仰积淀、实际践行这五个前后相继又有交叉叠加的环节，大学生社会主义核心价值认同才因此可能具有一种实践基础上的可靠保障，也才可能促成大学生把社会主义核心价值所蕴含的思想理念纳入自身价值体系之中，实现"为人民服务"的社会主义核心价值认同。

7.1 认同的起点：注意——理性认知

认知以事实为对象，主要解决"是什么"的问题。价值认同首先来自清醒的理性认知。作为大学生社会主义核心价值认同的起点，理性认知主要解决大学生对社会主义核心价值在知识和事实层面的了解与理解、认识与知晓。大学生社会主义核心价值作为一种贯穿、体现和融合在社会主义道路、社会主义理论、社会主义制度和社会主义文化中的现实价值形态，它具有自身的理论存在和现实呈现方式。而不管是理论层面还是现实层面，这样一种价值形态，并不会主动地进入大学生的认知视野和认同范畴，首先需要以理性认知作为起点，吸引大学生的价值注意①。也就是首先实现大学生在心理活动层面指向和集中于社会主义核心价值，在多元价值刺激中有选择地反映社会主义核心价值，而离开、忽视、忽略其他社会核心价值，并且对社会主义核心价值保持停留，对其他干扰的价值形态产生抑制。从心理学的角度来说，外部刺激的特点和人的主观因素，是注意产生及其范围和持续时间的主要决定因素。大学生社会主义核心价值认同我们应该突出重点，着力通过课堂主渠道、课外沙龙等第二课堂的重要途径，以及激发大学生内在心理需要得以实现。

7.1.1 通过课堂系统学习领会真谛

在相当长的时间内，从理论和实践两个维度，在价值建设方面，国家主要下功夫解决的问题应该是继续建设社会主义核心价值体系，重点是培育和践行社会主义核心价值观。如此一来，大学生不管是在家庭、社会还是学校，在他们目之所及、行之所达的范围内，他们——其实也包括作为教育者的我们，耳闻目睹的，不管是各类飘扬的传统横幅，或者不断闪烁推送的电子显示

---

① 所谓价值注意，并不是一个具有严格学术意义的名词和范畴。价值注意仅表明，当今大学生，其所关注、关心和注意的价值形态是多样且多元的。在这多种多样的价值形态中，本书使用"价值注意"意在表明哪种价值形态可能吸引他们较多的注意力和关注度。

屏，还是街边道旁各式新颖独特的箱牌，密集一致宣传推广的，大都是体现社会主义核心价值观基本内容的十二个词、二十四个字。这些形式和内容，究其实质，其实都是在彰显和体现社会主义核心价值。但是，作为一个具有独立价值内涵的范畴，社会主义核心价值，因为它还没有成为学界的一种"显学"，因而大众层面的认知想必也是受遮蔽的。因此，在大学生"三观"培塑的关键阶段，教育者要树立价值教育的系统观和全局观，着力让"为人民服务"的社会主义核心价值通过各种可能的渠道进入大学生认知领域，让他们窥其实质、识其真貌、悟其真谛。如此，便能促进社会主义核心价值之"体系"和"观"在整个社会的建设、培育和践行，打牢整个国家和民族团结奋斗的共同思想基础。

社会主义高校的所有课程都担负着对大学生进行社会主义核心价值与主流意识形态教育的责任。正如习近平总书记所指出的："让各类课程与思想政治理论课同向同行，形成协同效应"，实现和坚持"课程思政"（也就是其他各门课程都主动地、有意识地开展思想政治教育）；但思想政治理论课作为思想政治教育的主渠道，系统讲授马克思主义及其中国化理论成果是首要之职，它应该成为宣传社会主义优越性、弘扬社会主义核心价值的主阵地，担负起"主体责任"。也就是"为什么教"的问题是不在讨论之中的；问题是如何更好地解决"怎么教"这个问题。

在我们一如既往地强调思想政治理论课的独特地位和作用时，在我们教学实践中已探索总结出一系列丰富的教学方法并且教学方法的优化成为思想政治理论课教学改革持续热点的时候，我们应该对列宁在 1902 年的《怎么办?》一书中详细阐述的"灌输"思想加以回顾和重视。在文中，列宁全面阐述了"灌输"思想，重点回答了为什么要灌输、灌输什么、怎样灌输等几个主要问题。对大学生进行社会主义核心价值认同教育，不管是时代特点还是学生情况，都与列宁阐发"灌输"思想时殊异。但是在方法论意义上，这种思想和理论非但没有过时，反而应该不断坚持和发扬，尤其是在思想政治理论课的课堂上。当然，依然要坚持和发扬的，绝不是已备受诟病的强"输"硬"灌"、我"打"你"通"、强制"填鸭"等具体的灌输方法，而是要站在学生的角度，基于学生宜于接受的基础，不断更新和运用形式多样的教学方法。在此提出"灌输"，只是认为，如果我们不坚持"灌输"思想和原则，不去占领、不去站稳马克思主义和社会主义的阵地，如果任由其他的什么主义、什么价值系统"灌输"进入大学生的头脑，那么，我们很可能人心丢失、阵地不保，社会主义价值建设和价值教育便也就无从谈起，无从保证，很有可能会再次付出惨痛代价。

因此，思想政治理论课的几门主干课，责无旁贷地通过课堂主渠道系统讲授、宣传和传播社会主义核心价值。要通过课堂主渠道，清楚传递出社会主义"为人民服务"的积极价值能量；要通过课堂主渠道，让学生认识到，正是秉持这样一种"让人民群众过上好日子"的价值取向，中国共产党才能获得巨大而宝贵的人民支持，国家也才能历经艰险而由革命到建设再到改革发展，并在此过程中由弱到强，逐步实现民族复兴伟大目标；要通过课堂主渠道，明确传递出"社会主义好，社会主义好，社会主义国家人民地位高"的价值信息，树立起人民群众当家作主的责任感与荣誉感。唯有如此，才能让"为人民服务"的社会主义核心价值，在大学生心灵上留下深刻的思想烙印，并以其强烈巨大的真理性价值感召力与感染力，积极参与大学生不断生长、生成中的价值观念大厦建构和价值蓝图绘制，让"为人民服务"社会主义核心价值成为大学生知识体系和信仰体系的有机组成部分。

7.1.2 通过课外沙龙开展观念碰撞

按大部分高校的课程设置和学分安排，现在，大学生在课堂学习之外的自我学习、自我实践、自我教育时间是比较多的。大把大把的课外时间，给了大学生丰富而充裕的时空自由，让他们可以拓展、加深自己的兴趣爱好和专业知识，全面而相对自由自主地提升各方面能力和素质。以校外各种创造、创业和创新实践活动等作为主要课外活动形式和目标的现象，在大学生中还并不普遍，也并没有成为大多数大学生的主流状态，更多大学生的课外活动主要还是在校园内。

在思想政治理论课全面、系统、深入讲授社会主义核心价值的基础上，我们可以利用大学生课外时间，构建思想政治理论课教学科研部门、学生管理部门、宣传部门和教务部门等齐抓共管的"大思政"育人格局，有计划、有步骤地组织开展一些能引起大学生思想政治、道德观念、价值文化等方面碰撞、冲突、争鸣、探讨的学术沙龙、辩论与演讲、情景话剧等形式多样的活动。可以利用团委、学生会以及它们下属的一些社团组织，围绕思想政治理论课几门课程教育教学目标，开展一些形式多样、内容丰富的课外沙龙活动。这些沙龙活动主题的设计和选择，总得来说要理论联系实际，要与大学生学习、生活、思想等方面的关注点有机契合与对接。放眼国际国内时政热点与焦点，围绕历史与现实展开论辩、交流与分享，宏大叙事要尽可能接地气、近人心，甚至可以论辩发生在校园里的一些不起眼"小事件"……通过这些主题沙龙活动的开展，帮助学生培养正确判断和选择的基本能力与素养，引导他们分辨是非对错、黑白美丑，廓清他们的模糊看法和观点，矫正一些不正确的价值观念和行为实践。

2015 年中国共产党中央委员会宣传部、教育部印发《普通高校思想政治理论课建设体系创新计划》，为了不断推进马克思主义中国化、时代化和大众化，围绕把思想政治理论课"建成学生真心喜爱、终身受益、毕生难忘的优秀课程"目标要求，近年来，全国不少高校和相关部门，尝试和探索了一些课外学术沙龙的活动与形式。这些主题鲜明、内容经典的沙龙活动，蕴意深刻而形式新颖，符合大学生的接受习惯与喜好，产生了积极而广泛的影响。比如,由人民网和内蒙古电视台联合打造的"好有趣,好营养,好品位"的"三好"读书节目"开卷有理"之"马克思靠谱",就以师生互动的沙龙形式,轻松活泼和时尚青春的话语风格,在幽默与智慧中,把风趣、营养而又有品位的教育教学内容,展示和传递给了大学生。再比如,长春师范大学"青年马克思主义者培养工程"的"关注成长沙龙"实施四年来,共有 600 多名学员、4 000 多名会员、1 万余人次参与共 110 多场沙龙。沙龙从如何面对交友与感情挫折,到个人职业发展与规划,再到中国前途命运的趋势判断,甚至也讨论世界风云变幻……各种沙龙规模不一、主题丰富、形式不拘。每一次交流和讨论,大学生之间都会有精彩而激烈的观念碰撞与思维互动,学生们在沙龙参与中"脑洞大开""外挂开启",深受感染、彼此启发。诸如此类的课外沙龙活动或学术主题聚会,应该作为开展大学生社会主义核心价值认同教育的经典形式和重要路径选择。

7.1.3 通过激发心理需要加以肯定

苏联著名心理学家波果斯洛夫斯基曾指出:"需要是被人感受到的一定的生活和发展条件的必要性。它反映有机体内部环境或外部生活条件的稳定性的需求……需要是人的思想活动的基本的动力。"美国人本主义心理学家马斯洛在 1943 年发表了《人类动机的理论》(*A Theory of Human Motivation Psychological Review*) 一书,书中提出了著名的需要层次论。他认为,人有五种层次的不同需要,从低到高分为生理、安全、社会(也叫归属与爱)、尊重和自我实现五个需要层次。马斯洛认为,这五种不同层次的需要潜藏于人,在不同的时期表现各异。激励人行动的主要原因和动力,是人最迫切的需要。人需要的满足,有一个逐渐从外部转向内在的过程。在开展大学生社会主义核心价值认同中,马斯洛需要层次理论可以带给我们不少启迪、启发和启示。

当前，国际国内形势都在发生深刻而快速的变革，这种变革带来极大的思想观念冲突和社会心理矛盾。面对这样的变迁和发展，停留于表面的粗浅教育内容和方式，效果已不明显，已不适应形势发展的迫切需要。大学生社会主义核心价值认同，必须深入洞察并研究大学生的内在心理与精神世界，有针对性地开展价值教育。

随着改革开放和现代化建设地发展，现在的绝大部分大学生，他们基本的生理需要和安全需要是能得到比较好的满足和保证的，他们大体处在由安全需要向社会需要过渡和发展的环节，也有获得尊重的需要，以及自我实现的需要。因此，我们就要研究，大学生的社会需要是如何表现的？他们需要什么样的归属与爱？他们对社会的期待与向往是什么？如何正视和引导大学生的这种社会需要？又要如何引导大学生正确认识社会对他们的需要和期待？大学教育如何助力于大学生的自我实现？也就是说，作为教育者，我们要看到，大学时代的年轻人，由于身心的急剧变化和成长，他们的社会需要日益强烈。同时，虽然大学生的身份是学生，但他们并不是被动地接受教育者的摆布。在进入大学之前，他们已经具备一定的生活和学习经验，已经具备自己的知识积累、行为习惯和价值观念。如果这些作为背景性的经验、知识、观念与大学阶段价值教育在性质上相契合、相对接，那么社会主义核心价值认同教育就会比较容易和顺利地融入大学生已有的认知图式；相反，则会产生排斥和抗拒，社会主义核心价值认同实现的难度增加。不管是哪种情况，尤其是针对后一种情况，我们都可以通过激发、激活、唤醒大学生新的心理需要加以恰当的教育和引导。作为人的思想活动的基本动力或者说动力之源，"需要是有机体内部的某种缺乏或不平衡状态，它表现出有机体的生存和发展对于客观条件的依赖性，是有机体活动的积极性源泉。"开展大学生价值教育，我们可以明白无误、开诚布公地告诉学生，任何一种社会都有自己的主导价值，这样的主导价值体现和代表了这个社会的基本价值取向和需要，顺应了这个社会发展的潮流与趋势；任何时代的人们，如果要求得好的生存与发展质量，其实都需要在一定程度上与时俱进，力求保持与社会潮流和历史趋势的协调和统一。社会主义核心价值作为社会主义社会的主导价值，体现了社会主义国家里绝大多数人民的根本利益，代表了社会主义国家里绝大多数人民的利益要求，它既是一种真理性的价值判断，也是一种具有先进性的价值文化，理应成为大学生根本的价值选择、价值追求和价值需要。

一旦成为大学生的心理乃至文化层面的需要目标，社会主义核心价值就会以意向、愿望、理想等形式表现出来，慢慢成为推动大学生在情感上趋近和认同社会主义核心价值的动机。

7.2　认同的重点：理解——情感共鸣

对社会主义核心价值观一定的价值认知和心理需要，表明大学生从知识层面认识和了解了社会主义核心价值，对其是什么有了一定的理性认知，也意味着大学生明白认同这样一种价值是应该的，具备了一定的心理需要和认同动机。但若要让社会主义核心价值真正进入大学生的头脑，则不能或缺情感共鸣这一重要环节。没有情感投入的教育，就不是真正的教育，也不可能取得想要的结果和成效。

7.2.1　以国家重大事件激活情感认同

所谓国家重大事件，是指在国内外所发生的，对国家以及人们有着重大影响的事件。在大学生价值教育中，国家重大事件具有无可替代的价值，是十分独特而难得的教育资源。

第一，国家重大事件彰显着社会主义核心价值。国家重大事件对大学生认同社会主义核心价值具有重要意义，并非单纯依赖于事件本身的社会规模大小或自然力量强弱，而是源自参与事件的大学生或受其影响的大学生，他们对事件所做出的价值评价和行为选择，以及随之而必然具有的价值判断和价值取舍。国家重大事件对社会主义核心价值的彰显，主要体现在两个方面。

首先，国家重大事件在效应上具有整体性，因此其从整体上影响着社会的思想观念。不管是在自然规律支配下的突发自然现象，抑或作为社会规律、社会意志、社会记忆的反映与缩影，国家重大事件对社会的影响不只是孤立的个体或局部，时间上也不大可能转瞬即逝。由于其"重大"，在发酵、发生、形成、发展与结束的整个过程中，国家重大事件都无时无刻地改变着人们各个层次的思想认知原点、价值选择倾向以及道德行为取向。并由此，而逐渐并最终衍生、转化和育养出具有时代特色的社会核心价值观念，或者对已有的社会核心价值观念起着拓展深化作用。而在社会核心价值观念中，其最内核的、决定着是形成这样的而不是那样的观念的价值，就是这个社会的核心价值。2008 年，国家重大事件频发。在四川汶川地震中，人们在巨大的灾难面前，产生的伟大抗震救灾精神，在"我为人人，人人为我"的守望相助中，彰显和体现的正是"为人民服务"的社会主义核心价值。同样，北京奥运、载人航天、国产航母、国产大飞机、新冠肺炎等国家重大事件，所形成的特色鲜明的时代精神和精神财富，也是"为人民服务"社会主义核心价值富于时代性的呈现和表达，蕴含着丰富的以人民至上、人民中心、人为本、团结协作、崇尚义利、自强不息、开放进取、甘于奉献等积极价值内容，是社会主义核心价值的明确彰显和"联动"展示。

其次，利用国家重大事件的时空契机，及时将积极效应最大化，由此协调、控制、转化主流价值与非主流价值、核心价值与外围价值之间的关系，形成优质的社会主义核心价值教育资源库。国家重大事件一旦发生，就变成为各种价值和价值观相互较量的"战场"。相异价值认同之间的冲突，在国家重大事件中，具体表现为人们行为的差异；各类价值认同在事件发生、发展中有着不同的价值行为表现，整个重大事件可以视为这些价值认同的混合。在一定程度上，不同的价值认同甚至可以决定重大事件相关片段与环节的性质和走向。一种社会核心价值能够生成并被接受，通常需要经过较长时间的进化。在此过程中，国家重大事件即提供了一个契机；而在这个契机中，不同价值认同间的对立、冲突和抗争也是必经的阵痛。在了解和观察不同价值认同的表现之后，人们可以认识到，正确而理性的价值认同，在国家重大事件中是如何反应的，它是如何有利于事件的解决和推动良好结果出现的；而错误和"任性"的价值认同，又是如何可能在国家重大事件中表现出其违和感与相悖感，甚至引导事件向着消极与不利的方向发展。这样，在国家重大事件中，"为人民服务"社会主义核心价值认同，就可以通过矛盾和冲突孕育而生，并得以体现和彰显，进而不断获取不竭的价值生命活力。

第三，国家重大事件营造了大学生社会主义核心价值认同的必备社会氛围。人类核心价值认同的形成，根植于特定历史条件下的社会生活之中。物质的与精神的、客观的与主观的等各种因素交织在一起，随社会的变迁而变化。"只有生活本身才能为自己制定法则。在生活之上或之外，不再可能有什么了。"因此，人们核心价值认同的发生与发展，既是个体的又是社会的，是在个体在与社会的交流与互动、影响与作用中逐渐形成和发展起来的。同时，在大学生社会主义核心价值认同问题上，也不仅仅是单一的学校教育问题，而需要全社会都融入其中并发挥作用。大学生价值教育既具有政治意义更具有生活意义。所以，在大学生价值教育中，我们应该注意坚持和贯彻"社会即课堂，生活即教育"的原则，把国家重大事件所产生和具有的浓厚社会氛围，转化为大学生在其中进行生活历练、开展价值教育与养成的有利环境。

不管有无国家重大事件，社会本身就是一个各要素相互影响、相互作用、相互关联的统一和有机整体。在现实生活中，大学生无时不在地受着大大小小事件的影响。这些事件都无一例外、无处不在地彰显着社会的核心价值，体现着社会的核心价值理念，蕴涵着巨大的牵动和连带效应，因而也就现实地存在着进行价值教育的社会氛围问题。对大学生进行社会主义核心价值认同教育，应当充分协调和整合这些社会资源，加以合理运作与利用，以形成系统、全面、立体化的教育环境，甚至把这种环境当做大学生的直接生命过程，引导他们全力投身其中，积极参与和体验。尽管在人们的生命过程中，以及大学生的生命过程中，国家重大事件不可能经常发生从而达到数量上的主流，但这并不能削弱它在价值教育方面所包含和具有的难以估量的推动能量与作用。因为，从规模和程度来看，国家重大事件的"吸睛"度和关注度，远远高于一般事件。事件发生以后，通常都会成为媒体高覆盖甚至全覆盖的磁场，成为人们较长一段时间关注与讨论的热点、焦点和重点，其社会影响力与辐射力非常大。同时，事件发生以后，其本身也就成为各种价值理论、价值形态拓展阵地的目标，各种社会思想和思潮都会抓住机会借题发挥、大做文章，从而事件也就成为一个无形的"价值战场"。

利用国家重大事件开展大学生社会主义核心价值认同教育，如果能巧妙地利用其磁场效应吸引大学生"眼球"，并将他们自然地导入其中，可能会收到非常好的教育效果。社会主义核心价值具有较明显的理论特性，这决定了它需要被社会化与行为化。而在理论和行为的转化之间，需要一个中介或者桥梁。国家重大事件便能够以一种社会化的语言实现价值理论向价值行为的转化。在社会信息化条件下，一旦发生各类国家重大事件，便会介入并构成人们社会生活的一个重要组成部分，催生和促进着人们价值认同的转化。旧有重大事件和人们的价值观念成就了新的重大事件，而它又进一步催生着新的价值观念和价值认同，这是它的潜在教育价值。人们的价值观念经由这个过程被深刻改变着。如此，国家重大事件便成为了社会主义核心价值认同教育方式的自然选择。这种对于国家重大事件的价值解读，塑造了完整连续的核心价值认同教育氛围，也与传统价值教育以单位和单元为基本元素各自为政的教育小格局运作不同，国家重大事件影响的全社会性要求价值教育实施开放性的大格局运作，即全社会的共同运作，以开展社会性价值认同教育。这种全景式的教育氛围，有效解释了社会主义核心价值认同在社会中所扮演的角色。同样，大学生社会主义核心价值认同要有效地实现，就必须贴近大学生的生活和思想，抓住现实社会生活中典型的人和事，尤其是那些能对大学生价值认同和思想行为产生重要影响的国家重大事件，将其作为重要的教育资源进行开发和利用，从而营造全景式的价值教育氛围，在其发生时空范围内将其价值教育的潜质和功能最大化。

最后，国家重大事件巩固了大学生社会主义核心价值认同的实践环节。从动态来讲，大学生认同社会主义核心价值的效果总是要在实践中才能得到真正的深化、巩固和检验。而国家重大事件，无疑是最生动、直接和关键的条件与契机。因此，国家重大事件为"理论与实践相结合"的价值教育体系提供了一个有效的实践环节。从其重要性和规模性来说，在传播价值观念的过程中，国家重大事件的影响力和感染力是空前而独特的。大学生社会主义核心价值认同，由观念转化为行为，合适而恰巧的催化剂，有时会起来到事半功倍、意想不到的作用。利用国家重大事件，以其作为调动大学生主体性、能动性、创造性的一种手段和杠杆，往往可以使得在常规教育条件下不可能实施的一些实践教学得以实现，从而化解与调和价值冲突、促进理性行为。在多年来国家系列重大事件中，经由媒体曝光和披露，我们较为全面真实地了解到，不同价值观念主导下的人们，面对不同类型的重大事件，其价值认识是有很大差异的，进而产生出了完全不同价值行为选择。其中，既有人性真善美的展示与彰显，也有人性假恶丑的宣泄与暴露。从这些事例中，大学生们不仅感性直观地了解了社会、认识了人生、看到了人性，而且还由此激发出了理性而强烈的社会责任感，"他们仿佛一夜之间懂得了'同志情谊'、懂得了'爱和给予'、懂得了'担当'、懂得了'责任'和'使命'。"

但值得注意的是，在国家重大事件中，占据上风的不一定都是理想的核心价值观念或者"为人民服务"的社会主义核心价值，有可能是与之对立的个人主义、利己主义、自由主义等其他价值形态和价值观念。有些时候，国家重大事件对大学生行为方式的后续转化也不一定符合社会主义核心价值取向。这就提醒教育者，在利用国家重大事件促进大学生认同社会主义核心价值、进行社会主义核心价值观念的升华过程中，我们不仅要通过国家重大事件确立"为人民服务"社会主义核心价值的主导地位，增进大学生价值感悟，而且还要借鉴良性"冲动"理论，将由国家重大事件引发的情绪和情感冲动引向积极正确的方向。除此以外，还要注意为大学生提供参与、经历和处理国家重大事件的机会，在实践中进一步激发和增强大学生对社会主义核心价值的情感认同，培养符合"为人民服务"社会主义核心价值的理性行为。

7.2.2　以大学生先进典型增进情感认同

从新闻学的角度来说，"所谓典型，是指同类中具有代表性的人物和事件。它从一般人物中概括出来，具有自己的个性，同时它又是同类人物或事件中的突出代表者。"大学生先进典型，是在思想政治教育过程中，涌现和筛选出来的代表性、典范性人物，体现、承载了国家和社会对大学生的期望，是大学生中的先锋和楷模。大学生先进典型能以点带线、以线带面，形成对其他大学生的价值引领、精神激励和行为示范，有利于形成科学正确的舆论导向，从而有利于大学生社会主义核心价值认同教育。

大学生先进典型是联结大学生社会主义核心价值认同双主体

的桥梁。在现代思想政治教育中，经过多年的理论争鸣，学界有不少专家和学者主张，教师主体地位应该可以得到确认。师生"双主体"模式是存在的，"双主体"间的和谐互动势在必行。作为在实践中形成的、联结教育者和其他受教育者的中介和纽带，大学生先进典型以其独特而重要的作用，使得"教"与"学"双方积极互动、彼此影响。

首先，大学生先进典型具有传导性。作为大学生群体中的一个独特存在，大学生先进典型有特殊的传播、传递与引导、导向功能，既承载着社会主义核心价值的教育信息或内容，又蕴含着目的指向性和双向沟通性，有着促进其他大学生认同社会主义核心价值的明确而清晰的属性与特质。作为一种价值真理，社会主义核心价值得考虑其传播与传导方式；若非如此，其被人所知晓和理解的范围与效果都会大打折扣。正如有学者指出的那样："真理必须以有效的表现形式显现出其思想的威力。软实力需要软灌输，要研究有效传播的话语形式。"促进大学生认同社会主义核心价值，利用大学生先进典型这样的载体和资源，无疑就是传播社会主义核心价值这个"软实力"、这种特殊文化形态的有效"软灌输"形式。

其次，大学生先进典型具有生成性。作为特殊的大学生群体，大学生先进典型来源于大学生群体，是从他们中生长和涌现出来的，也是社会主义价值教育的阶段性成果、节点式发展的表现。但有时容易给人一种印象，就是大学生先进典型的形成与出现，看起来好像具有偶然性和随机性；有些大学生先进典型，培塑得过于完美，也会引起人们对其真实性的质疑。在现实的价值教育实践中，或许由于宣传推广方式方法的不当，人们有时会认为个别典型只是"一瞬间冲动"的结果。大学生先进典型体现的是教育者的预设期望、价值教育的动态实施、大学生自我成长与建构等方方面面整体联动之过程与结果。此外，大学生先进典型并不是封闭静止的实体，他们既在实践中不断生成，又随着社会主义价值教育渐进式发展，不断提升自身原有的状态，不断完善并且不断超越，从而不断促成新的先进典型产生与出现。不管是培育塑造、选择树立还是宣传推广大学生先进典型，每一个环节、每一次活动，都必然会有不同的评价与反馈。这些来自不同评价主体的评价与反馈，一方面可以对大学生先进典型形成激励与肯定，以及外在的监督与约束，促使他们精益求精。另一方面，又可以凝聚和带动其他大学生群体，激励他们"见贤思齐""见不贤而内自省"，从而催生出更多的大学生先进典型，不断充实与更新大学生先进典型本身。

再次，大学生先进典型具有渗透性。在大学生先进典型身上，蕴含着丰富的价值教育信息或内容；而"为人民服务"的社会主义核心价值则寓居其中，二者相得益彰，互为表里。因为拥有大同小异的成长与成才目标，相似的学习、生活环境和活动时空，其他大学生在与大学生先进典型"同学"同玩、同吃同住中，会较容易地受其影响，从而可能变得"志同道合"。因此，大学生先进典型在潜移默化、润物无声中，感染和熏陶着其他大学生的思想和行为，改变着他们的态度和看法；也在不知不觉中，矫正和廓清着大学生们的认知偏差与价值迷茫，转变价值认同立场与倾向。由此可见，大学生先进典型，一方面是教育者长期"孵化"和教育的成果，意味着教育目标、教学目的和教学任务的实现和完成，承载着国家对高校人才培养的理想、期望、希冀与要求；另一方面，他们又是从大学生群体中"自然生长"和逐渐成长起来、并对其他大学生具有正向影响与导向作用。因此，在联结教育主体和客体的意义上，大学生先进典型之所以成为价值认同教育的自然选择，根本在于，他们身上寄托着教育者的教育理想，也蕴含着教育者希冀传达的教育目标，还是与大学生"同步在线"的青春同龄人。相较于常规的主渠道和"灌输"法，大学生先进典型能够更好地联结价值教育主体和价值认同主体，以其"偶像"般的强大感召力而凝聚人心、振作精神、引领方向。

大学生先进典型精神是社会主义核心价值的鲜活诠释。时代孕育典型，典型反映时代。大学生先进典型精神，是大学生先进典型身上所蕴含并彰显出来的优秀品质的总称。这些品质，凝聚着民族文化的血脉、基因和秉性，彰显着时代的理性追求，闪烁着人性的温暖光芒，体现着社会主义价值的核心追求。在不同历史时期，全国各地都涌现了许多大学生先进典型。进入改革开放新时期以后，大学生先进典型的事迹亮点与特色不尽相同，各有千秋。但无一例外，这些大学生先进典型都集中体现了社会主义社会的理想信念、价值标准和道德规范，他们都以自己特有的青春形象和行为选择，或在平常时候或在关键时刻，凝练地表达和展示"为人民服务"的社会主义价值。也就是说，在社会主义核心价值和大学生先进典型这两对范畴中，前者是后者的内在精神和灵魂；后者是前者的外部表征和体现，是其具体化和人格化。因为承载着家国情怀和民族大义的期望和要求，大学生先进典型就成了社会主义核心价值政治性内容的非政治性传授、传播和影响方式；又因为大学生先进典型散发着可尊可敬可亲的人性光辉，因此富有感染性和可信性，在情感与心理上与其他大学生群体"零距离"地接近和相容，其在弘扬和表达主旋律、讴歌和颂扬正气歌时，不易导致排斥和逆反，易受青睐和接受，利于其他大学生观其所行，听其所言，信其所思，仿其所行。

大学生先进典型营造了大学生社会主义核心价值认同的健康环境。但凡身心发展正常健康的青年大学生，在其成长过程中，都会主动寻求情感和认知上的同伴与朋友。大学生先进典型因为是其他大学生的同龄人，会较为自然地成为他们心智成长重要而不可或缺的参照对象，他们会有意识或无意识地受到大学生先进典型精神的感染和激励。当大学生先进典型出现时，教育者不能缺位不能失语，关键时刻要及时跟进、及时引导，做好大学生先进典型的宣传推广工作。教育者要努力将新时期大学生的思想需求点和典型精神的闪光点结合在一起，深入挖掘、全面展示典型价值，把他们变成大学生身边的鲜活、生动教材，真正走进大学生心坎，触动大学生灵魂，提升大学生境界。在此过程中，要特别注意营造良好的环境、条件和氛围，因势利导，锲而不舍，将短期强烈心理冲击转化为长期资源，持续开发和增强大学生先进典型示范和激励功能，让大学生先进典型具备"坚定的理想信念、高尚的道德情操、顽强的意志品质而具有卓越的思想力量和人格魅力，在大学生和其他青年群体中发挥价值引领、行为示范、道德感召的积极作用"。

　　大学生先进典型增进了大学生社会主义核心价值认同的行为实践。任何一种价值，真实的生命力在于实践；"为人民服务"的社会主义核心价值也是一样。如果说社会主义核心价值是一片"良田沃土"，那么大学生先进典型就是植根其中、应时而开的"灿烂百花"。在他们的榜样示范作用下，还会"一花引来百花开"，激励引导更多的大学生参与到践行社会主义核心价值的行列之中。因此，在社会主义核心价值由理论形态转化为现实行为的实践环节，大学生先进典型起到了"深度接轨"、连接桥梁的功能。二者之间存在一种相互塑造、彼此印证的关系。大学生先进典型身上，总是凝聚着可以引起大学生群体普遍共鸣与共情的宝贵品质与精神价值——可能是知恩图报、行孝敬老的传统美德，可能是积极向上、直面困难的阳光心态，可能是矢志不渝、立志成才的执著追求，可能是自强不息、持之以恒的拼搏精神，可能是胸怀天下、志向高远的报国情怀……不管是什么样的类型，都会唤起大学生内心深处的正知正念，带给他们强烈的心理感悟，激起他们践行真善美的热切期待。大学生先进典型对于其他大学生群体的影响，不管是否最终导致和达成他们的现实选择与行为升华，但大学生先进典型提供了示范活动的象征性"标本"和"样本"，其他大学生群体由此获得可对照、"可视化"的鲜活对象，其模仿动机被激活，教育者因此可以通过适当的影响策略，教育引导其他大学生群体的行为实践。

7.2.3　以网络文化传播巩固情感认同

"文化是民族的血脉，是人民的精神家园。全面建成小康社会，实现中华民族伟大复兴，必须推动社会主义文化大发展大繁荣，兴起社会主义文化建设新高潮，提高国家文化软实力，发挥文化引领风尚、教育人民、服务社会、推动发展的作用。"文化，是人卓然立于自然之中的独特生存方式。网络文化，是以网络为载体和平台，抑或以网络为依托和中介，从而形成的一种特殊文化样态。在党的十七大上，"网络文化"第一次被写进了大会报告，这充分体现了党中央对网络、网络环境、网络生态的高度重视。在大多数高校都搭建了校园网平台的情况下，必然就会形成相应的网络文化。出生在、成长于信息化时代的大学生，他们的网络化生存已然成为一种常态。在此过程中，也就形成了不同于传统环境条件下的高校网络文化。网络文化带来的机遇显而易见，它不但拓展了教育空间，还充实了教育内容等；带来教育效率的极大提高。但是网络文化带来的负面效应也不容小视，深刻地影响了大学生的价值观念和行为方式，对他们的身心健康和辨识能力造成了不利影响，同时它所带来的全新的教育方式也使得教育者的权威性受到了前所未有的挑战。因此，全球互联网时代，几乎没有什么人类活动可以跟网络完全脱离关系；互联网＋时代，也几乎没有什么教育可以完全脱离网络而独自开展。充分利用和发挥好网络文化的作用，已经成为开展各种教育包括大学生思想政治教育以及价值教育的必然选择。在网络文化视野下，通过传播网络文化巩固、深化大学生社会主义核心价值认同，要注意把握以下几点：

第一，坚持守土有责、守土负责、守土尽责，积极传播正能量。党的十八大以来，在不同场合，习近平总书记相继发表了"要坚持党管媒体原则，严格落实政治家办报要求""占领信息传播制高点"等一系列重要论述。大学生思想政治教育，或者说大学生社会主义核心价值认同，其本质也是一个宣扬和传播正确价值导向和主流思想舆论的过程。在利用网络文化引导大学生社会主义核心价值认同过程中，要按照习近平总书记所指出的"必须坚持巩固壮大主流思想舆论，弘扬主旋律，传播正能量，激发全社会团结奋进的强大力量。关键是要提高质量和水平，把握好时、度、效，增强吸引力和感染力，让群众爱听爱看、产生共鸣，充分发挥正面宣传鼓舞人、激励人的作用。在事关大是大非和政治原则问题上，必须增强主动性、掌握主动权、打好主动仗，帮助干部群众划清是非界限、澄清模糊认识"，守好网络领域的"上甘岭"。

第二，整合媒体资源，利用好网络传播载体。信息时代的大学生，几乎人人都是"不折不扣"的网民。由于对网络文化的青睐与热衷，大学生们的生活，实际上可以说就是浸润、"淹没"在网络文化之中的。换言之，网络文化已作为一种外在的无形软环境，呈一种"天罗地网"把大学生笼罩其中。既然如此，有一个问题就显得非常重要，即我们应该整合什么样的媒体资源以形成网络文化？怎样利用网络平台传播社会主义核心价值？在传媒数字化条件下，各类媒体资源的优化整合，或者说经过近几年的强力推进的媒介融合，全媒体传播社会主义精神文明、社会主义先进文化和社会主义核心价值的态势已然形成。各媒介平台运用互联网思维，推动传统媒体和新兴媒体融合发展，通过媒介资源的整合与融合，在保持自身个性化、特色化风格的基础上，坚守价值教育与信息传播的基本原则和立场，把价值教育的科学性与传播形式的多样性、艺术性有机结合起来，做出了有益探索，取得了巨大的成效。但在纷繁复杂的媒介信息中，作为思想文化集散地和社会舆论放大器的网络平台，在对网络文化内容的甄别、筛选、取舍和把关上，不同的平台主体是良莠有别、参差不齐的，有一些网络平台泥沙俱下，沦为负面舆论和消极信息的重要渠道，从而给大学生价值教育带来了消极作用。这也是近年来国家互联网信息办公室等部门加强互联网信息管控的主要原因之一。

第三，重视引导力量，使网络文化成为传播社会主义核心价值的重要杠杆。在传播社会主义核心价值的过程中，如何恰当而适宜地利用网络文化，使其成为相较于传统文化独具优势的另一种发挥协调作用的杠杆，理应成为我们考虑平衡引导和传播力量的重要因素。网络文化传播呈现的是一种多向型新格局，是对原有传统信息传递环境和方式的突破，改变了时空限制，其鲜明特点是多元、互动、开放和自由；对公共生活，以及人们思维特点和行为方式的影响力、渗透力都既深刻又广泛。作为在网络文化背景下出生和成长起来的一代，一方面，大学生们从开始，就是以"互联网思维"为主导的，他们捕捉、接收和利用信息的习惯都是数字化和信息化的，他们的言行表达乃至对世界的看法都基本是"赛格化"的，他们富有敏锐而"智能"的时代气息。另一方面，开放而无约束的网络、隐蔽而匿名的信息，既让大学生体验到网海驰骋遨游之乐，也会给他们带来信息选择的犹疑、困惑和道德践行的迷茫与失范。因此，在社会主义核心价值的文化传播中，我们既要重视传统方式，也要高度重视网络文化的独特作用和功能，要充分而有效地利用好网络文化这个重要杠杆，抓好这一关键因素，在促进大学生社会主义核心价值认同中，趋利避害，取长补短。

第四，创新引导方式，使网络成为传播社会主义核心价值的必备双翼。客观地说，我们国家当下在互联网利用的引导、利用、管理与控制上，与西方国家相比，不仅存在服务器等硬件支持上的差异，而且在对网络信息本身的传播规律与特征等问题上，还存在认识理念、实际举措与应对方法上的鸿沟。尽管如此，促进和增强大学生对自己国家所做出的道路、理论、制度和文化选择的自信，最终实现道路、理论、制度和文化的认同，让马克思主义牢牢占据主流意识形态的领导地位，却是当务之急。

网络文化之于大学生，是通过眼耳鼻舌身的多元作用，以视听触嗅等多方全息感官综合影响的，他们接收网络文化、接受价值教育的方式因此丰富多样、立体交叉。这就决定了我们传播社会主义核心价值、引导大学生实现价值认同的方式也要与时俱进，要开辟和开创崭新的教育引导方式。教育引导方式的创新，应确保网络文化信息的科学性和有效性、多维性和动态性，以及感染力和吸引力。总得来说，可以从思想引导体系、行为引导体系和话语引导体系三方面着手。基于当代大学生思维特点和信息接收特点，我们要特别注意话语引导体系的创新。在"灌输"型、"打通"型话语体系向选择型、互动型话语体系转换的过程中，要充分考虑到大学生网民群体求新求异、求变求特的现实心理需求，寓教于乐，寓教于文，以图文并茂、声光电结合等多样化、生动化、个性化方式，以形象直观、多变活泼的表现手法，或显性或隐性地将价值教育内容传递、传播、传扬给大学生，引起他们的情感共鸣，激活他们的理性思考，激扬他们的青春想象，在潜移默化、日积月累的熏陶与感染中，逐步地实现价值教育目的，促成大学生认同社会主义核心价值。

7.3　认同的拐点：转化——意志培养

在促进大学生社会主义核心价值认同的知、情、意、信、行几个过程中，意志培养或者说训练，作为一个单独的环节，有着特殊的意义和作用。在培养、训练自觉果断、坚韧自制的意志品质过程中，促进形成大学生健康稳定而和谐的心理状态、积极向上的阳光心态、持续丰沛的心理动力，进一步促进大学生社会主义核心价值认同实现。

7.3.1　通过实施挫折教育培育阳光心态

早在 2016 年全国高校思想政治工作会议的讲话中，习近平总书记就要求高校要"培育理性平和的健康心态，加强人文关怀和心理疏导。"大学生挫折教育，就是针对大学生在学习、生活、交往、健康、恋爱、就业等方面遇到无法克服或自认为无法克服的干扰或障碍，经受挫折而产生的挫折感，以教育心理学、思想政治教育学等为依托，遵循大学生身心发展规律和特点，利用并创造各种有利条件，使他们获得勇于克服困难、经受考验、承受挫折的能力。大学生阳光心态培育，就是在当今中国特定的社会历史环境和大学生身心发展综合作用下，以"自尊自信、理性平和、积极向上"作为培育目标和内容，培育大学生相对稳定的、健康和谐的心理状态或精神态势。大学生挫折教育是阳光心态培育的前提和基础；阳光心态培育是大学生挫折教育的支撑和保障。大学生挫折教育及阳光心态培育，要坚持主体性原则、引导性原则和针对性原则。实施路径则可以从以下三个方面着手。

第一，思想政治教育。系统完善而卓有成效的思想政治教育，能够树立起大学生辩证唯物主义和历史唯物主义的世界观、人生观和价值观，能够让大学生以科学正确的立场、观点和方法去认识、分析和解决问题，能够提高大学生认识和改造主客观世界的能力，帮助大学生形成开拓创新和独立自由精神。此外，现代思想政治教育也突出强调对大学生健全人格、健康心智的培养与塑造，对大学生进行思想上的引导和激励，在精神上给予大学生关爱与支持，在感情上注重与大学生的沟通与交流，在心灵上对大学生进行培育和养护。如此，大学生才可能变得更加成熟理智，学会实事求是、理性客观地分析和处理遇到的各种矛盾与问题，正确认识并处理好集体与个人、现实和理想之间的关系，具备"没有岩石的阻挡，哪能激起美丽的浪花"的自我心理防御和保护机制。在此过程中，大学生健康积极的阳光心态，便能生根、发芽、成长。

第二，心理健康教育。古今中外，很多富有生活经验与智慧的人们，都曾经阐发过、分享过相同的人生体悟，即性格决定命运，心态决定成败；即所谓"人与人之间那很小的差异（心态），可造成巨大的差异（成败）"。这其实传递出一种人生态度，也就是在人的生命之河中，对诸多事物与现象，很多时候可能并不在于其本身怎样，而主要取决于人们如何看待和面对。在长期的理论与实践探索中，很多具有针对性和实效性的心理健康教育方式方法与手段举措，已慢慢积累并总结出来①。但在现实中，一些高校从重视程度到师资保障，再到经费投入和作用发挥，心理健康教育的现状都还不甚理想，还停留于偶尔的、短期的、突击性的、非专业性的落后状态。不少大学生的心理问题得不到及时疏解，不能正确认识和看待自己面临的困难与矛盾，从而导致处理方法选择失范、失当甚至失序。基于复杂性与长期性，人们呼吁建立一种专业性、职业化、全天候和全方位的教育综合系统，从而把大学生挫折教育和阳光心态培育这项真正可以"走心"的灵魂工程落实、落小、落细。

第三，社会实践教育。社会实践教育可以为大学生思想政治教育提供真实、直观的现实情境资源，有利于大学生获取真知、接受磨炼，社会实践已成为高校人才培养的重要载体、路径和渠道。高校在探索过程中创设的各种社会实践教育，内容和形式都是丰富多样和生动变化的。中国有句俗语说"马厩里练不出千里马，花盆里栽不出万年松"；哈佛大学图书馆也有"请享受无法回避的痛苦"的墙上励志语录。大学生在走出"马厩"和"花盆"，也就是进入社会"享受痛苦"即参加实践锻炼的过程中，

---

① 渤海大学方鸿志提出，应从高校教育、大学生自身、家庭氛围、社会环境四个方面，通过榜样典型作用、完善大学生就业政策、积极利用网络新媒体等方式加强大学生挫折教育。辽宁医学院郝桂荣提出构建知、情、意三维挫折教育模式。福建农林大学苏健涵提出，通过强化理论导向与内化，以及在择业、社会责任担当、自我调节等方面来培育大学生阳光心态。重庆大学周婧提出一方面贯彻挫折教育理念，另一方面建立五级干预体系的大学生心理教育方法。河南中医学院李俊芝提出了积极引导教育、构建多维度社会支持系统、学习自我调节方法等。

在不同的时空境遇和人、事、物交互与交流中，他们可以更好地学到知识、学会做事、学会做人。社会实践教育能带给大学生成长性、累积性的生命感悟和经验启示，进而逐步培养大学生发掘潜力、驾驭压力、获得动力的能力，助益于大学生习得美好生活的方法。

7.3.2 通过化解心理危机增进心理健康

近年来，随着我国经济社会的持续转型，以及各方面改革的不断深入，人们面临的压力和挑战也在变大，出现心理问题、心理障碍、心理疾病乃至心理危机的人越来越多。此种情形也在一定程度上反映在高校学生群体中。调查显示，有各类心理问题的高校学生数量呈逐年上升趋势，大学生心理健康问题愈加凸显；每年，经由媒体公开报道的大学生自残自杀、残人杀人案例很多，其中有不少是由心理问题和导致的。高校需要积极采取各种有效措施，提升大学生心理健康水平和综合心理素质。其中，需要高度关注和重视对大学生心理危机的及时干预和处置。

大学生心理危机是指，大学生个体面临或认为自己面临某种困难的重大生活事件或境遇，不能或认为自己不能解决、处理和控制，从而产生认知、情感与行为等方面的功能失调，以及出现严重的心理失衡状态。普遍性和复杂性是大学生心理危机的两大基本特点。一方面，从主观体验的角度来说，心理危机是当代大学生普遍都会遇到的一种人生经历，这种危机的程度或大或小，影响也或深或浅，尽管不同心理素质和心理状态的大学生感受不一致，但他们普遍反映，自己在大学生期间都或多或少地经历过一定程度的心理危机。另一方面，从危机的根源来看，造成大学生心理危机的原因复杂多样。既可能源于外部宏观社会性因素，比如国家各领域全面改革带来的整体社会变迁，以及由此而产生的社会矛盾与思想文化冲突；也可能源于大学生自身的心理与生理因素，比如心理性的动机、个性等发展受阻或受挫，生理性的个体生理成长与变化乃至罹患疾病等。

危机从来都是风险与机遇并存，它既有风险，又蕴含机遇。不管是开展常规性的学生管理工作，或者一般性的思想政治教育，还是稍许特殊的价值教育和引导，高校都可以通过建立和实施大学生心理危机应对干预机制和策略，达到转危为机的客观效果。

第一，构建大学生心理危机干预体系。普遍而言，现在绝大多数高校从上到下都较为充分地认识到大学生心理危机干预和心理健康的重要性，观念认识上已没什么阻碍。但心理危机干预体系还并不健全，结果不尽如人意。完备的心理危机干预体系，应该是以危机干预中心（名称或叫法不尽一致，基本点就是建立起大学生心理危机运行机制，包括相应的机构设置、条件保障、人员配备、职责定位等）为枢纽，其他如学生管理、教学科研、后勤保障、医疗服务、党政工团等部门齐抓共管的协同配合工作网格系统。以危机干预中心为枢纽的干预体系，其基本功能一方面是常规性的，另一方面是应急性的。常规性工作，主要是从新生入校开始，通过心理普查建立大学生心理档案，重点筛选并关注、监管、防控心理高危学生。在整个大学期间，全程跟踪掌握他们的现实行为表现和心理发展动态，有针对性地给予他们生活、学习、工作等各方面关爱支持以及日常性的预约来访与心理疏导等工作，做好心理预警和干预，避免发生心理危机。应急性工作，主要表现为，在出现大学生心理危机时，这个体系的各网络节点之间，可以做出及时快速、畅通高效的整体联动反应，确保发生心理危机的大学生，第一时间获得妥当适宜的专业救助，尽量降低、减少心理危机对大学生身心的危害。

第二，心理危机干预的队伍建设及微观策略选择。学校层面的大学生心理危机干预体系和运行机制的建立十分重要。但这项工作的具体落实，最终还是要依靠与大学生接触最多的学生管理辅导员、学生骨干以及专业心理咨询与健康教育人员。因此，大学生心理危机干预队伍建设和心理危机干预策略选择，对于大学生心理危机干预显得尤为重要。作为一项对专业知识要求极高的工作，心理危机干预的主力是受过专业教育和训练、具备相应专业技能与资质的心理咨询师。同时，辅导员和学生骨干也是重要组成力量，他们在诸如提供预警信息、危机临时救助、自杀预防等方面，发挥着独特而不可替代的作用，因为他们在平时的接触和相处中，细微而及时地发现同学存在的心理危机苗头。所以，我们既要重视对心理咨询教师业务水平的提升，也要重视对辅导员队伍和学生骨干的心理危机干预知识与能力的培训。作为高校危机干预体系的重要环节，培训重点主要涉及大学生心理危机的识别、心理危机干预的基本知识、心理危机自杀自残识别和预防等方面的内容。至于心理危机干预策略运用和优化选择，则是在队伍建设达到一定程度以后，对干预主体开展干预工作科学性和有效性的更高要求。当然，这也应该是一种基本要求。因为，大学生一旦出现心理危机，其心理紊乱和扭曲等病况已相当严重；干预策略是否科学有效，可能事关生死。干预主体方法得当，就可能让大学生获得积极心理能量、渡过心理难关。在此基础上，进一步教育引导他们，大学生学会不断自我调适和自我历练，从而不断涵养并葆有坚韧豁达、乐观向上的生命态度，不断促进心理与心灵的成长。

7.3.3　通过实施自我教育增加心理动力

当代大学生的一个显著特点，便是其主体性的不断增强。大学生主体性的主要表现之一是自我教育。所谓自我教育，顾名思义就是教育对象自己教育自己。自我教育体现了大学生自觉主动地接受积极影响，对自己的思想品德和个性特点进行不断完善。自我教育是大学生的一种自主建构活动。在中国的教育传统中，自我教育是一个常新的话题。在中国的传统文化里，从来都不缺乏对自我教育的重视和承继，比如"省察克治，修己为敬""吾日三省吾身""勿以善小而不为，勿以恶小而为之"等千古良训。而在当代，国内外教育界都对自我教育给予了足够的关注和运用，一直在研究如何发挥自我教育在教育实践中的作用。通过自我教育开展大学生社会主义核心价值认同，其基本路径和方法主要表现在增强自我教育主动力和不断自我学习与修养两个方面。

第一，增强大学生自我教育的主动力。现在的大学生，大多是独生子女，普遍有着比较好的成长环境与条件，自我评价与定位相对比较高。增强大学生自我教育的积极性，可以借助朋辈教育的力量，抓住学生管理骨干，以学生党员、学生干部、各类先进个人与典型、奖助学金获得者为主体，充分调动这四股力量，发挥他们的领头羊作用，依托他们带动和影响其他大学生，在朝夕相处中起到示范与引领作用。如此，其他大学生会在观察与比较中认识到，那些在不同方面出类拔萃的同龄人，都有着借助大学这个平台展示自己为老师及同学全心全意服务的热忱和意志，彰显的是青年人爱党爱国、务实肯干和尊师尚德的优良品性；他们之所以能在各方面脱颖而出，基本上都有着强烈的自我成才愿望与行为，都有着严格的自我要求与管理；这些优秀而先进的同学，其对自我的约束与拓展，不单单成就着个体，也以其看则微小而实则强大的力量躬身实践着服务意识和奉献意识。这些显然会激发起他们的"朋辈"对比心，会逐渐让他们认识到，只有通过自我审视和剖析，正视并克服自身存在的问题，不断完善和提高自己，努力进步与突破，才有可能缩短与其他同学的距离，从而促使他们产生时不我待、奋起直追的勇气、激情和斗志。

第二，不断进行自我学习与修养。具备了自我教育的主动力和积极性，接下来便要将之付诸自我教育之主要形式的自我学习与修养行动。一方面，自我学习是自我教育最核心的内涵和要求。自我学习包含三个基本过程和步骤，即从"外烁于我"到自我选择、再到自我接受，最后达到自觉认同。自我选择的基础，来源于教育者对社会主义核心价值内涵的深刻阐释、有效宣讲和广泛传播；同时，大学生对社会主义核心价值不排斥、不反感、不抗拒的立场和态度也很重要。自我选择体现了大学生认为社会主义核心价值是适合自己的学习内容，他们愿意去探究，并积极学习。自我接受是在对社会主义核心价值进行自我选择的基础上，把社会主义核心价值"内烁于心"而纳入自己的价值框架和体系，并内化为价值品质的过程，是自我学习的关键。自觉认同则是在前两个环节的基础上，对社会主义核心价值"真学、真懂、真信"的一种状态，是一种自然结果，它的方向和未来是知行转化进而达到"真用"，也即大学生自觉去体现和践行"为人民服务"的社会主义核心价值。另一方面，自我教育的另一种形式是自我修养。顾名思义，自我修养就是自觉地修身养性、修炼涵养和反躬自省。自我修养既是中华民族优秀传统文化，也是现代思想政治教育需要充分吸纳的珍贵资源、可以充分利用的有力武器。立志、反省、克己和慎独等是自我修养的主要具体形式。在大学生社会主义核心价值认同中，"立志"就是确立志向，明确目标，就是通过理论学习坚定对马克思主义信仰，坚定对中国特色社会主义的"四个自信"，就是为实现"两个百年"目标而不懈努力，自愿在为人民服务中建功立业；同时，也要明确自己在政治、职业、生活、道德等方面的追求与目标。"反省"就是在自我修养过程中，对照社会主义核心价值目标的要求，进行自我比较与衡量，是一种具有自我批评的"自省自讼"，也是一种"见贤思齐"和"改过迁善"的自我责备、自我觉醒与自我追悔。"克己"就是"非礼勿视、非礼勿听、非礼勿言、非礼勿动"，就是严格要求自己，就是在面对西方"普世价值"等错误价值与社会思潮的侵蚀与诱惑时，能够保持定力，坚定立场，自觉加以抵制和拒绝，建立起自己对社会主义核心价值的牢固信念。"慎独"在道德层面，"慎独"指一个人独处时依然谨慎不苟，是自我修养、自我完善的至高境界，也是中国历代先贤对自己的至高要求。在大学生价值教育层面，"慎独"是一种高度的价值自觉与自律，是对社会主义核心价值的坚定守护和忠诚坚守。无论在什么情况下，都能做到心中有人民、心中有他人，都能自觉以人民利益为重，都能在日常的大学学习、生活与工作中，主动服务同学、他人和社会。

7.4 认同的焦点：生成——信仰积淀

如果前述几个教育环节和过程都有效地得以开展，大学生对社会主义核心价值不但有了知识层面的理性认知，也在情感层面有了基本的认同和接纳，它们对于大学生形成社会主义核心价值认同已然奠定了良好基础。但这种基础，显然还是不够牢固而坚实的，有些时候甚至还比较脆弱，很有可能在一些内外因素的冲击和影响下发生动摇与改变。教育者所要做的，是要通过教育和引导，尽量利用各种有利因素，尽量创造各种条件，发挥它们对促进大学生价值认同的持续正向作用；把各种可能的不利和消极影响转化为有利和积极影响。因此，在促进大学生社会主义核心价值认同的全过程中，接下来的一个重点，是要把前面环节的努力积淀下来，在优秀价值品质的培养中，在坚定信念和信仰的积淀中，在直面和解决大学生主观方面各种冲突与矛盾中，实现观念转化与境界提升。

7.4.1 在价值品质培养中逐渐协同

品质是指人的行为和作风所显示的思想、品性、认识等实质。在一般意义上，品质可以分为政治品质、思想品质、道德品质、学习品质、生活品质等方面。在价值教育意义上，我们认为，人还应该培养和具备价值品质。所谓价值品质，就是在人对价值的认识、理解和彰显中所表现出来的内在实质。如同其他类型的品质一样，人的价值品质也是可以培养的。大学生社会主义核心价值认同，价值品质的培养尤为重要，其培养目标和内容可以考虑以下几个方面。

第一，最重要的价值品质是坚定正确的理想信念。2016年7月1日，《在庆祝中国共产党成立95周年大会上的讲话》中，习近平总书记指出："理想因其远大而为理想，信念因其执著而为信念。"他还指出："理想信念动摇是最危险的动摇，理想信念滑坡是最危险的滑坡。"在习近平总书记系列重要讲话中，他也反复强调，理想信念是人生"三观"问题的"总开关"，要切实解决好"总开关"问题。在北京大学"五四"讲话中，习近平总书记告诫青年不能扣错第一粒扣子，希望青年从"扣好第一粒扣子"开始。"志不立，天下无可成之事"，开展大学生思想政治教育、进行大学生价值品质培养，最基本的内容和核心灵魂就是树立大学生坚定正确的理想信念，要坚定大学生对马克思主义、社会主义和共产主义的坚定信仰与信念，坚定大学生对坚持和发展中国特色社会主义的必胜信心。

第二，立足现实与着眼长远相统一的价值信念。这里的"立足现实与着眼长远相统一的价值信念"，一方面，是指教育者要立足于教育对象也就是大学生的现实，着眼于他们的长远价值品质培养，正视、接受并允许大学生价值品质的"应然"状态与"实然"状态之间存在一定的张力和距离，既不能盲目乐观也不能灰心失望。另一方面，是指大学生在对待社会和人生的看法、态度与信念上，既要脚踏实地，又要不囿于现实而心"腾飞"，要有自己的价值理想和目标。以生产资料公有制为经济基础的社会主义社会，其根本的价值目标是实现国家、集体和个人利益的协调与统一，它是集体主义取向的，它的宗旨和目的是为人民服务，而不是为资本和资本家服务。如此"为人民服务"的社会主义核心价值，在中国特色社会主义的不断形成和发展过程中，在富强、民主、文明、和谐的社会主义现代化强国建设过程中，在以人为本、以人民为最高价值主体的社会主义价值实践中，在共建共享的改革发展目标落地过程中，一步步地向前推进并得到彰显，人发展的自由性和全面性也在慢慢实现。但也得承认，宏大叙事意义上的国家与社会发展，与大学生的自我价值实现、主观体验不完全一致的现象是存在的，部分大学生因为家庭及自身等各种原因，其认识和感受比如个人幸福感与获得感，甚至可能与教育者所以为和想象的相反。尽管如此，我们仍然要持之以恒、正面积极地教育青年大学生，激励和坚定他们对未来社会发展与个人进步的信心。正如加莱亚诺所描述的那样："乌托邦远在地平线上，我靠近两步，它就后退两步；我前进十步，它就向更远处退十步。无论我如何迈进，永远够不着它。那么，乌托邦为什么存在呢？它存在的作用就在于——让我们前进。"总而言之，要牢固树立并增强大学生既关注当前发展又着眼未来前途的希望，引导他们扬起手中的风帆，驶向成功的彼岸。

第三，承继传统与开拓求变相结合的价值取向。在大学生价值品质培养的意义上，承继与发扬的传统，主要是指中华民族的伟大民族精神；而开拓求变的主要意旨，是指要注重对大学生进行以改革创新为核心的时代精神的培养。在党的十六届六中全会上，对建设社会主义核心价值体系提出了明确要求。在社会主义核心价值体系中，其精髓在于民族精神和时代精神。开展大学生价值教育，如果离开了对民族精神和时代精神的培养，那么，"为人民服务"的大学生社会主义核心价值认同就很难实现。不管是在过去，还是在当下以及未来，伟大深远的民族精神和与时俱进的时代精神，都集中展现了中华民族坚韧而强大的生命力、凝聚力和创造力，构成了中华民族赖以生存、共同生活、砥砺前行的核心和灵魂。这样的民族精神和时代精神，已经深深融入我们的民族品格与民族气质之中，深深融入中国经济、政治、文化、社会、生态建设以及党的建设的各个方面，也成为鼓舞大学生持续奋发有为、不断自我超越的有力精神支撑。在自身民族传统精神和国家时代精神的滋养中，大学生就既有了传承的起点与基石，又有了开拓的目标与动力，为人民服务的意识、为人民服务的情怀、为人民服务的行动，及至"为人民服务"的价值认同，就会有深刻而稳定的源泉与保障，从而在价值品质培养中逐渐协调推进对社会主义核心价值的认同。

7.4.2　在社会思潮碰撞中理性趋同

改革开放 40 多年来，中国在推进以经济开放为重点的全面开放过程中，各领域开放也在持续推进。有些领域，不管我们愿意不愿意，接受不接受，主动还是被动，实际上也已经形成开放之势。改革开放带给思想文化领域的影响，既有积极正面的，也有消极负面的。而对我们思想文化领域形成很大影响的，主要是各种社会思潮。所谓社会思潮，并不是从经济社会变革中自发产生，而是在社会变革和社会心理变化基础上，由一些思想家提出的较为系统的、可以引领社会变革和社会心理的学说。正是在国内外各种社会思潮的交流、交往与交锋中，在它们之间的碰撞、互动与共生中，中国思想文化生态形成异常丰富而复杂的情况与态势。不同的社会思潮，对我们思想文化建设、伦理道德发展与价值行为规范所起的作用各不相同，对现实社会存在的影响也利弊不一。如果要从矛盾的主要方面和次要方面去考察，当下及未来，我们在把握社会思潮不同性质影响的时候，除了应该充分肯定各种社会思潮带来的多元文化并存因而实际上丰富了社会主义社会的思想文化版块，还应该重点关注，一些把自己装扮成社会公认的道德和价值标准的社会思潮，以学术的、文艺的和舆论的渠道和路径，对现实社会主义道路、理论、制度、文化等方面认同产生的不利影响。

十几年来，国家在思想文化方面，受到西方社会思潮的冲击和影响比较大；意识形态领域出现的问题也颇让人担忧与不安。特别是近几年，在大数据背景下，随着信息传播方式的巨大改变，由于理念思路与应对措施没有及时跟上，导致各种社会思潮在网络空间大肆无序传播，滋生了样态万千的"意见群"，造成了极大的思想混乱和价值失守，信仰缺失、信仰错位、信仰混乱已是不争的事实。在这些形形色色的社会思潮中，消极地影响人们理想信念和现实行为选择的，主要是以"新自由主义"、历史虚无主义和"普世价值论"等为代表的反马克思主义思潮。这些错误思潮相互交织和联系，流传于社会思想文化等领域，它们虽然各自反马克思主义的侧重点不尽一致，但惯用手段、根本目的和理论实质都高度相似。

在西方敌对势力有组织、有预谋、有步骤实施和推进的文化战、信息战面前，国家的政治安全、文化安全和意识形态安全面临着前所未有的重大考验和挑战。因此，高校思想政治教育，当然也包括价值教育，应当旗帜鲜明地加以反击和应对。我们要通过思想政治教育的"主渠道"和"微循环"，全方位立体化地给大学生讲清楚西方代表性社会思潮的本来面目，引导大学生用唯物辩证的观点对各种西方社会思潮加以辨别和分析，让他们明白不同社会思潮在当下中国的表现和危害，让他们意识到西方的文化输出绝不是要来提升我们国家的文化软实力，也绝不是来帮我们建设文化强国，而是有着强烈的意识形态性其目的就在于与我们国家争夺民心，达到对社会主义国家不战而胜的险恶目的。各个高校可以让大学生试着进行分析、比较以前的苏东、近几年发生"颜色革命"的国家和地区，在政权瓦解和易手、领导人被推翻、社会制度改变以后，西方国家有没有帮助他们实现预期梦想？他们的政治、经济、文化、社会、生态等方方面面到底是进步了还是退步了？国家和社会是安宁和谐了还是动荡纷乱了？等等。经过这样的教育引导，大学生们应该就能意识到，那些论证有方、逻辑严密的西方社会思潮，它们代表和承载的，其实可能并不是简单的一般人类文化而要增进人类共同福祉，更多地代表了西方国家的需要，体现的是资本主义国家的核心价值，以及他们的价值观与利益图谋。作为事实上存在截然不同指导思想和价值取向的社会制度，尽管我们现在主张国家间交往不应囿于意识形态之争，但教育者还是应该通过价值教育，坚定大学生对社会主义核心价值的价值自信，而对西方社会思潮保持"价值警惕"，对其只应批判性学习、吸收和借鉴，而不能囫囵吞枣、照单全收。

7.4.3　在显隐结合教育中主动认同

在大学生思想政治教育中，隐性教育和显性教育各自发挥着不同的作用，不可或缺，二者协同并举可共同促进大学生社会主义核心价值认同。

显性教育的主要载体就是通常所说的思想政治理论课程、哲学社会科学课程、专业课程。其中思想政治理论课程是对大学生进行价值教育的主渠道，在促进大学生社会主义核心价值认同中发挥着主导作用；哲学社会科学课程负有重要职责，是大学生认识和改造世界的重要工具；其他各门包括专业课在内的课程都具有促进大学生认同社会主义核心价值的功能。这些有着既定培养目标和教学计划，并有着严格的教学组织、实施和考核的大学课程，它们在内容上更为系统、集中、明确和连贯；形式上更易主导和把控，更为直接和单纯。在社会信息化和文化多元化时代，我们讨论的是价值教育受到环境影响的冲击，实际情况是核心价值、主导价值观和主流思想面临挑战。但我们不能因为显性教育的效果受到挑战，就忽视甚至否定课程教育的作用，更不能忽视甚至否定思想政治理论课的主渠道作用。一些大学生存在的理想信念迷茫困惑、价值选择飘浮不定、行为表现矛盾冲突等状况，恰好说明课程的显性教育作用发挥得还不够强、不够深、不够久，因而要坚持高校显性教育的主导地位，并且不断提升其教育实效性。

隐性教育也称潜在教育，是指寓于显性教育外的活动和实践中，不受教育者明确感知的教育。开展隐性教育一是为了尊重和满足学生多样化发展需要，给他们提供尽可能丰富立体的教育资源和途径，以便在多样化的活动空间中引导大学生实现价值认同。二是为了使价值教育更贴近大学生的学习、生活和思想实际，培养大学生接受价值教育的良好习惯和动机。三是探索价值教育的艺术性与持续性，增强价值教育的感染力与有效性。隐性教育蕴涵的教育目标与内容，在大多数情况下，是以内隐和间接的方式存在和呈现的，大学生能够在潜移默化中受到熏陶、浸润和影响，更容易让他们在无反感、不排斥的状态下接受相关要求，是一种渗透性教育（即将价值教育目标与内容寓于其他载体之中）、生活性教育（即贴近大学生的实际生活）、潜隐性教育（即以隐蔽方式施教）。

　　开展大学生社会主义核心价值认同教育，显性教育的主导性与隐性教育的多样性各有侧重，对于促进大学生价值认同发挥的作用各不相同。当下及未来，我们应从满足大学生多样化和广泛性需要出发，注重开展隐性教育。除了前述的特点及意义以外，隐性教育在一定程度上，还可以弥补显性教育的一些局限和缺陷。相较于显性教育覆盖面的有限性，隐性教育的范围则宽泛很多，比如它可以覆盖和涉及日常生活、校园文化、社会活动以及网络场域等各方面。在这些范围和领域内，在生活、文化、活动与网络中，隐性教育可以不断变换教育方式方法与策略措施，灵活应对不断涌现的新情况、新问题，通过交流、对话、讨论、感化、熏陶等轻松活泼的形式，寓教于事、寓教于乐，达到"随风潜入夜，润物细无声"的效果，既广泛又深入地扩大价值教育影响，较好地实现铸魂育德的教育目的。此外，开展隐性教育，还可以依托隐性课程的开发得以实现。隐性课程主要涉及政治、社会、文化、学术等几大活动主题模块；在这些大的模块之下，具体可以设置如入党积极分子教育课程、学生干部研修课程、社团活动策划与管理课程、创新创业课程等课程，也可以设计社会实践、择业与就业、校园文化建设、网络道德建设等课程。这些隐性课程，以"三贴近"为原则，以大学生实际生活为基础，以满足学生多样化需要为目的，符合大学生接受心理和习惯，符合高校价值教育一元主导与多样发展现实状况，对于促进和实现大学生社会主义核心价值认同具有特殊重要意义。

7.5 认同的落点：外化——实际践行

大学生内化并认同社会主义核心价值，是价值教育的前置性条件和基础；大学生外化并实践社会主义核心价值，则是价值教育的落地性目的和旨归。一般而言，我们习惯性认为，认同和践行，是价值教育在时间与发展顺序上前后相继的两个不同阶段和要求；但也可以说，践行是认同不可或缺的重要环节，是其应有之义或者说自然延伸。没有实践，认同很难衡量和测查；没有外化的认同，并不是真正的认同。在由认同到践行的时空转换和逻辑演进中，还有诸多不可忽视的环节与要素需要进一步展开和深化。

7.5.1 在理论与实际的对接转换中逐渐稳定

马克思认为："人的思维是否具有客观真理性，这并不是一个理论的问题，而是一个实践的问题。人应该在实践中证明自己思维的真理性，即自己思维的现实性和力量，亦即自己思维的此岸性。"这告诉我们，理论知识的掌握与获取是一个方面，而把理论与实际相联系相对接，证明理论的正确性，以及把理论转化为实践，则是更为重要的另一方面。社会主义核心价值，不管是作为一种现存的社会道路、社会理论、社会制度和社会文化的价值抽象与概括，还是作为一种应然的价值要求，都需要大学生去了解与认同，都存在马克思主义认识论意义上的两个过程，以及两次飞跃。也就是在教育实践活动基础上，大学生对它的认识从感性到理性逐渐由浅入深的第一次飞跃以及以形成的对社会主义核心价值的理性认识指导大学生价值行为选择的第二次飞跃。从实践与认识的多次反复和无限发展来说，要促成大学生对社会主义核心价值的认同，以及巩固认同、深化认同，则需要更加持续的努力。理论与实际的对接，以及由理论到实践的转换，重要而关键的，就是实践锻炼。

　　实践锻炼是大学生成人成才过程中的重要客观物质性活动，是一种主观见之于客观的活动。在知、情、意、信、行的人类认识与实践发展系统中，实践锻炼可以贯穿在这些环节与过程中促进认同的实现，也属于大学生社会主义核心价值认同落脚点的"行"之终极目标。它既承继前面的价值教育诸环节，也是下一个价值教育周期运动的开始；既检验已有的价值教育成果，又引发大学生新的价值实现愿望，诱发新的价值需要与动机。实践锻炼的基本形式有劳动锻炼、社会实践和专业活动。

　　第一，劳动锻炼。2018 年 9 月 10 日，全国教育大会在北京召开。习近平总书记在会上强调，要在学生中弘扬劳动精神，教育引导学生崇尚劳动、尊重劳动，懂得劳动最光荣、劳动最崇高、劳动最伟大、劳动最美丽的道理，长大后能够辛勤劳动、诚实劳动、创造性劳动。教育部部长陈宝生也强调，劳动可以树德、可以增智、可以强体、可以育美，要求加强劳动教育。对大学期间参加劳动锻炼的重要性及必要性，在以往相当一段时期内，是疏离在不少教育者的心目之外的。"德、智、体、美、劳"作为国家人才培养的综合目标，贯穿在从小学到大学的教育内容中；虽然大学里面也开设了劳动课，但大学教育更加强调"德、智、体、美"这前四者，"劳育"相对缺失、乏力和弱化。社会和家庭，以及大学生自身，对大学生活的基本印象大概是停留在"一介书生""以读书为主要任务"的定位中。其实，不管是体力劳动还是脑力劳动，都可以很好地让大学生得到锻炼，养成劳动习惯，培养他们热爱劳动、热爱劳动人民的情感，以及培养他们吃苦耐劳、团结互助、踏实肯干、尽责履职等精神。大学生在劳动创造生活、劳动创造美、劳动锻炼身体的切实体验中，在挥汗如雨、气喘吁吁和腰酸背痛中，体验劳动和劳动人民的酸甜苦乐；田间地头、瓜果秧苗、花草树木、楼梯走廊、实验设备等校内外劳动对象和劳动资料，经由他们的劳动，从散乱干枯变得生机盎然和规整明净，他们个人也从可能的"四体不勤、五谷不分"懒散拖拉变得不怕脏累苦痛；经由劳动锻炼，大学生会加深对历史唯物主义"劳动创造价值"观点的理性认知，会更深切地认识到劳动之于社会存在与发展的基础作用，也显然更能体察和尊重劳动人民的劳动成果，真正认识到劳动和劳动人民的崇高与伟大，坚定"人民群众创造历史""人民才是真正的英雄"等正确认识，构筑并打牢"人民主体地位""以人民为中心"等唯物史观理论基础，加深对"为人民服务"社会主义核心价值的情感体验和理性认知。

第二，社会实践。前边第一点提到的劳动锻炼，它和社会实践有一些交叉、融合和联系，或者可以说，它可以作为社会实践的一个组成部分，也就是让大学生在参加社会实践的过程中加入劳动锻炼的内容。但社会实践的内涵和外延都宽于劳动锻炼，它主要是指大学生由相对封闭的校园环境进入到广阔的社会环境中，通过做公益当义工、假期支教，以及走访、座谈、问卷等不同方式，直接了解社会、体验生活，是获得对社会各行各业、各领域各方面情况感性认识、理性提升的一种教育活动。它可以很好地将大学生在学校获得的理论知识与日新月异的、火热丰富的社会现实联系起来，在对比、矫正与印证中，拓展和加深对社会主义核心价值的认识与感悟。身处火热的社会实践，大学生亲身经历、亲自见证的人与事，以及得到的感受和经验，是任何其他非社会实践的教育类型与形式都不可替代的。真实深切的内在自我体悟，以及海量快速的信息交换，会极大地帮助大学生，如何正确认识和把握社会发展趋势与时代脉搏，如何正确合理自我定位并矫正认知偏差，如何与人交流合作和团结共事……。这样一些经历和收获，是大学生成长过程中难得而独特的财富，有助于大学生正确认识和把握社会发展规律，锻炼意志品质、培养奋斗精神、鼓励竞争意识，增强中国特色社会主义"四个自信"，从而以健康饱满的精神状态，应对和克服不同人生阶段的种种困难与障碍，与时俱进，顺势而为，把个人成长进步与国家发展繁荣有机协调与统一起来。

第三，专业活动。对大学生进行社会主义核心价值认同教育，不应该仅仅是思想政治理论课教师的独担之事，也不仅仅是思想政治教育学科一家之事。其他人文社会科学，以及各学科、各专业都有着相应的价值教育功能和作用，即如前所述的"课程思政"。在理论与实际的对接转换中，在实践锻炼这个环节，大学生的专业活动主要是指专业见习和专业实习。作为教学计划的重要组成部分，专业见习和实习都具有很强的针对性和指导性，可以帮助大学生全面深入理解相应专业的教育教学定位与目标；结合见习与实习中的问题，以问题为导向不断摸索与探讨，培养创新精神和创新能力，从而强化专业学习。而任何一种专业，都一定是服务于社会相应领域的发展与进步，都一定是满足改革开放和现代化建设过程中某些方面需求，都一定与解决国家不同层面的不同问题相联系相对应的，等等。总之，通过专业见习和实习这样的专业活动，不但可以助益于大学生的专业学习，而且也可以助益于加深他们对人与自然、人与社会、人与自我之间关系的认识，以及用己所学服务于相应行业和领域、服务于时代和人民、服务于国家和民族的认识，从而有益于大学生对"为人民服务"社会主义核心价值认同的实现。

7.5.2　在社会责任的主动担当中沉淀与深化

"为人民服务"的社会主义核心价值，表现为在生产资料公有制基础上，国家建设改革发展的各项工作，都以集体主义为价值取向，着眼于为最广大的人民群众谋取利益、增进福祉；表现为党和国家的各项路线方针政策，一直以来都致力于"让人民群众过上好日子"的不谕旨归和愿景；以及在新的历史时期，党和国家领导人不断强调"以人民为中心"，不断突显人民主体地位。如何把这样一种社会制度下的核心价值传导给大学生，如何让他们能真正接受和认可这样一种社会核心价值？立足于基础教育阶段持续不断的思想品德教育，以及经由基础教育阶段奠定和打下的基本价值教育成果，还有进入大学以后，主要体现为大学生党团理论学习方面的相关价值教育内容和形式；在大学生价值教育实践中，通过让大学生担当一定社会责任，是进一步深化价值认同、践履价值行为、积淀价值感悟的重要途径之一。

第一，国家重大事件中的责任担当。如上所述，国家重大事件蕴含着丰富的价值教育资源。重大事件一旦发生，就会在一定时间段内，引起社会公众和媒体的高度关注，其信息聚集和放大效应都非常明显和突出。国家重大事件对于大学生社会主义核心价值认同，可能具有双刃性。但不可否认，无论其好坏是非，它都是社会历史的重要组成部分，都来自现实社会生活。在事件不同阶段的进展过程中，国家重大事件极易成为全社会的热点和焦点，成为各种价值观念交锋碰撞的中心，对于人们情感的冲击和价值的判断具有独特影响，极易激活情感认同。因此，国家重大事件，不管其性质如何，我们都可以经过去粗存精、去伪存真、由此及彼、由表及里的过程和方法，甚至利用其强烈的冲突、矛盾和违和感，发现和肯定其所具有的积极能量与价值，分辨和解析其消极不利因素，加以恰当而适宜地引导，以此契机开展大学生社会主义核心价值认同教育。

一方面，可以给大学生讲明，不同历史时期的大学生，都在国家重大事件中，承担了相应的社会责任，中国大学生一直有着担当社会责任的光荣传统。新文化运动时期，那时的大学生和青年知识分子，举出了"民主"和"科学"的大旗，扛起了属于他们的青春责任；抗战时期，大学生们前赴后继、义无反顾，不管是在抗战的前线还是后方，都留下了他们砥砺前行、持续抗争的不屈身影；改革开放初期，大学生在人潮中打出了"小平您好"时代横幅、发出了革故鼎新的时代呼声；进入新时期以后，不管是在奥运会、亚运会、世博会还是在汶川大地震、抗击新型冠状病毒肺炎等爱国行动中，当代大学生也都在面对国家和社会经历重大事件、重大考验、重大挑战时，挺起了胸膛，站稳了脚跟，担当了责任。

另一方面，在国家和社会发生重大事件时，我们的价值教育，要及时跟进，因势利导，趁势而为，趁热打铁，抓住良机，晓之以理，动之以情，往往可以事半功倍，把大学生的家国情怀激发出来。如此一来，大学生们就会在国家重大事件中，方向正确，立场坚定。实际上，成人世界里，以前社会广泛存在的对"'80后'无担当"之忧，不是被大量实践证明只是一个伪命题吗？在国家和民族生存、发展的关键时刻，他们其实都能挺身而出；那么，已经成长起来的"90后"，以及正在成长的"00后"，不管他们有多少的"独生子女综合征"，我们一样应该给予他们充分的信任和期待，以及热情的鼓励与肯定。在实现民族复兴的征程上，他们正在健康蓬勃地不断成长，并已展现出无畏使命担当之气！

第二，校园工作学习生活中的责任担当。大学生大多时间身处校园，校园的构成看似纯粹简单，实际上蕴含着丰富多彩、交叉交融的诸多元素。不论是以学科专业来划分，还是以院系年级来划分，更或者是以正式团体或非正式团体、公寓寝室班级等来划分，大学生个体都可以归属在不同类别的群体组织中；因而，他们在校园这个有限范围内的角色也是多样而变换的。这些不同类别的群体组织，都或多或少关涉到工作学习生活内容。在安排布置、督促检查大学生完成这些相关工作学习生活任务的时候，不论是在课堂教学环节，还是在实践教学环节，乃至网络课堂环节；也不论是教学科研人员、学业或专业指导老师，还是学生管理辅导员、后勤服务人员；不论是宽松自由的一般院校管理模式，还是严格统一的军事化、警务化管理模式，作为相应工作学习和生活任务的发起者和组织者，甚至更多时候是大学生的自发组织行为，都不应降低要求。引导、帮助他们保质保量地完成大大小小的身边事，督促大学生履行好各种角色任务，在为组织、团体、同学和自己付出与奉献中，把"为人民服务"的社会主义核心价值通过"细小实"的践行活动加以彰显和体现。长此以往，大学生的责任意识和担当能力就会慢慢锻炼和培养起来，对"为人民服务"社会主义核心价值的认同也会建立并巩固起来。

第三，社会生活中的责任担当。大学生的社会生活，除了上学期间的社会活动，主要体现在寒暑假中的社会参与。除了个体性的一般自发活动外，主要表现为寒暑假社会实践（广义上也包括假期实习与见习）活动。根据中国共产党中央委员会宣传部、教育部相关文件要求，大学生参加寒暑假社会实践是大学期间必经的学习环节。"人类的创造性的实践活动是人们价值观念形成的客观基础，是一切价值的源泉。正是人类实践的价值特性，决定了人的活动不仅要对事物的合乎规定性的认识为前提，而且要最终实现和满足人的自为性和目的性需要。""为人民服务"的社会主义核心价值，它既来自社会主义的原初根脉和精神基因，也来自社会主义的历史与现实运动，体现的就是一种面向人民大众的责任担当，更体现在社会主义的生动历程和丰富实践中。假期社会实践，内容和形式都是极为丰富多彩的，有青年志愿者的扶贫与支教活动、环境生态保护活动、勤工助学活动、文化科技"三下乡"等活动。这些实践活动，蕴含着丰富而充沛的思想政治教育内容和意义，都承载着内在的"为人民服务"价值取向，与社会主义核心价值高度契合，都需要大学生做出相当的努力与奉献，付出相当的时间和精力代价才能顺利完成。通过这些了解社会、感受现实、体验生活的实践途径与活动，可以引导大学生把感性直观的价值体验上升为理性自觉的价值判断，从而实现个人价值与社会核心价值目标取向的一致性，使大学生对"为人民服务"社会主义核心价值的认同深烙在心、外显于行。

7.5.3 在成才愿景的渐进实现中坚定和弘扬

在第 1 章中价值是指"主客体关系的一种内容，这种内容就是：客体是否满足主体的需要，是否同主体相一致、为主体服务。肯定的答案，就是我们所说的'好'，即正价值；否定的答案，则是我们所说的'坏'，即负价值。""为人民服务"所体现的社会主义核心价值，是一种正价值。这样的定位彰显了社会主义作为一种先进的社会制度、一种进步的历史运动、一种积极的人类理想，对作为社会主人翁的人民来说具有"功能"、"效用"和"意义"。这样一种价值规定和意蕴，既是社会主义能由空想到科学、由理论到实践的核心竞争力，它值得无数追求伟大事业人们的前赴后继；也是社会主义得以在中国生根开花，由小到大，由弱到强，并不断形成中国特色社会主义"四个自信"的最根本基因。我们开展社会主义价值教育（如同前面不同章节经常和多次提到的，社会主义价值教育当然包括建设社会主义核心价值体系和培育社会主义核心价值观），如果能让大学生理性地认识到社会主义核心价值在于"为人民服务"，并在现实中让他们体会到自己就是服务对象并且享受着服务，这些服务都切实可感而非流于空洞和说教，那么，包括社会主义核心价值认同在内的一系列价值认同教育，则实效性应该是有相当保障的。在此基础上，政治认同、国家认同、意识形态认同等也会同步或继而实现；社会主义主流意识形态就能主导我们的意识形态，从而构筑起牢固坚实的社会主义意识形态主阵地。

对于正在为人生奠基的大学生来说，在价值认同的几个环节中，能极大促进和实现"为人民服务"社会主义核心价值认同的，莫过于党和国家，以及社会和学校各个层面的各项政策，他们都能为大学生成长创设比较好的条件，共同有利于大学生成才愿景的达成和实现。各类大学的人才培养标准与大学生的成才愿景，大体规格和基本面是一致的，是相向而行的。其理论与实践的依据主要表现为以下几个方面：

第一，政治合格，社会适应性好。大学生社会主义核心价值认同教育，属于大学生思想政治教育的重要组成部分和目标任务。它具有一般性思想政治教育的个体价值，即引导政治方向、激发精神动力、塑造个体人格、规范调控行为。不管什么专业的大学生，不管他们对我党的思想政治教育持什么样的态度，通过相应学习，都应该明白一个基本道理：只要有阶级存在，一个社会占统治地位的思想必定是统治阶级的思想。因此，不管是主动还是被动，如果想在一定社会生存和发展，都要"讲规矩"，都要保持与一定社会主流意识形态和核心价值一致的政治方向和立场。要做到习近平总书记在全国思想政治工作会议上强调指出的那样："教育引导学生正确认识世界和中国发展大势，从我们党探索中国特色社会主义历史发展和伟大实践中，认识和把握人类社会发展的历史必然性，认识和把握中国特色社会主义的历史必然性，不断树立为共产主义远大理想和中国特色社会主义共同理想而奋斗的信念和信心；正确认识中国特色和国际比较，全面客观认识当代中国、看待外部世界；正确认识时代责任和历史使命，用中国梦激扬青春梦，为学生点亮理想的灯、照亮前行的路，激励学生自觉把个人的理想追求融入国家和民族的事业中，勇做走在时代前列的奋进者、开拓者；正确认识远大抱负和脚踏实地，惜韶华、脚踏实地，把远大抱负落实到实际行动中，让勤奋学习成为青春飞扬的动力，让增长本领成为青春搏击的能量。"

第二，专业素质较强，知识结构合理。按照人的素质能力结构研究和社会发展对人才的要求，以及家庭和大学生自身的期许，大学生必须学好专业知识，做到专业素质与能力过硬，具备较深厚宽广的学科和专业基础，让自己成为相应领域的专业和专门人才。在此基础上，在知识更新速度日新月异的信息化时代，合理优化知识结构在现代社会也十分重要。因此，大学生还应该掌握和拓展一般科学文化知识和新兴学科知识，拓宽和延展自己的知识面，丰富综合知识，提升综合素质。从而建构和形成"T"字型、网络状的知识、素质和能力结构，以便为自己的职业和人生发展奠定扎实可靠的基础。

第三，创新能力和团结协作精神优良。除了上述的扎实、合格、完备的学科专业及知识技能，现代社会，科技创新与时偕行，人们还普遍强调，大学生需要具备优秀的公民素养，以及作为职场人所必备的责任担当、团结协作、创造创新等综合职业道德素质与职业水平能力。简言之，人的创新能力和团结协作精神日益受到重视。这样一些能力和精神，类似于人的非智力因素，这样的综合素质与能力尤为关键，对于人的生存和发展起着超乎想象的重大作用。有些时候，人们更为看重这些综合的能力、素养与精神。因为，这些要素，与人的自我肯定、社会认知、独立思考等社会适应能力密切相关，在现代社会更受人青睐和赏识，对人才的持续发展起着举足轻重的作用。

以上大学生"达标规格"，其实也是大学生对自身的期许。我们的大学教育，如果都能围绕上述"指标"开展教育教学活动，帮助大学生成为合格的甚至优秀的毕业生，为他们的人生理想打下扎实的政治素质、专业素质和综合素质基础，从而有助于实现大学生的成才愿景，那么，他们对自己身处的国家和社会的政治认同、情感认同、文化认同、价值认同，就都有了可靠的保障与支撑，"为人民服务"社会主义核心价值认同想来也就能水到渠成。

如此，教育则善莫大焉！

结束语

CONCLUSIONS

    对社会主义核心价值的关注和研究，并不是大众和显性的。从当初选择大学生社会主义核心价值认同作为博士论文选题，到如今修改增删作为专著出版，"社会主义核心价值"依然是一个小众但现实重要性持续与日俱增的命题。

    作为研究前提性结论的"为人民服务"社会主义核心价值，尽管迄今为止并非学界共识，对其概念的揭示还处在仁者见仁，智者见智的状态，论证也还不够全面深入、系统完备，但在大致方向上，笔者认为对其界定有着坚实和充分的理论与实践依据。党的十八大以来，"人民"一直是党和政府的关键词；习近平总书记对"人民主体、人民中心、人民立场"等重要观点也进行过多次强调和深入阐述。结合这些讲话，经由对社会主义的本质特征、价值意蕴的深入把握，以及把社会主义与资本主义进行比较研究、综合研判后，社会主义核心价值不管是作为一种道路选择，还是一种理论体系与社会制度，抑或是一种现实运动和文化形态，社会主义根本和基本的价值取向、价值追求和价值旨趣，是围绕着人民的需要、追求、向往与期待，而历史、现实与逻辑地演进并发展的。研究大学生社会主义核心价值认同，对于社会主义核心价值之"体系"和"观"的建设与培育，有着理论与实际的双重重要性与必要性。

基于上述认识，将大学生社会主义核心价值认同作为社会主义价值教育重要组成部分进行系统研究，综合运用马克思主义理论、思想政治教育学、心理学、社会学、传播学等多学科理论，从多维视角和不同层面，对选题进行理论分析和实证研究，初步建构了"宏观与中微观两个系统、自上而下与自下而上两条路径、线上与线下两个环境、内生与外推两个作用"的大学生社会主义核心价值认同的实现机制和策略体系。

本书难免会有不足与错讹之处。比如，如何从理论上深入论证社会主义核心价值在于"为人民服务"？特别是，如何高效利用网络开展价值认同教育？如何让价值认同的教育和心理机制建构更富于针对性、操作性与借鉴性？这些都需要拓展思路与视野，加以提升与强化。

在论文写作和专著出版过程中，得到了恩师罗映光教授的悉心教导。他深邃睿智，帮助我选定研究方向和题目。从大纲拟定到具体写作，恩师全程给以指导和点拨。正是在恩师的一再鼓励下，我才慢慢懂得如何开展学术研究，并最终得以完成。在此过程中，感受到恩师正直高洁，襟怀坦荡；谦逊自持，温厚儒雅；才华卓越，追求高远；治学严谨，朴实简约。恩师极富同理心，给予我学业成长上许多理解关怀。恩师在为人做事，乃至健康生活态度与方式等各方面，都是我学习的楷模和榜样。

电子科技大学吴满意教授、邓淑华教授、王让新教授、戴钢书教授、曹银忠教授，四川警察学院周长明教授、伊良忠教授、周红教授、江文副教授，以及乔丹丹博士、屈陆博士等，也在我学业成长道路上，给予了许多热情鼓励和支持。

悉尼大学王子为同学、四川泸州王建波校长，参与了本研究前期思路与构架论证、文献搜集整理、问卷制作和调研、样本统计与分析等工作。在专著出版前，王子为同学对文稿进行了校对和完善。中国计量大学、中国计量大学现代科技学院、中国农业出版社相关领导与编辑，都给予了本书出版弥足珍贵的帮助与支持。在此一并致以诚挚地感谢！

参考文献

埃米尔·涂尔干，2001. 道德教育 [M]. 陈光金，沈杰，朱谐汉，译. 上海：上海人民出版社：135.

埃瑟·戴森，1991. 数字化时代的生活设计 [M]. 海口：海南出版社：17.

安东尼·吉登斯，1998. 现代性与自我认同 [M]. 赵旭东，方文，译. 上海：三联书店.

白仲琪，伍麟，赵山，2016. 大学生政治认同与高校心理健康教育 [J]. 吉林广播电视大学学报（1）：129.

包心鉴，2009. 中国特色社会主义文化与社会主义核心价值 [J]. 齐鲁学刊（4）：55.

鲍伯·杰索普，2007. 重构国家、重新引导国家权力 [J]. 何子英，译，求是学刊（4）.

本书编写组，2018. 思想道德修养与法律基础（2018年版）[M]. 北京：高等教育出版社：29.

比尔·盖茨，2000. 未来之路 [M]. 辜正坤，译. 北京：北京大学出版社.

蔡婉琴，2016. 隐性教育在大学生社会主义核心价值观培育中的应用研究 [D]. 上海：华东师范大学.

曹银忠，2012. 大学生网民群体研究 [D]. 成都：电子科技大学：1，158.

常青伟，2014. 思想政治教育环境渗透研究 [D]. 苏州：苏州大学.

车文博，1998. 弗洛伊德主义原著选辑（上卷）[M]. 沈阳：辽宁人民出版社：375 - 377.

陈秉公，2000. 21世纪思想政治教育工作创新理论体系 [M]. 长春：吉林教育出版社.

陈秉公，2000. 思想政治教育学原理 [M]. 沈阳：辽宁人民出版社.

陈秉公，2015.21 世纪与中国传统理想人格模式现代化［J］．中国德育（5）．

陈秉公，2015.论思想政治教育"一体化二重"范式——兼论思想政治教育研究从"二元论"思维向"二重性"思维转换［J］．教学与研究（8）．

陈秉公，2016.传统价值观涵养社会主义核心价值观若干理论研究［J］．理论探索（4）．

陈刚，2007.多元文化与民族认同［J］．华中科技大学学报（3）．

陈宏建，周建华，2013.网络文化语境下大学生社会主义核心价值体系认同研究［J］．学校党建与思想教育（1）：72.

陈娟娟，戴钢书，2016.教育链：增强高校思想政治教育实效性的新视角［J］．教育理论与实践（12）．

陈丽，2016.90 后大学生心理危机及应对策略探析［J］．高校后勤研究（1）：108.

陈茂荣，2011.论"民族认同"与"国家认同"［J］．学术界（4）．

陈万柏，2003.思想政治教育载体论［M］．武汉：湖北人民出版社．

陈万柏，张耀灿，2007.思想政治教育学原理［M］．北京：高等教育出版社．

崔新建，2004.文化认同及其根源［J］．北京师范大学学报（社会科学版）（4）．

戴建安，2007.试论核心价值观建构的条件——从儒学曾为全国认同的历史现象谈起［J］．江苏广播电视大学学报（6）：87.

戴艳军，2001.思想政治教育案例分析［M］．北京：高等教育出版社．

邓小平，1993.邓小平文选［M］．北京：人民出版社．

邓小平，1994.邓小平文选（第 2 卷）［M］．北京：人民出版社：177.

邓晓臻，2005.论人、实践、社会、历史四位一体——马克思主义哲学本体论浅析［J］．甘肃社会科学（2）：215.

邸乘光，2013.社会主义：功能、目标与核心价值观［J］．中国特色社会主义理论（中国人民大学书报资料中心）（9）：6.

丁燕，2015.公民核心价值观教育研究［D］．济南：山东大学．

董长春，2008.儒学的意识形态化及其对中国传统法律的影响［J］．广西社会科学（10）：80.

都永浩，2009.民族认同与公民、国家认同［J］．黑龙江民族丛刊（6）．

杜佳，2015. 社会化媒体环境下公民政治认同教育研究［D］. 北京：中国矿业大学.

法律出版社法规中心，2016. 公民常用法律手册（第 15 版）［M］. 北京：法律出版社：3.

樊红敏，2008. 国家认同建构中的文化认同与民族认同——汉川地震后的启示［J］. 郑州航空工业管理学院学报（社会科学版）（10）.

范颐，周利华，2011. 大学生思想政治教育对价值澄清理论的借鉴研究［J］. 探索（2）：133.

方鸿志，张健，2013. 大学生抗挫折教育对策研究［J］. 贵州民族大学学报（哲学社会科学版）（6）：167.

方旭光，2014. 认同的价值与价值的认同——社会主义核心价值观论［M］. 北京：中国社会科学出版社：150.

丰子义，2011. 全球化与民族文化发展［J］. 哲学研究（3）.

封永平，2009. 大国晒起困境的超越：认同建构与变迁［M］. 北京：中国社会科学出版社.

凤凰网，2015. 凝视，乌托邦［EB/OL］. （04 - 18）. http：//news. ifeng. com/a/20150418/43577767 _ 0. shtml.

付克新，2015. 社会主义核心价值整体性的语义分析探索［J］. 探索（1）：132.

付喜凤，2010. 心理疏导研究［D］. 武汉：武汉大学.

干春松，2008. 世界和谐之愿景：《中庸》与儒家的"天下"观念［J］. 学术月刊（9）.

甘惜分，1993. 新闻学大词典［M］. 郑州：河南人民出版社：103.

高放，1994. 马克思主义与社会主义［M］. 黑龙江教育出版社.

高放，李景治，蒲国良，2005. 科学社会主义的理论与实践［M］. 北京：中国人民大学出版社.

高光，等，1992. 马克思恩格斯早期著作研究［M］. 北京：中共中央党校出版社.

高规，2007. 回归十年，香港教育变化大［N］. 中国教育报，06 - 25（6）.

高国希，2007. 社会主义核心价值的理论维度［J］. 思想理论教育（上半月）（1）：33.

高永久，朱军，2010. 论多民族国家中的民族认同与国家认同［J］. 民族研究（2）.

葛洪泽，2012. 科学社会主义价值理想与中国特色社会主义核心价值［J］. 中共中央党校学报（8）：10.

耿雅，2015. 需求视域下大学生对社会主义核心价值观认同问题研究［D］. 广州：暨南大学.

龚培河，赵海燕，2014. 马克思主义实践论视角下历史规律的本质与生成逻辑解析［J］. 求实（12）：31.

苟国旗，2013. 当代大学生马克思主义价值观培育研究［D］. 成都：电子科技大学.

顾肃，2014. 论作为社会主义核心价值的自由［J］. 探索与争鸣（8）：75.

光明网，1998. 埃瑟·戴森为数字化时代预警［EB/OL］.（08-12）. http：//www. gmw. cn/01ds/1998-08/12/GB/211％5EDS107. htm.

郭朝辉，2015. 大学生社会主义核心价值观的培育和践行研究［D］. 北京：中国矿业大学.

郭凤志，2003. 价值、价值观念、价值观概念辨析［J］. 东北师大学报（6）.

郭凤志，2004. 价值观教育应把握好的三个问题［J］. 思想理论教育导刊（2）：60.

郭建宁，1992. 关于个体主体与群体主体的若干思考［J］. 青海社会科学：（1）：43.

郭悦，2016. 青少年互联网普及率增长迅速，网络娱乐类应用偏好明显［EB/OL］.（08-12）. http：//www. cnnic. net. cn/hlwfzyj/fxszl/fxswz/201608/t20160812_54426. htm.

郭湛，2002. 主体性哲学：人的存在及其意义［M］. 昆明：云南人民出版社：30-31.

郭湛，2005. 文化：人为的程序和为人的取向［J］. 中国人民大学学报（4）.

韩东屏，2011. 道德究竟是什么——对道德起源与本质的追问［J］. 学术月刊（9）.

韩庆祥，1999. 从需要出发研究人的问题的新思路——读《社会转型与现代人的重塑》［J］. 哲学动态（5）.

韩震，2011. 国家认同、民族认同及文化认同：一种基于历史哲学的分析与思考 [J]. 北京师范大学学报（社会科学版）（1）.

韩震，2011. 社会主义核心价值体系引领作用论略 [N]. 光明日报，11 - 23（11）.

韩震，2013. 全球时代的文化认同与国家认同 [M]. 北京：北京师范大学出版社.

韩震，2014. 公正是社会主义核心价值追求 [J]. 中国特色社会主义研究（12）：74.

郝良华，2012. 美国文化霸权与中国国家文化安全 [D]. 济南：山东大学.

何良，2015. 美国少数族裔的国家认同研究 [D]. 北京：北京外国语大学.

何新华，2006. 试析古代中国的天下观 [J]. 东南亚研究（1）.

何云峰，2014. 关于社会主义核心价值主张的新诠释、新概括 [J]. 上海师范大学学报（哲学社会科学版）（5）：5.

黑格尔，2007. 法哲学原理 [M]. 杨东柱，尹建军，王哲，译. 北京：北京出版社：46.

侯衍社，2004. 马克思的社会发展理论及其当代价值 [M]. 北京：中国社会科学出版社.

胡春阳，2016. 社会主义意识形态认同历程研究 [D]. 合肥：安徽大学.

胡锦涛，2012. 坚定不移沿着中国特色社会主义道路前进 为全面建成小康社会而奋斗——在中国共产党第十八次全国代表大会上的报告 [N]. 人民日报，11 - 08（1）.

胡凯，唐婷婷，2014. 名人微博对大学生网络认知的影响及对策 [J]. 思想政治教育（5）：55.

胡敏中，2002. 论"虚拟"的哲学涵义 [J]. 求索（2）：81.

胡宇南，2011. 国家重大事件在大学生社会主义核心价值观教育中的价值意蕴 [J]. 四川警察学院学报（12）：73 - 74.

胡宇南，2013. 试论高校学风建设与社会主义核心价值体系培育的对接 [J]. 福建警察学院学报（6）：78 - 79.

胡宇南，2014. 三个定位下的社会主义核心价值解读 [J]. 社科纵横（9）：1 - 2.

胡宇南，罗映光，2013. 大学生先进典型的价值意蕴——基于大学生社会主义核心价值体系的培育 [J]. 毛泽东思想研究（5）：138 - 140.

胡宇南，罗映光，2013. 略论当代大学生阳光心态的培育 ［J］. 思想理论教育导刊（6）：117.

胡宇南，罗映光，2015. 大学生挫折教育及阳光心态培育研究 ［J］. 思想理论教育导刊（1）：110.

胡宇南，吴满意，2014. 中国梦：马克思主义社会理想与中国传统理想的对接 ［J］. 思想教育研究（1）：54.

胡宇南，周红，2011. 高校青年志愿者活动与大学生践行社会主义核心价值观实践对接 ［J］. 四川警察学院学报（10）：30-31.

户可英，2014. 大学生社会主义核心价值观教育方法研究 ［D］. 成都：电子科技大学.

黄枬森，2007. 关于科学发展观和构建社会主义和谐社会理论的哲学思考 ［J］. 北京大学学报（5）：8.

黄清吉，2004. 儒学国家意识形态化的成因探析 ［J］. 湖北社会科学（1）：61.

黄蓉生，2005. 当代思想政治教育方法论研究 ［M］. 重庆：西南师范大学出版社.

黄希庭，1991. 心理学导论 ［M］. 北京：人民教育出版社：184.

季海群，2014. 网络语言视域中当代中国大学生价值观研究 ［D］. 南京：南京航空航天大学.

贾英健，2006. 认同的哲学意蕴与价值认同的本质 ［J］. 山东师范大学学报（人文社会科学版）（1）：12-13.

贾英健，2007. 经济全球化进程中价值认同的多重方式 ［J］. 中共济南市委党校学报（3）：28，31.

江泽民，2006. 江泽民文选 ［M］. 北京：人民出版社.

姜相志，2000. 思想政治教育心理学 ［M］. 哈尔滨：哈尔滨工业大学出版社.

教育部社会科学研究与思想政治工作司，2008. 思想政治教育方法论 ［M］. 北京：高等教育出版社.

金观涛，刘青峰，2003. 兴盛与危机——论中国社会超稳定结构 ［M］. 香港：中文大学出版社：242，244-245.

景星维，吴满意，2014. 试论网络认同的基本内涵、生成过程与价值 ［J］. 天府新论（5）.

克利福德·格尔茨，1999. 文化的解释［M］. 韩莉，译. 南京：译林出版社：372.

兰久富，2012. 重思价值的本质——人的存在是价值的根源［J］. 哲学动态（2）：37.

乐国安，2009. 社会心理学［M］. 北京：中国人民大学出版社.

雷鸣，2015. 中美两国核心价值观教育比较研究［D］. 南京：东南大学.

雷儒金，2012. 高校思想政治理论课教学方法改革研究［D］. 武汉：武汉大学.

黎家佑，钟明华，2015. 社会主义核心价值观要义探微［J］. 道德与文明（3）.

李德顺，1993. 价值新论［M］. 北京：中国青年出版社.

李德顺，1995. 价值学大词典［M］. 北京：中国人民大学出版社.

李德顺，2008. 关于价值与核心价值［J］. 党政干部学刊（3）：3.

李德顺，2013. 价值论：一种主体性的研究［M］. 北京：中国人民大学出版社.

李德顺，2015. 谈社会主义核心价值"公正"［J］. 中国特色社会主义研究（2）：60.

李方晴，姜晓华，2004. 美育与学校教育［M］. 北京：北京理工大学出版社.

李钢，王旭辉，2005. 网络文化［M］. 北京：人民邮电出版社.

李浩，2015. 论网络爱国主义［D］. 成都：电子科技大学.

李怀杰，吴满意，夏虎，2016. 大数据时代高校网络意识形态建设探究［J］. 思想教育研究（5）.

李纪岩，2010. 当代大学生社会主义核心价值观培育研究［D］. 济南：山东师范大学：32，71.

李嘉莉，2015. 社会主义核心价值观对外传播问题研究［D］. 太原：山西大学.

李青，2011. 中国特色社会主义核心价值的凝练［J］. 当代世界与社会主义（5）：185.

李希光，刘康，等，1999. 妖魔化与媒体轰炸［M］. 南京：江苏人民出版社：182.

李小玲，2012. 加强社会主义核心价值观社会认同研究［J］. 上海商学院学报（12）：16.

李银安，2009. 论中国特色社会主义核心价值 [J]. 科学社会主义（5）：31.

李英田，2007. 美国意识形态宣传中的"有意"与"无意"[J]. 领导之友（5）：54-55.

李友梅，肖琪，黄晓春，2007. 社会认同：一种结构视野的分析 [M]. 上海：上海人民出版社.

李忠杰，2005. 构建中国特色社会主义的社会主义核心价值观——访李忠杰教授 [J]. 科学社会主义（2）：89.

李卓，2015. 新时期榜样教育问题研究 [D]. 西安：陕西师范大学.

梁丽萍，2004. 中国人的宗教心理 [M]. 北京：社会科学文献出版社：17.

梁漱溟，1987. 中国文化要义 [M]. 上海：学林出版社.

列宁，1959. 列宁全集 [M]. 中共中央马克思恩格斯列宁斯大林著作编译局，译. 北京：人民出版社.

列宁，1972. 列宁全集（第17卷）[M]. 北京：人民出版社：559.

列宁，1990. 哲学笔记 [M]. 北京：中共中央党校出版社：108.

列宁，1995. 列宁选集（第3卷）[M]. 北京：人民出版社：26.

林伯海，杨伟宾，2016. 习近平"共同价值"思想与西方"普世价值"论辨析 [J]. 思想理论教育导刊（8）：41.

林崇德，2002. 发展心理学 [M]. 杭州：浙江教育出版社.

林春生，2010. 大学生社会主义核心价值体系认知认同影响因素探究 [J]. 思想理论教育导刊（3）：62.

林玲，邓淑华，2015. 论社会主义核心价值观与高校思想政治教育的融合 [J]. 黑龙江高教研究（6）.

林泰，2016. 社会思潮形成发展的轨迹和传播的形式 [J]. 思想教育研究（9）：58.

刘春波，2013. 舆论引导论 [D]. 武汉：武汉大学.

刘建军，2015. "社会主义核心价值观"的三种区分 [J]. 思想理论教育导刊（2）.

刘建军，2016. 思想政治教育话语转换的三重基础 [J]. 思想理论教育导刊（5）.

刘建军，2016. 思想政治教育主客体难题的哲学求解［J］. 教学与研究
（2）.

刘江宁，2012. 当代中国大学生信仰问题研究［D］. 济南：山东大学.

刘舒婷，2015. 瑞典社会民主党培育和践行其核心价值观的经验及启示
［D］. 武汉：华中师范大学.

刘小龙，钟明华，2013. 论中国特色社会主义的内涵、价值与发展［J］.
岭南学刊（6）.

刘心一，刘爱莲，2012. 高校加强社会主义核心价值体系建设的原则探析
［J］. 思想教育研究（10）：24.

刘新庚，2008. 现代思想政治教育方法［M］. 北京：人民出版社.

刘修阳，2015. 大学生社会主义核心价值观培育的理论问题研究——基于
马克思主义价值理论的思考［D］. 西安：陕西师范大学.

刘烨，2004. 现代思想政治教育过程研究［D］. 武汉：武汉大学.

刘云山，2014. 着力培育和践行社会主义核心价值观［J］. 时事报告
（2）：8.

刘峥，2012. 大学生认同与践行社会主义核心价值观［D］. 长沙：中南大
学.

龙小化，2012. 从形象到认同：社会传播与国家认同建构［M］. 北京：中
国传媒大学出版社.

楼明慧，2008. 电视符号的主流意识形态建构——解读CCTV中国经济年
度人物评选［D］. 北京：北京大学.

卢梭，1980. 社会契约论［M］. 何兆武，译. 北京：商务印书馆.

鲁迅，1995. 鲁迅选集（第2卷）［M］. 北京：人民文学出版社：23.

陆树程，崔昆，2011. 论社会主义核心价值体系认同的元问题——基于对
马克思主义意识形态观的一种理解［J］. 马克思主义研究（8）：76.

陆树程，李瑾，2009. 论当代大学生社会主义核心价值体系心理认同机制
［J］. 思想理论教育导刊（1）：93-95.

路易·阿尔都塞，2010. 保卫马克思［M］. 北京：商务印书馆：232.

罗森邦，1992. 政治文化［M］. 台北：桂冠股份有限公司：6.

罗映光，2009. 中国特色社会主义理论体系指导下的思想政治教育学原理
［M］. 北京：现代教育出版社：6-7.

骆郁廷，2010. 当代大学生思想政治教育［M］. 北京：中国人民大学出版

社：246.

骆郁廷，2014. 论社会主义的核心价值［J］. 马克思主义研究（8）：102.

骆郁廷，2016. 马克思主义大众化与思想政治工作［J］. 思想政治工作研究（1）.

骆郁廷，2016. 图像时代的核心价值观认同教育［J］. 教学与研究（1）.

马俊峰，2012. 马克思主义价值理论研究［M］. 北京：北京师范大学出版社：19.

马俊峰，2012. 马克思主义价值理论研究［M］. 北京：北京师范大学出版社.

马克思，恩格斯，1957. 马克思恩格斯全集（第2卷）［M］. 北京：人民出版社：103.

马克思，恩格斯，1963. 马克思恩格斯全集（第19卷）［M］. 北京：人民出版社：406.

马克思，恩格斯，1995. 马克思恩格斯全集（第1卷）［M］. 北京：人民出版社：291.

马克思，恩格斯，1995. 马克思恩格斯全集（第2卷）［M］. 北京：人民出版社：118.

马克思，恩格斯，1995. 马克思恩格斯选集（第1卷）［M］. 北京：人民出版社：9，11，54，56-57，60，66-96，275-277，283，703.

马克思，恩格斯，1995. 马克思恩格斯选集（第2卷）［M］. 北京：人民出版社：112.

马克思，恩格斯，1995. 马克思恩格斯选集（第4卷）［M］. 北京：人民出版社：697，703.

马克思，恩格斯，2001. 马克思恩格斯全集［M］. 中共中央马克思恩格斯列宁斯大林著作编译局，译. 北京：人民出版社.

马克思，恩格斯，2003. 德意志意识形态［M］. 北京：人民出版社：36.

马克思，恩格斯，2009. 马克思恩格斯文集（第1卷）［M］. 北京：人民出版社：13，500.

马克思，恩格斯，2012. 马克思恩格斯选集（第4卷）［M］. 北京：人民出版社：664.

马胜利，邝杨，2008. 欧洲认同研究［M］. 北京：社会科学文献出版社.

马振铎，1999. 儒家认同［M］. 北京：中国社会科学出版社：60-

62，94.

曼纽尔·卡斯特，2003. 认同的力量 [M]. 北京：社会科学文献出版社：
    2-3.

毛泽东，1991. 毛泽东选集（第3卷）[M]. 北京：人民出版社：1094.

孟还，1986. 社会学基础 [M]. 上海：上海社会科学院出版社.

尼采，2007. 查拉图斯特拉如是说 [M]. 北京：三联书店：62.

聂立清，2010. 我国当代主流意识形态认同研究 [M]. 北京：人民出版
    社：47，59，64，81-82.

聂立清，张燕，2012. 我国当代主流意识形态认同的实现机制探析 [J].
    领导科学（4）：21.

聂迎娉，2014. 美国中小学公民学课程标准研究 [D]. 北京：中国地质大
    学.

潘清，2013. 大学生核心价值观培育原则探析 [J]. 思想理论教育（7）
    上：89.

潘维，廉思，2008.《中国社会价值观变迁30年》（1978—2008）[M]. 北
    京：中国社会科学出版社：36.

庞金友，2007. 族群身份与国家认同：多元文化主义与自由主文的当代论
    争 [J]. 浙江社会科学（4）.

彭聃龄，1988. 普通心理学 [M]. 北京：北京师范大学出版社.

彭国胜，2012. 青年大学生对社会主义核心价值体系的社会认同研究——
    基于福建、湖南和贵州三省高校的调查 [J]. 青年研究（3）：1.

彭建国，李续超，2014. 价值澄清法在社会主义核心价值观培育中的运用
    [J]. 怀化学院学报（10）：52.

彭正德，2014. 论政治认同的内涵、结构与功能 [J]. 湖南师范大学社会
    科学学报（5）：87.

邱国勇，2013. 社会主义核心价值观教育研究 [D]. 武汉：武汉大学.

邱国勇，2014. 社会主义核心价值观教育研究 [M]. 北京：人民出版
    社：113.

求是理论网，2013. 充分认识意识形态工作的极端重要性 [EB/OL].（09—
    14）. http://www.qstheory.cn/zywz/201309/t20130914_271249.htm.

求是理论网，2013. 守土有责 守土负责 守土尽责 [EB/OL].（11-18）.
    http://www.qstheory.cn/zxdk/201322/201311/t20131118_2924

23. htm.

曲慧敏，2012. 中华文化走出去战略研究［D］. 济南：山东师范大学.

人民日报，2016. 管不住新媒体 党管媒体原则会被架空［EB/OL］.（03 -
21）. http：//news. qq. com/a/20160321/020121. htm.

人民网，2016. 网上网下要形成同心圆凝聚共识为实现中国梦奋斗［EB/
OL］.（08 - 27）. http：//media. people. com. cn/n1/2016/0827/c40606 -
28669886. html.

人民网，2016. 习近平在全国高校思想政治工作会议上强调：把思想政治
工作贯穿教育教学全过程 开创我国高等教育事业发展新局面［EB/
OL］.（12 - 09）. http：//dangjian. people. com. cn/n1/2016/1209/c1170
92 - 28936962. html.

阮东彪，2009. 当代中国马克思主义大众化研究［D］. 北京：中国人民大
学.

塞缪尔·亨廷顿，1998. 文明的冲突与世界秩序的重建［M］. 北京：新华
出版社：134.

商文兵，2010. 现代性语境中的民族认同与国家认同——论作为高等学校
重要使命的社会主义民族关系教育［J］. 文史哲（6）.

佘双好，2014. 大学生代际特征对思想政治教育的影响及发展趋向［J］.
思想教育研究（9）.

佘双好，2015. 大学生对中国特色社会主义理论体系宣传普及活动的认识
和评价［J］. 学校党建与思想教育（23）.

佘双好，2015. 大学生中实施中国特色社会主义理论体系普及计划的影响
因素分析［J］. 高校辅导员（6）.

佘双好，2015. 当代社会思潮对青年学生影响的新趋势及应对策略［J］.
中国青年研究（11）.

佘双好，2015. 以文化人与社会主义核心价值观践行培育的方法研究［J］.
思想教育研究（12）.

佘双好，张莉华，2014. 思想政治教育心理学研究：现状、问题与发展
［J］. 思想理论教育（9）.

申小蓉，李怀杰，2007. 论加强高校思政网站建设的实现途径［J］. 中国
高等教育（3）：39.

沈江平，2012. 历史唯物主义视野中的核心价值考量［J］. 马克思主义研

究（10）：104.

沈江平，2015. 马克思主义研究中的"五化"反思 [J]．江汉学术（4）．

沈江平，2015. 社会主义核心价值观中所蕴含的"三观"——关于学什么识、做什么人和为什么人的思考 [J]．北京教育（高教）（6）．

沈江平，2016. 当代意识形态的三重面相 [J]．教学与研究（8）．

沈江平，2016. 意识形态理解史中的三重困境 [J]．北京行政学院学报（2）．

沈壮海，2001. 思想政治教育有效性研究 [M]．武汉：武汉大学出版社．

沈壮海，2005. 思想政治教育的文化视野 [M]．北京：人民出版社．

沈壮海，段立国，2015. 2014 年度大学生思想政治状况分析 [J]．思想理论教育导刊（8）：103.

石国亮，2007. 中国青年政治研究的新范式——意识形态视野中的青年和青年组织 [M]．北京：人民出版社：198-199.

时蓉华，1998. 社会心理学词典 [M]．成都：四川人民出版社．

宋世杰，2015. 法治是社会主义核心价值追求的体现 [J]．法制博览（5）上：155.

宋有文，2015. 价值哲学与规范问题——现代社会核心价值观的思想史语境 [J]．北京师范大学学报（社会科学版）（5）．

搜狐网，2019. 中央文件：大力加强体育美育劳动教育，加强劳动和实践育人 [EB/OL]．（02-23）．https：//www.sohu.com/a/297362480_260616.

孙伟平，2000. 事实与价值 [M]．北京：中国社会科学出版社．

孙伟平，2008. 价值哲学方法论 [M]．北京：中国社会科学出版社．

泰勒，蔡江浓，1988. 原始文化 [M]．杭州：浙江人民出版社．

谭培文，张文雅，莫凡，2013. 利益机制是推进社会主义核心价值认同的基本动力 [J]．理论学刊（3）：78-80.

汤文隽，金晶，2013. 网络社会中社会主义核心价值体系认同规律 [J]．东疆学刊（1）：49.

陶蕾韬，2015. 多元文化背景下的价值冲突与价值认同——以全球化为视域 [D]．北京：北京交通大学．

陶行知，1981. 陶行知教育文选 [M]．北京：教育科学出版社：68.

涂尔干，2001. 道德教育 [M]．上海：上海人民出版社：38.

汪馨兰, 2013. 高校思想政治理论课实践教学研究 [D]. 成都: 电子科技大学.

汪信砚, 2002. 全球化中的价值认同与价值观冲突 [J]. 哲学研究 (11): 23.

王超品, 2015. 当代中国民族认同与国家认同整合的制度机制研究 [D]. 昆明: 云南大学.

王成兵, 2004. 当代认同危机的人学解读 [M]. 北京: 中国社会科学出版社: 20.

王春梅, 2015. 当代大学生社会主义核心价值观认同研究 [D]. 南京: 南京财经大学.

王海民, 2010. 公正与人道 [M]. 北京: 商务印书馆.

王海民, 2012. 国家学 (上卷) [M]. 北京: 中国社会科学与出版社.

王沪宁, 1991. 当代中国村落家族文化 [M]. 上海: 上海人民出版社: 23 - 28.

王嘉, 林海玲, 2009. "灌输论"的历史发展及其当代价值 [J]. 思想政治教育研究 (3): 42.

王静, 2015. 当代西方社会思潮对大学生价值观的影响及对策研究 [D]. 石家庄: 河北师范大学.

王丽丽, 2013. 社会主义核心价值体系与大学生核心价值观构建研究 [D]. 长春: 东北师范大学.

王萌, 2011. 政治社会化理论对于完善大学生思想政治教育的启示 [J]. 河南科技学院学报 (9): 115.

王浦劬, 1995. 政治学基础 [M]. 北京: 北京大学出版社: 356.

王让新, 2013. "中国特色社会主义"提出的基本依据及对党的理论创新的启示 [J]. 求实 (4).

王让新, 2014. 马克思主义理论学科视域下"马克思主义基本原理概论"课教学的思考 [J]. 思想教育研究 (8).

王伟光, 2005. 提高构建社会主义和谐社会能力学习读本 [M]. 北京: 中央党校出版社.

王伟光, 2016. 治国理政新理念新思想新战略是马克思主义中国化的最新理论成果 [N]. 中国社会科学报, 11 - 14.

王学俭, 郭绍均, 2016. 关于社会主义核心价值观的几个重点问题——学习理解习近平总书记关于社会主义核心价值观的系列讲话［J］.社会主义核心价值观研究（1）.

王学俭,李媛媛,2015.社会主义核心价值观与社会心态优化的同向互动［J］.中共浙江省委党校学报（3）.

王学俭,刘珂,2015.融入日常生活:思想政治教育的微观建构［J］.思想教育研究（2）:18.

王学俭,王锐,2015.论社会主义制度的政治优势:内涵、功能与实现路径［J］.理论学刊（2）.

王学俭,王瑞芳,2018.大数据时代高校思想政治教育的创新发展［J］.课程教育研究（35）.

王雪冬,2016.认清反马克思主义思潮的实质——兼论马克思主义话语体系建设［J］.红旗文稿（11）:13.

王岩,2009.网络视域下我国大学生主导价值认同的困境及其出路［J］.思想教育研究（2）:45.

王烨,阳叶青,2015.实事求是:社会主义核心价值的精髓［J］.前沿（4）:12.

王中汝,2010.社会主义核心价值:公平正义抑或人的解放与全面自由发展［J］.马克思主义研究（9）:140.

韦冬雪,2012.大学生社会主义核心价值体系认同教育路径探微［J］.广西师范大学学报（哲学社会科学版）（8）:19.

魏知超,2006.态度形成的内隐机制研究［D］.上海:华东师范大学:1.

吴宏韬,2013.当代青年社会主义核心价值体系教育研究［D］.长春:东北师范大学.

吴鲁平,2003.中国当代大学生问题报告［M］.南京:江苏人民出版社.

吴满意,2016.国内学界网络文化问题研究状况述评［J］.电子科技大学学报（2）.

吴满意,景星维,2015.网络人际互动对人类交往实践样态的崭新形塑［J］.重庆邮电大学学报（2）.

吴满意,刘克秀,宋歌,2012.试论网络人际互动的基本特征［J］.天府新论（4）:98.

吴潜涛,2015.培育和践行社会主义核心价值观重要意义的几点思考［J］.

思想教育研究（2）.

吴潜涛，2015. 培育践行核心价值观在实践层面的紧迫性［J］. 中国高等教育（5）.

吴潜涛，2016. 协调发展理念与社会主义核心价值观［J］. 中国高等教育（6）.

习近平，2012. 人民对美好生活的向往就是我们的奋斗目标［N］. 人民日报，11-16（4）.

习近平，2013. 习近平在全国宣传思想工作会议上强调 胸怀大局把握大势着眼大事努力把宣传思想工作做得更好刘云山出席会议并讲话［N］. 人民日报，08-21（1）.

习近平，2014. 习近平谈治国理政［M］. 北京：外文出版社：155.

习近平，2015. 迈向命运共同体开创亚洲新未来——在博鳌亚洲论坛2015年年会上的主旨演讲［N］. 人民日报，03-29（1）.

夏凡，2015. 价值失重与价值失范——部分"90后"大学生人生观的一种研究［D］. 上海：上海社会科学院.

夏锋，2014. 人的文化存在与思想政治教育创新研究［D］. 济南：山东师范大学.

夏学銮，2001. 转型期的中国人［M］. 天津：天津人民出版社.

项久雨，2003. 思想政治教育价值论［M］. 北京：中国社会科学出版社.

新华社，2016. 立德树人，为民族复兴提供人才支撑——学习贯彻习近平总书记在全国高校思想政治工作会议重要讲话［EB/OL］.（12-08）. http：//news. xinhuanet. com/politics/2016-12/08/c_1120083340. htm.

新华网，2016. 习近平在庆祝中国共产党成立95周年大会上的讲话［EB/OL］.（07-01）. http：//news. xinhuanet. com/politics/2016-07/01/c_1119150660. htm.

新华网，2016. 习近平：把思想政治工作贯穿教育教学全过程［EB/OL］.（12-08）. http：//news. xinhuanet. com/politics/2016-12/08/c_112008 2577. htm.

徐建军，2003. 大学生网络思想政治教育理论与方法［M］. 北京：人民出版社.

徐俊峰，2014. 社会主义核心价值衍生的逻辑向度研究［J］. 思想政治教育研究（8）：53.

徐瑞鸿，戴钢书，2007. 中国传统社会核心价值观培育和践行路径探析 [J]. 学术论坛（9）.

徐腾，2013. 中国特色社会主义核心价值观研究 [D]. 扬州：扬州大学.

徐悦，张新，2017. 马克思主义如何内化为人民的信仰 [EB/OL].（03 - 08）. http：//politics. people. com. cn/n1/2016/0702/c1001 - 28518224. html.

宣兆凯，2011. 中国价值观现状及演变趋势 [M]. 北京：人民出版社.

闫世东，2013. 当代中国社会价值虚无现象研究 [D]. 石家庄：河北师范 大学.

杨帆，2000. 从战略高度看中国加入 WTO [J]. 中国青年政治学院学报 （1）：59.

杨丽莉，2014. 网络公共领域中推进中国公民政治认同研究 [D]. 兰州： 兰州大学.

杨鹏，2006. 网络文化与青年 [M]. 北京：清华大学出版社.

姚丹，2007. 大学生自主性的结构及发展特点研究 [D]. 沈阳：沈阳师范 大学：1.

姚茂军，赵久英，张明远，2010. 社会主义核心价值内涵界定研究 [J]. 四川职业技术学院学报（2）：5 - 6.

姚文帅，2016. 国家认同的价值研究 [D]. 北京：中央民族大学.

尹长云，2012. 论社会主义核心价值体系的内化规律 [J]. 经济与社会发 展（12）：1.

尹辉，2015. 当代大众传播视域下的我国意识形态安全研究 [D]. 兰州： 兰州大学.

尤尔根·哈贝马斯，1989. 交往与社会进化 [M]. 张树博，译. 重庆：重 庆出版社：3.

尤国珍，2011. 近年来国内外价值观问题研究述评 [J]. 四川大学学报 （哲学社会科学版）（5）：28.

于冠华，2013. 中英高校学生事务管理比较研究 [D]. 武汉：武汉大学.

俞吾金，2006. 本体论视野中的当代中国马克思主义哲学 [J]. 复旦学报 （社会科学版）（5）：6 - 10.

袁贵仁，1985. 价值与认识 [J]. 北京师范大学学报（6）：49.

袁贵仁，1994. 价值学引论 [M]. 北京：北京师范大学出版社.

袁贵仁，2013. 价值观的理论与实践——价值观若干问题的思考［M］. 北京：北京师范大学出版社.

约瑟夫·拉彼德，里德里希·克拉托维尔，2003. 文化和认同——国际关系回归理论［M］. 金烨，译. 杭州：浙江人民出版社：11.

曾竞，2012. 国家认同：爱国主义的内核［J］. 辽宁行政学院学报（2）.

曾盛聪，2008. 论社会主义核心价值体系引领网络文化的方式与机制［J］. 思想理论教育导刊（12）：106.

张岱年，1991. 文化与哲学［M］. 北京：教育科学出版社，1988.

张岱年，2005. 中国伦理思想研究［M］. 南京：江苏教育出版社.

张国宏，2014. 社会主义核心价值中的"富强"真谛探析［J］. 思想理论教育导刊（9）：77.

张厚粲，1993. 心理与教育统计学［M］. 北京：北京师范大学出版社.

张江彩，2012. 好莱坞电影在中国的跨文化传播［D］. 西安：陕西师范大学.

张敬斌，2008. 价值导向：大学生认同社会核心价值的关键［J］. 广西民族大学学报（哲学社会科学版（7）：177.

张乐，2008. 态度形成的理论与实验——基于评价性条件反射范式的研究［D］. 上海：华东师范大学：13.

张磊，2017. 新闻舆论工作必须牢牢坚持党性原则不动摇［EB/OL］.（02 - 17）. http://media. people. com. cn/n1/2017/0217/c40606 - 29087020. html.

张琼，2013. 网络境域下大学生社会主义核心价值观认同探析［J］. 思想教育研究（4）：21.

张澍军，2002. 德育哲学引论［M］. 北京：人民出版社.

张未知，2012. 马克思主义哲学的价值精神论纲［D］. 长春：吉林大学.

张霞，邓淑华，2015. 论高校马克思主义信仰教育的四个维度［J］. 毛泽东思想研究（4）.

张晓，2014. 推进公民政治认同建设的三个着力点［J］. 东岳论丛（6）：170.

张兴祥，2008. 价值、核心价值与社会主义核心价值体系建设［J］. 江淮论坛（3）：114.

张耀灿，2001. 现代思想政治教育学［M］. 北京：人民出版社.

张耀灿，2006. 思想政治教育学前沿［M］. 北京：人民出版社.

张耀灿，陈万柏，2007. 思想政治教育学原理 [M]. 北京：高等教育出版社．

张耀灿，郑永廷，2001. 现代思想政治教育学 [M]. 北京：人民出版社．

张耀灿，郑永廷，吴潜涛，等，2006. 现代思想政治教育学 [M]. 北京：人民出版社：3，200-209，372.

张志安，沈国麟，2004. 媒介素养：一个亟待重视的全民教育课题——对中国大陆媒介素养研究的回顾和简评 [J]. 新闻记者（5）：11.

赵长芬，2014. 转型期党的社会凝聚力研究 [D]. 北京：中国共产党中央委员会党校．

赵馥洁，2006. 价值的历程——中国传统价值观的历史演变 [M]. 北京：中国社会科学出版社．

赵秀龙，2015. 社会主义核心价值中的"富强"真谛探析 [J]. 改革与开放（4）：6.

赵颖，2015. 文化公民身份与国家认同研究 [D]. 南京：东南大学．

郑洁，2011. 网络传播社会主义核心价值体系探讨 [C]. 第五届全国新闻学与传播学博士生学术研讨会论文集．北京：中国社会科学院：162.

郑晓云，1992. 文化认同论 [M]. 北京：中国社会科学出版社．

郑晓云，1992. 文化认同与文化变迁 [M]. 北京：中国社会科学出版社．

郑永廷，1999. 思想政治教育方法论 [M]. 北京：高等教育出版社．

郑永廷，江传月，等，2008. 主导德育论．大学生思想政治教育一元主导与多样发展研究 [M]. 北京：人民出版社：270.

中共中央文献研究室，2006. 十六大以来重要文献选编 [M]. 北京：中央文献出版社．

中国大百科全书总编辑委员会《政治学》编辑委员会，1992. 中国大百科全书·政治学 [M]. 北京：中国大百科全书出版社：501.

中国互联网信息中心，2020. CNNIC 发布第 45 次《中国互联网络发展状况统计报告》[EB/OL].（04-28）. http：//www. cnnic. cn/gywm/xwzx/rdxw/20172017 _ 7057/202004/t20200427 _ 70973. htm，http：//www. cnnic. cn/gyw.

中国社会科学院语言研究所词典编辑室，2012. 现代汉语词典（第 6 版）[M]，北京：商务印书馆．

中国网，2014. 习近平在北京大学师生座谈会上的讲话（全文）[EB/OL].

（05 - 05）. http：//www. china. com. cn/news/2014 - 05/05/content _ 32283223 _ 2. htm.

中华人民共和国国防部，2016. 习近平出席全国高校思想政治工作会议并发表重要讲话［EB/OL］.（12 - 08）. http：//www. mod. gov. cn/leaders/2016 - 12/08/content _ 4766073. htm.

钟明华，洪志雄，2016. 维护我国意识形态安全的路径思考［J］. 思想理论教育（2）.

钟明华，黄荟，2009. 社会主义核心价值观内涵解析［J］. 山东社会科学（12）：14.

钟明华，刘小龙，2016. 论社会主义核心价值观整体性的发生逻辑［J］. 社会主义核心价值观研究（2）.

钟志凌，2012. 社会主义市场经济条件下的集体主义研究［D］. 重庆：西南大学.

周红，2012. 论社会主义核心价值体系与大学生先进典型培育［J］. 人民论坛：（3 中）：100.

周平，2013. 多民族国家的国家认同问题分析［J］. 政治学研究（1）.

周忠华，2016. 论核心价值观自信［D］. 上海：上海师范大学.

朱晨静，2014. 社会主义核心价值观培育的日常生活视角［J］. 山东社会科学（10）：140.

朱辉宇，2016. 面向中国整体转型升级的价值哲学研究［J］. 理论探讨（1）.

朱贻庭，2003. 中国传统伦理思想史［M］. 上海：华东师范大学出版社.

朱颖原，2013. 社会主义核心价值观研究［D］. 太原：山西大学.

朱智贤，1989. 心理学大词典［M］. 北京：北京师范大学出版社.

祖嘉合，2004. 思想政治教育方法教程［M］. 北京：北京大学出版社.

D. Keller，1995. Media Culture［M］. Landon and New York：Routledge.

HANH C. ，1998. Becoming Political：Comparative Perspectives on Citizenship Education［M］. New York：State University of New York Press.

H. Lefebvre，1991. Critique of Everyday Life，Volume I［M］. London and New York：Verso.

J. He，2011. The socialist core value system into practice and exploration of spiritual civilization and enlightenment——a survey based Yancheng［J］.

China's Foreign Trade，18.

R. Handler，1994. Is "Identity" a Useful Cross—culture Concept? In Commemorations，ed. J. R. Gillis. Prineton ［M］. Princeton：NJ Princeton University Press：29.

附录
大学生社会主义核心价值认同的
现状及对策问卷调查

学校：　　　　院系：　　　　年级：　　　　专业：

亲爱的同学：

您好！

本调查只用于学术研究，不会涉及您的隐私。期待您认真填写以下问卷。

非常感谢您的配合与支持！

祝愿学业早成！

1. 您是通过什么渠道知道的"社会主义核心价值观"？（　　）

　　A. 思想政治理论课上　　B. 课本中　　　C. 电视广播里

　　D. 报纸上　　　　　　　E. 宣传板报上　F. 网络中

　　G. 没听说过

2. 您最早在哪里知道"社会主义核心价值"？（　　）

　　A. 思想政治理论课上　　B. 课本中　　　C. 电视广播里

　　D. 报纸上　　　　　　　E. 宣传板报上　F. 网络中

　　G. 没听说

3. 您认为社会主义核心价值和社会主义核心价值观之间，是什么样的关系？（多选）（　　）

　　A. 社会主义核心价值是形成社会主义核心价值观的客观基础

　　B. 社会主义核心价值观是社会主义核心价值的观念形态

C. 二者没有本质区别，是一个意思

D. 二者没有关系

4. 您认为有必要区分社会主义核心价值和社会主义核心价值观的关系吗？

（　　）

A. 有必要。因为它们本就不是一个范畴，存在明显区别

B. 没有必要。因为它们没有本质区别，只是一字之差

5. 您认为社会主义核心价值是什么？（　　）

A. 为人民服务　　　　B. 集体主义　　　C. 个人主义

D. 享乐主义　　　　　E. 拜金主义　　　F. 不清楚

G. 我认为是（请您自己填写）：

6. 您认为"为人民服务"的社会主义核心价值与"全心全意为人民服务"的中国共产党宗旨（　　）

A. 二者是一回事，只是表述不完全一样

B. 党的宗旨是对社会主义核心价值的彰显与体现

C. 社会主义核心价值是对党的宗旨的凝练与表达

D. 没有必要区分

7. 您认为当前有必要向大众宣传（为人民服务的）社会主义核心价值吗？（　　　）

A. 十分必要

B. 没多大必要，因为已经有社会主义核心价值观了

C. 根本没必要

D. 无所谓

8. 对于"只有社会主义才能发展中国"的说法，你持什么态度？（　　）

A. 同意　　B. 基本同意　　　C. 不同意　　D. 不关心

9. 对于中国特色社会主义事业，您是如何看待的？（　　　）

A. 乐观　　B. 较乐观　　　C. 悲观　　　D. 无所谓

10. 您认为中国特色社会主义道路能否使我国实现富强民主

文明和谐？（   ）

  A. 一定能 B. 不确定

11. 对于社会主义和资本主义，您认为它们是什么关系？（   ）

  A. 资本主义被社会主义取代不可避免

  B. 社会主义被资本主义取代不可避免

  C. 二者会慢慢趋同

  D. 说不清

12. 您是否认同我国以下战略选择或者方针政策（多选）（   ）

  A. 全面建设小康社会 B. 实现中华民族伟大复兴中国梦

  C. 全面推进依法治国 D. 坚持和平发展道路

  E. 全面从严治党 F. 全面推进改革开放

  G. 提升国家文化软实力 H. 大力惩治腐败

13. 您在什么情况下愿意为人民服务？（   ）

  A. 时刻都可以 B. 当对自己有利时

  C. 视情况而定 D. 不愿意

14. 在平时的学习生活中，你有主动帮助他人、服务他人比如同学等的行为吗？（   ）

  A. 有，经常 B. 偶尔会 C. 基本没有 D. 没有

15. 在处理个人与集体关系时，您是如何做的？（   ）

  A. 大公无私 B. 公私兼顾

  C. 先私后公 D. 先公后私

16. 共同理想与个人理想，您认为哪个比较重要（   ）

  A. 共同理想 B. 个人理想

  C. 两者一样 D. 不确定，看情况

17. （为人民服务的）社会主义核心价值和您日常学习生活联系的程度如何？（   ）

  A. 联系密切 B. 有一些联系，但是并不多

C. 完全没有联系　　　D. 不确定

18. 按照（为人民服务的）社会主义核心价值要求，您认为自己是怎样一个人？（多选）（　　）

A. 自私自利的人

B. 社会主义的合格建设者和可靠接班人

C. 有道德讲良心的人

D. 其他

19. 以下表达爱国情怀的方式，您会选择哪些？（　　）

A. 做利国利民的实事　　B. 好好学习，专业报国

C. 以国家需要为标准　　D. 国不爱我，我不爱国

20. 大学生的价值体现，与哪些因素相关（多选）（　　）

A. 金钱的多少　　　　　B. 权力的大小

C. 社会地位的高低　　　D. 生活是否舒适

E. 对社会贡献的大小　　F. 是否得到他人的尊重

G. 知识的多少　　　　　H. 其他

21. 择业时，您的主要考虑因素是（多选）（　　）

A. 到国家最需要的地方去，全心全意为人民服务

B. 兼顾社会需要和个人兴趣

C. 有利于个人的发展

D. 能得到锻炼和提高的工作

E. 专业对口，能发挥自己专长

F. 自我设计自我选择

22. 您目前的人生规划是什么？（　　）

A. 考公务员，到政府部门任职

B. 到外企工作

C. 到国企工作

D. 出国留学

E. 考研

F. 自我创业

G. 其他

23. 您认为，认同为人民服务的社会主义核心价值，对大学生成长有什么实际作用？（　　）

　　A. 有很大作用，应该大力宣传

　　B. 作用有限，认同不认同无所谓

　　C. 毫无实际作用

　　D. 不了解有这种价值，所以回答不出来

24. 如果某地发生特大灾害，比如像四川的汶川大地震，并且造成重大损失，您的做法是（　　）

　　A. 尽自己所能，直接去帮助受灾群众

　　B. 响应政府和相关组织号召，捐款捐物

　　C. 视情况而定

　　D. 与我没关系

25. 您赞同下列哪些观点（多选）（　　）

　　A. 我为人人，人人为我

　　B. 主观为自己，客观为他人

　　C. 在为他人服务中获得快乐

　　D. 人不为己，天诛地灭

　　E. 金钱是万能的

　　F. 唯利是图，不择手段

　　G. 青春易逝，及时行乐

26. 下列选项，影响大学生认同社会主义核心价值的最主要因素有（多选）（　　）

　　A. 西方社会思潮　　　　B. 社会风气　　　C. 网络文化

　　D. 多元价值观　　　　　E. 教师授课方式

　　F. 大学生群体　　　　　G. 个人因素

27. 在众多的社会思潮中，较大较深地影响当代大学生的有哪些（多选）（　　）

　　A. 经济全球化、政治多极化、文化多元化思潮

B. 新自由主义思潮　　　C. 消费主义思潮

D. 历史虚无主义思潮　　E. 实用主义思潮

F. 拜金主义思潮　　　　G. 民主社会主义思潮

H. 不了解

28. 促进和实现大学生认同"为人民服务"的社会主义核心价值，哪些方面的教育引导更为重要？（多选）（　　　）

A. 理想信念　　　　　　B. 价值取向

C. 社会责任　　　　　　D. 利他和奉献精神

E. 团结协作观念　　　　F. 艰苦奋斗精神

G. 心理素质

29. 对大学生中存在的热"洋节"冷"土节"现象，您是什么看法？（　　　）

A. 大学生开放包容，是正常现象

B. 西方文化入侵传统文化，值得重视和警惕

C. 要对大学生过洋节加以限制

D. 无所谓，大学生的自由

30. 大学生认同社会主义核心价值，会受到一些社会因素的影响。您认为主要有（多选）（　　　）

A. 官员消极腐败现象的滋生和蔓延

B. 社会诚信缺失

C. 社会成员间贫富差距拉大

D. 社会公德缺乏

E. 网络色情泛滥

F. 上学费用较高

G. 就业压力增大

H. 人生起点不一样

31. 网络影响大学生社会主义核心价值认同，主要表现在（多选）（　　　）

A. 负面和消极信息太多，造成价值认知混乱、迷茫

B. 造成部分大学生网络依赖，精神颓废

C. 造成大学生远离经典、拒绝神圣和崇高

D. 大众文化流行，传统人文精神衰退

32. 对思想政治理论课，您感兴趣吗？（　　）

  A. 感兴趣　　　　　　B. 不感兴趣

  C. 不一定，得看教师授课水平

  D. 无所谓

33. 思想政治理论课必修课中，您认为哪一门或哪几门，对您认同社会主义核心价值影响比较大？（多选）（　　）

  A. 马克思主义基本原理概论

  B. 中国近代史纲要

  C. 形势与政策

  D. 毛泽东思想和中国特色社会主义理论体系概论

  E. 思想道德修养与法律基础

  F. 其他

34. 您如何评价自己学校的思想政治教育工作成效？（　　）

  A. 效果很好　　　　　　B. 效果一般

  C. 效果不好　　　　　　D. 没有效果

35. 学校现实的思想政治教育和互联网相比，哪一个对您认同某一种价值形态影响更大？（　　）

  A. 学校　　　　　　B. 互联网

  C. 差不多　　　　　　D. 感觉不出谁大谁小

36. 在大学生中进行"为人民服务"社会主义核心价值教育，您认为重点可以放在哪些方面（多选）（　　）

  A. 提高思想政治理论课教学实效性

  B. 学校经常组织价值理论学习和专题讲座

  C. 加强校园文化建设

  D. 深化价值实践

  E. 占领网络阵地

F. 防止西方文化入侵

G. 创设良好的社会大环境

37. 以下教育方式和途径中，对您形成社会主义核心价值认同帮助较大的有？（多选）（　　）

　　A. 思想政治理论课　　B. 人文社会科学等课程

　　C. 辅导员的日常帮助　D. 专业课老师的指导

　　E. 各类校园文化活动　F. 社会实践　　G. 其他：

38. 引导大学生认同社会主义核心价值，您认为主要取决于（多选）（　　）

　　A. 思想政治理论课教师

　　B. 辅导员和班主任

　　C. 其他课程老师

　　D. 专业课教师

　　E. 家庭（父母）

　　F. 同学朋友

　　G. 社会

　　H. 自己

39. 您的入党动机是（多选）（　　）

　　A. 信仰共产主义，追求政治理想

　　B. 为人民服务，为国家、社会和民族多做贡献

　　C. 为了就业时更有被选择的可能

　　D. 利于工作以后个人发展

　　E. 父母或老师的建议

　　F. 入党是个人能力的体现

　　G. 受党员先进事迹影响

　　H. 没想过要入党

40. 您是大（　　）的学生，性别是（　　），是（　　）文（理）科专业学生

图书在版编目（CIP）数据

大学生社会主义核心价值认同研究／胡宇南著. —
北京：中国农业出版社，2021.8
ISBN 978-7-109-27735-9

Ⅰ.①大⋯　Ⅱ.①胡⋯　Ⅲ.①大学生－思想政治教育
－研究－中国　Ⅳ.①G641

中国版本图书馆 CIP 数据核字（2021）第 006379 号

中国农业出版社出版
地址：北京市朝阳区麦子店街 18 号楼
邮编：100125
责任编辑：刁乾超　　文字编辑：赵冬博
版式设计：李　文　　责任校对：吴丽婷
印刷：中农印务有限公司
版次：2021 年 8 月第 1 版
印次：2021 年 8 月北京第 1 次印刷
发行：新华书店北京发行所
开本：850mm×1168mm　1/32
印张：8
字数：200 千字
定价：48.00 元
